汽车企业管理

主　编　邹玉清　李　赫
副主编　张立娟　刘　凯
参　编　苗　莹　白　洁
　　　　王　鑫

北京理工大学出版社
BEIJING INSTITUTE OF TECHNOLOGY PRESS

内 容 提 要

本书在介绍了企业管理基本知识的基础上，分别介绍了汽车制造企业的质量管理、安全管理、生产管理、技术管理、设备管理、人员管理等内容。本书内容具有很强的实用性，理论联系实际，内容新颖。紧跟现代企业管理新动向，对汽车企业各项管理工作进行了全面系统的介绍，可以有效帮助学生系统了解将来就业岗位的需求。

本书不仅可作为汽车制造与装配专业的教材，还适用于其他汽车相关专业，还可作为企业技术人员、管理人员的培训用书。

版权专有　侵权必究

图书在版编目（CIP）数据

汽车企业管理 / 邹玉清，李赫主编． ― 北京：北京理工大学出版社，2015.9（2024.1 重印）
ISBN 978 - 7 - 5682 - 1230 - 4

Ⅰ.①汽… Ⅱ.①邹… ②李… Ⅲ.①汽车企业 - 工业企业管理 Ⅳ.①F407.471.6

中国版本图书馆 CIP 数据核字（2015）第 214347 号

责任编辑：赵 岩	**文案编辑**：邢 琛
责任校对：周瑞红	**责任印制**：李志强

出版发行 / 北京理工大学出版社有限责任公司
社　　址 / 北京市丰台区四合庄路 6 号
邮　　编 / 100070
电　　话 /（010）68914026（教材售后服务热线）
　　　　　　（010）68944437（课件资源服务热线）
网　　址 / http://www.bitpress.com.cn
版 印 次 / 2024 年 1 月第 1 版第 5 次印刷
印　　刷 / 北京虎彩文化传播有限公司
开　　本 / 787 mm × 1092 mm　1/16
印　　张 / 16
字　　数 / 366 千字
定　　价 / 49.00 元

图书出现印装质量问题，请拨打售后服务热线，负责调换

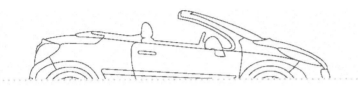 

近年来随着我国经济的快速发展，国民消费能力不断增强，汽车已不可逆转地走入寻常百姓家，2014年全国汽车保有量已达到1.54亿辆。汽车市场的高速增长，使得汽车制造企业之间的竞争愈发激烈，如果企业要想在竞争中取胜，必须在经营理念、制造过程组织与管理、产品质量、营销战略等方面独具特色。同时，随着汽车生产规模的不断扩大、制造技术的持续发展以及各种先进的生产技术、管理理念、管理方式的出现，汽车制造企业管理活动也呈现出多样化、复杂化和技能化的趋势。面对这样的机遇与挑战，只有那些顺应时代潮流且能预见这种变化趋势的管理者才能使企业在激烈的竞争中脱颖而出。

为了实现高职高专院校"技能与素质并重"的人才培养目标，同时针对国内企业一直以来存在的"重技术，轻管理"观念，结合目前的生产现场实际情况以及国内外企业先进的现场管理理念、管理方法、管理技术等，由有多年汽车制造企业工作经验和管理经验的教师编写了本书，以满足学生实际应用的需求。全书共分为七章，主要内容有：企业管理基本知识、质量管理、安全管理、生产管理、技术管理、设备管理、人员管理。本书力求理论联系实际，将本书的结构与企业实际的职能系统联系起来，注重将管理知识的系统性和企业运作的实践性相结合。书中的很多资料都来源于汽车制造企业，例如一些规章制度，并且书中很多管理措施都可直接应用到生产管理中。

本书由吉林电子信息职业技术学院的七位教师编写，邹玉清、李赫担任主编，张立娟、刘凯担任副主编，苗莹、白洁、王鑫参加编写。其中第二章和第五章由邹玉清编写，第三章和第四章由李赫编写，第六章由张立娟编写，第七章由刘凯编写，苗莹编写第一章第一节并负责全书的图形处理工作，白洁编写第一章第二节并负责全书的文字整理工作，王鑫编写了第一章第一、二节。

本书在编写过程中，参阅了大量相关书籍和资料，吸取了许多有益的内容，在此向其作者致以诚挚的谢意。

由于本书内容涉及较广，作者的学术水平有限，书中不妥之处在所难免，敬请读者批评指正。

编 者

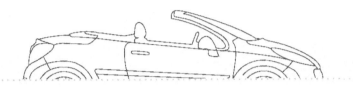

目 录
CONTENTS

第一章　企业管理基本知识 …………………………………………………… 001
　第一节　企业的发展目标 ………………………………………………… 001
　第二节　企业的法律形式 ………………………………………………… 002
　第三节　企业的组织结构 ………………………………………………… 005
　第四节　企业管理简介 …………………………………………………… 012

第二章　质量管理 …………………………………………………………… 035
　第一节　质量管理概述 …………………………………………………… 035
　第二节　质量形成过程 …………………………………………………… 038
　第三节　质量管理理论 …………………………………………………… 041
　第四节　ISO 9000 系列标准介绍 ………………………………………… 045
　第五节　质量管理体系 …………………………………………………… 047
　第六节　汽车零部件质量管理 …………………………………………… 051
　第七节　汽车生产过程质量管理 ………………………………………… 055
　第八节　整车质量管理 …………………………………………………… 062
　第九节　质量的改进 ……………………………………………………… 069

第三章　安全管理 …………………………………………………………… 078
　第一节　安全管理概述 …………………………………………………… 078
　第二节　生产现场危险源辨识 …………………………………………… 098
　第三节　生产过程中的危险源 …………………………………………… 106
　第四节　安全管理工作的实施 …………………………………………… 115

第四章　生产管理 …………………………………………………………… 130
　第一节　生产管理概述 …………………………………………………… 130
　第二节　生产过程组织 …………………………………………………… 139
　第三节　生产计划与控制 ………………………………………………… 150
　第四节　生产现场管理 …………………………………………………… 159

第五章　技术管理 …………………………………………………………… 166
　第一节　技术管理概述 …………………………………………………… 166
　第二节　工艺管理概述 …………………………………………………… 169

第三节　工艺过程控制管理……………………………………………185
　　第四节　企业技术创新管理……………………………………………188
第六章　设备管理……………………………………………………………192
　　第一节　设备管理概述…………………………………………………192
　　第二节　设备管理基础工作……………………………………………202
　　第三节　设备管理制度…………………………………………………207
　　第四节　设备的使用管理………………………………………………210
　　第五节　设备的维修与检查管理………………………………………216
第七章　人员管理……………………………………………………………226
　　第一节　生产过程中的人员管理………………………………………226
　　第二节　员工必备的基本素养…………………………………………232
参考文献………………………………………………………………………244

第一章 企业管理基本知识

第一节 企业的发展目标

一、企业的含义

企业一般指从事生产、流通或服务等活动,为满足社会需要实行自主经营、自负盈亏、承担风险、独立核算,具有法人资格的基本经济单位。企业可分为工业企业和商业企业两类。

所有的汽车整车或零部件生产厂家都是企业,而且是工业企业。因为所有厂家在进行生产时,都要利用先进的科学技术、相应的设备,将原材料加工成型或改变形状,使其成为满足社会生活需要的产品,同时使企业获得利润。如一汽—大众汽车有限公司。

而商业企业不同于工业企业的是它以从事商业性服务的方式,直接或间接向社会提供服务或销售货物,以获取利润。如长春××汽车销售服务公司、北京×××汽车销售服务有限公司(4S店),都属于商业企业。

企业的最终目标是获取利润,活动均与经济活动相关,不同于政府机构、学校、医院等事业单位。

二、企业必须具备的基本要素

不论是工业企业还是商业企业,要进行经营活动,必须具备以下基本要素:
(1) 拥有一定数量、一定技术水平的生产设备和资金。
(2) 具有开展一定规模的生产和经营活动的场所。
(3) 具有一定技能、一定数量的生产者和经营管理者。
(4) 从事社会商品的生产、流通等经济活动。
(5) 进行自主经营,独立核算,并具有法人地位。
(6) 生产经营活动的目标是获取利润。

三、企业发展的目标

企业发展的目标是在可持续发展的前提下,追求利润的最大化。盈利、做大、做强、成为行业中的佼佼者,这就是许多企业领导者为之奋斗的目标。而作为社会的成员,企业在追求利益实现目标的同时,必须使自身的获利过程有益于社会进步,必须注重企业道德,承担一定的社会责任，否则企业就难以发展。

在 2008 年由美国金融危机引发的全球经济危机中，许多知名企业都采用裁员战略应对危机，导致员工恐慌，不知自己何时被辞退，而一旦被辞退，短期内也不可能找到新的工作。而时任日本丰田汽车公司总裁的渡边捷昭宣称"会尽一切可能保持雇佣，不裁员"，2009 年 6 月接任的新总裁丰田章男也表示会继续稳定就业。丰田公司自 1950 年因裁员引起劳动纠纷后，在之后 60 多年的发展过程中，虽然经历了各种危机但再未有过裁员举动。

面对此次危机，为降低成本，丰田汽车公司采取了工作分摊制，即减少员工人均工资与工作时间以避免裁员。显然，公司在承担着社会责任，稳定员工的家庭生活。

但 2010 年 2 月发生的丰田汽车召回事件，人们不禁要问：一向信誉度很高的丰田到底怎么了？丰田在消费者心中曾经是"质量和可靠"的代名词，在北美以往的顾客满意度调查中总是名列前茅。

2009 年 7 月，《中国企业家》刊登了一篇丰田公司参观记，文中说丰田专家提出了一个鲜明的观点——丰田的成功源于"社德"与"人德"，什么是"社德"与"人德"？丰田专家解释说，所谓"社德"就是公司得利的同时，必须给国家和社会带来实惠；而所谓"人德"就是公司的发展要给员工带来利益与"善行"的提高。这就是丰田之道的原点，永远尊重员工，永远追求无浪费的一流制造。

面对经济危机，丰田在不裁员方面表现了其"人德"，但在车辆召回事件中，却看不到丰田的"社德"。至今丰田召回车辆早已超过一千万辆，这是丰田公司近十年来无限制地追求规模，全力倾注于成为世界最大的汽车厂商，却忽视了"客户第一"的丰田核心价值——"社德"所致。问题车辆的大量召回，以及铺天盖地的负面报道，令丰田公司面临名誉和经济的双重危机。丰田公司经过 70 余年的经营，在 2008 年刚刚成为世界产销量第一的汽车公司，却在两年后这一事件中坠落。面对此次事件，2009 年接任丰田汽车公司总裁的丰田章男称：丰田应回归原点，继续努力。

在丰田公司的几个事件中，人们应该看到企业追求利润最大化是无可厚非的，但在这个过程中，企业必须承担应尽的社会责任，否则企业自身的发展也会受到社会环境的限制，从而陷入困境，要恢复经营多年树立的品牌形象更加困难。

第二节　企业的法律形式

企业的法律形式有多种，如图 1.1 所示。下面分别简单介绍各种法律形式。

图 1.1　企业的法律形式

一、个体企业

个体企业是由业主个人出资兴办，由业主自己直接经营的企业。业主享有企业的全部经营所得，同时对企业的债务负有完全责任，若经营失败，出现资不抵债的情况，业主要用个人资产来抵偿。

1. 个体企业的优点

（1）建立和歇业的程序简单。

（2）产权转让比较自由。

（3）经营方式灵活。

（4）利润独享，保密性强。

2. 个体企业的缺点

（1）多数个体企业本身财力有限，受偿债能力限制，贷款较难，难以从事需要大量投资的大规模工商活动。

（2）企业的生命力弱（当业主无力或无意经营时，企业极易倒闭）。

（3）企业完全依赖于业主个人的能力。

个体企业通常存在于零售商业、自由职业、个体农业等领域，由零售商店、注册医师、注册律师、家庭农场等组成。虽然这种企业形式数量庞大，占到企业总数的大多数，而且是最早的企业形式，但由于规模小、发展空间有限，在整个经济体系中不占据支配地位。

二、合伙制企业

合伙制企业是由两个或两个以上的个人联合经营的企业，合伙人分享企业所得，并对经营亏损共同承担责任。它可以由部分合伙人经营，其他合伙人仅出资并共负盈亏，也可以由所有合伙人共同经营。

1. 合伙制企业的优点

（1）从众多的合伙人处筹资，减少了银行贷款的风险，筹资能力比个体企业高。

（2）合伙人对企业盈亏负有完全责任，即所有合伙人都要以自己全部个人财产为企业担保，因而有助于提高企业的信誉。

2. 合伙制企业的缺点

（1）当原有合伙人退出或接纳新合伙人时，都必须重新确立合伙关系，法律关系复杂。

（2）重大决策需要得到所有合伙人的同意，容易造成决策上的延误和差错。

（3）所有合伙人对于企业债务负有无限清偿责任，这使得不能控制企业的合伙人面临很大的风险。

基于上述情况，英、美等国不承认合伙制企业为法人组织。

由于合伙制企业的特点，一般来说，企业规模较小、资本需要量较少、而合伙人信誉有明显的重要性，如律师事务所、会计师事务所、诊疗所等，常采取这种组织形式。

三、合作制企业

合作制企业是以本企业或合作经济实体内的劳动者平等持股、合作经营、股本和劳动共同分红为特征的企业。实行合作制的企业，外部人员不能入股。

合作制企业的税后利润，一部分应该用于企业内部的按劳分配，另一部分则应按股本进行分红。

合作制企业实现了两个结合：

（1）按劳分配与按股本分配相结合。

（2）企业员工既是劳动者，又是企业生产资料的所有者。

四、无限责任公司

无限责任公司是由两个或两个以上的股东组成，股东对公司的债务承担连带无限清偿责任，即指股东不论出资多少，对公司债权人都有以全部个人财产承担共同或单独清偿全部债务的责任。

无限责任公司的信用基础建立在股东个人的信用之上。由于股东要承担无限连带责任，风险太大，筹资能力有限，在国内外都没有得到发展。

五、有限责任公司（简称有限公司）

有限责任公司的股东投入公司的财产与他们个人的其他财产脱钩，股东对公司所负责任仅以其出资额为限（有些公司以出资额倍数为限，在美国称为担保有限公司）。比起无限责任公司，有限责任公司的股东承担的风险要小得多。

有限责任公司不对外发行股票，股东出资额不要求等额，协商确定。公司出具股权证书，但不能自由流通，必须由其他股东同意方可转让，并优先转让于公司原有股东。

有限责任公司股东人数通常有最低和最高限规定。如英、法、日等国规定股东人数必须在 2～50 人之间，美国有些州规定股东人数不能超过 30 人。

1992 年我国颁布的《有限责任公司规范意见》中规定，股东人数必须在 2～30 人，因特殊需要公司股东超过 30 人的，须经政府授权部门批准，但最多不得超过 50 人。

1. 有限责任公司的优点

（1）公司设立程序比较简单，不必发布公告。

（2）公司不必公开账目，尤其是资产负债表。

（3）公司内部机构设置灵活。

2. 有限责任公司的缺点

（1）由于不能公开发行股票，筹资范围和规模一般都较小。

（2）由于资金限制，难以适应大规模生产经营活动。

六、股份有限公司（简称股份公司）

股份有限公司是指注册资本由等额股份构成，并通过发行股票（或股权证）筹集资本，公司以其全部资产对公司债务承担有限责任的企业法人。

公司股东的身份、地位、信誉不再具有重要意义，任何愿意出资的人都可以成为股东，不受资格限制。股东成为单纯的股票持有者，其权益主要体现在股票上，并随股票的转移而转移。各国对公司股东人数最低限额规定不同，我国规定至少 3 人。

公司的资本总额均分为每股金额相等的股份，以便于根据股票数量计算每个股东所拥有的权益。在交易所上市公司的股票可公开发行，自由转让，但不能退股。

公司股东只以其认购的股份对公司承担责任，一旦公司破产或解散进行清盘，债权人只能对公司的资产提出还债要求，而无权直接向股东讨债。

为保护股东和债权人的利益，各国法律都要求股份有限公司必须公开公司的账目，在每个财政年度终了时要公布公司的年度报告和资产负债表，以供众多的股东和债权人查询。

股份有限公司的所有权与经营权分离。股东大会是公司的最高权力机构，由股东大会委托董事会负责处理公司重大经营管理事宜。董事会聘任总经理，负责公司的日常经营。此外，公司往往还设立监视会，对董事会和经理的工作情况进行监督。这使所有者、经营者和劳动者之间互相激励、制衡。

1. 股份有限公司的优点

（1）股东承担有限责任，减小股东的投资风险。

（2）若公司获准在交易所上市，面向社会发行股票，具有大规模筹资能力，能迅速扩展企业规模，增强企业在市场上的竞争力。

（3）由于股票易于迅速转让，提高了资本的流动性。

（4）当股东认为公司经营不善时，会抛售股票，把资金转而投向其他公司，这对公司经理人员形成强大的压力，使其努力工作，提高企业的经济效益。

2. 股份有限公司的缺点

（1）公司组建和歇业程序复杂。

（2）公司营业情况和财务状况需向社会公开，保密性差。

（3）多数股东购买股票，主要是为了取得股利和从股票升值中取利，缺少对企业长远发展的关心。

（4）所有权与经营权的分离，会产生复杂的委托代理关系。

股份有限公司是现代市场经济中最适合大中型企业的组织形式。股份有限公司在企业总数中所占的比例并不大，但它的营业额、利润和使用的劳动力在国民经济体系中都占有很大比例，从而在其中占据主导地位。

第三节 企业的组织结构

企业为确保生产经营活动的正常进行，必须在其内部设立必要的组织机构。随着企业的发展以及领导体制的变革，企业的组织结构也随着发展变化。目前，主要的企业组织结构形式有直线制、直线—职能制、事业部制、矩阵制、委员会制、网络型和集团控股型等形式。

一、直线制——最简单的组织形式

直线制的组织结构是最早期、最简单的一种组织形式，如图 1.2 所示。

直线制的特点是各级行政单位实行自上而下的垂直领导。下级部门只接受一个上级的领导，各级主管负责人对所属单位的一切问题负责。

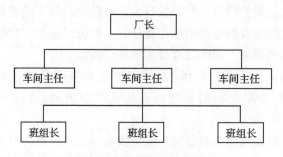

图 1.2 直线制组织结构图

1. 直线制的优点

结构简单,责任分明,命令统一。

2. 直线制的缺点

要求行政领导通晓多种知识,亲自处理各种业务。

直线制仅适用于规模小、生产技术简单的企业。对生产技术和经营管理比较复杂的企业则不适宜。

二、直线—职能制(也称生产区域制或直线参谋制)

直线—职能制组织结构如图 1.3 所示,这是目前绝大多数企业都采用的组织结构形式,它将管理机构和人员分为两大类。

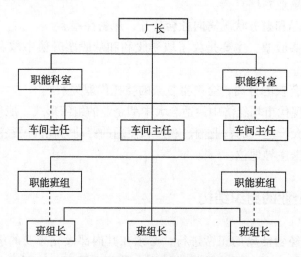

图 1.3 直线—职能制组织结构图

第一类为直线领导机构和人员,按命令统一原则对组织各级行使指挥权。他们在自己的职责范围内有一定的决定权和对所属下级的指挥权,并对自己部门的工作负全部责任。

第二类为职能机构和人员,按专业化原则从事组织的各项职能管理工作。他们是直线指挥人员的参谋,不能直接对部门发号施令,只能进行业务指导。

1. 直线—职能制的优点

(1) 能够保证企业管理体系的集中统一。

(2) 可以在各级行政负责人的领导下,充分发挥各专业管理机构的作用。

2. 直线—职能制的缺点

（1）职能部门之间的协作和配合性较差，许多工作要直接向上级领导报告才能处理。

（2）办事效率低。

三、事业部制

事业部制是一种高度（层）集权下的分权管理体制。于 1920 年由美国通用汽车公司总裁艾尔弗雷德·P·斯隆（Alfred P. Sloan，1875—1966）提出的。这种组织结构适用于规模庞大、品种繁多、技术复杂的大型企业，是国外较大的联合公司所采用的一种组织形式。近几年我国一些大型企业集团或公司也引进了这种组织结构形式。

事业部制实行分级管理、分级核算、自负盈亏方式。公司总部只保留人事决策、预算控制和监督大权，并通过利润等指标控制各事业部。

（一）产品事业部制（又称产品部门化）

产品事业部制主要是以企业所生产的产品为基础，将生产某一产品的有关活动，完全置于同一产品部门内，在其内部再细分职能部门，进行生产该产品的工作，如图 1.4 所示。

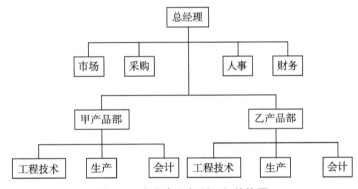

图 1.4 产品事业部制组织结构图

1. 产品事业部制的优点

（1）有利于采用专业化设备，并能使个人的技术和专业知识得到最大限度的发挥。

（2）一个产品就是一个利润中心，部门经理承担利润责任，使总经理易于评价各部门的绩效。

（3）易于协调同一产品部门内有关的职能活动。

（4）容易适应企业扩展与业务多元化要求。

2. 产品事业部制的缺点

（1）需要更多具有全面管理才能的人才，但人才难求。

（2）每一个产品分部都具有一定的独立权力，高层管理人员有时会难以控制。

（3）产品分部往往不善于利用总部的各职能部门，如人事、财务等，以至总部一些服务职能不能充分利用。

（二）区域事业部制（又称区域部门化）

如图 1.5 所示，对于地理上分散的企业，按地区划分部门，将地区内的业务工作集中起来，委派一位经理主管。通常在公司总部设有中央服务部门，如采购、人事、财务、广告等，向各区域提供专业性的服务。这种组织结构特别适用于规模大的公司，尤其是跨国公司。

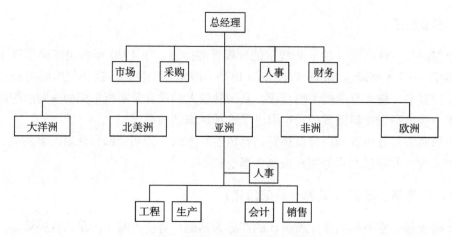

图 1.5　区域事业部制组织结构图

1. 区域事业部制的优点

（1）责任到区域，每个区域都是一个利润中心，每个区域部门的主管都要负责该地区的业务盈亏。

（2）放权到区域，每个区域都有其特殊的市场需求，总部放手让区域人员处理，会比较妥善。

（3）有利于地区内部协调。

（4）对区域内顾客比较了解，有利于服务与沟通。

（5）每一个区域主管都要担负区域内的一切管理职能，有利于培养通才管理人员。

2. 区域事业部制的缺点

（1）随着地区的增加，需要更多具有全面管理才能的人才，但人才往往不易得到。

（2）每一个区域都是一个相对独立的单位，加上时间、空间上的限制，往往是"天高皇帝远"，总部难以控制。

（3）由于总部与各区域天各一方，难以维持集中的经济服务工作。

事业部必须具有三个基本要素：相对独立的市场、相对独立的利益和相对独立的自主权。

四、矩阵制

矩阵制组织结构既有按职能划分的垂直领导系统，又有按产品（项目）划分的横向领导关系，这是改进了直线—职能制横向联系差、缺乏弹性的缺点而形成的组织形式，如图 1.6 所示。

矩阵制的特点：围绕某项专门任务成立跨职能部门的专门机构，如从事新产品开发工作，在研究/设计、试验、制造各个不同阶段，由有关部门派人参加，以协调各有关部门的活动，保证任务的完成。形式是固定的，人员是变动的。

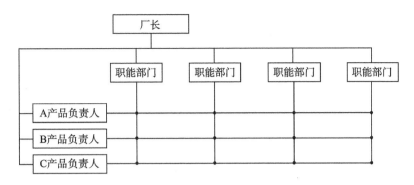

图1.6 矩阵制组织结构图

1. 矩阵制的优点

（1）可以随项目的开发与结束，机动灵活地组织或解散项目组。

（2）工作小组的成员均为各方面有专长者，能沟通、融合，把自己的工作同整体工作联系在一起。

（3）从各方面抽调人员，因而有信任感、荣誉感，增加了责任感，激发了工作热情，促进项目实现。

（4）加强了各部门之间的配合和信息交流，克服了直线—职能结构中各部门互相脱节的现象。

2. 矩阵制的缺点

（1）项目负责人的责任大于权力，因为参加项目的成员都来自不同部门，隶属关系仍在原单位，所以难于管理。

（2）项目组成员有临时观念，对工作有影响。

矩阵制结构非常适用于横向协作和重大攻关项目。企业可用来完成涉及面广、临时性、复杂的重大工程项目或管理改革任务。特别适用于以开发与实验项目为主的企业。

五、委员会制

委员会由两个以上的委员组成，行使的是组织的最高决策权。委员会中各个委员的权力是平等的，并依据少数服从多数的原则作出决定，其特点是集体决策、集体行动。委员会可以根据管理的需要，以各种形式和性质存在，如常设的或临时的、正式的或非正式的、决策性的或执行性的、职能性的或参谋性的等。

1. 委员会制的优点

（1）委员会由多人组成，其知识、经验与判断力都比其中任何一个个体要强，因此可以防止由于个人职权过于集中可能带来的权力滥用。

（2）可以在纠正某些错误时起到督查和遏制的作用。

（3）委员会的讨论有利于实现组织整体上的统一和团结。

（4）强调对集体决定的责任感和忠诚度。

（5）各个委员可以使得委员会的决定和意向很快传播到组织的各个层面。

（6）可以避免由于正式晋升和罢免一些成员的职务所带来的心理压力和政策上的难题。

2. 委员会制的缺点

（1）委员会会议通常会在时间和资金方面产生比较高的成本。

（2）某些时候，会因为分歧而最终导致要妥协于折中的方案，或者会争论不休，拖而不决。

（3）集体负责也许会演变成谁都不负责任。

六、网络型

网络型组织结构是利用现代信息技术手段发展起来的一种新型的组织结构。

网络型组织结构能使企业对新技术、新的流行时尚，或者来自海外的低成本竞争具有更好的适应性和应变能力。网络型组织结构是一种很小的中心组织，只拥有人数很少的经理小组，通过正式合同契约建立一个企业间的关系网络，依靠其他组织开展研究开发，进行制造、营销或其他关键业务的经营活动，如图1.7所示。

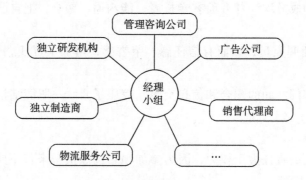

图1.7　网络型组织结构图

在网络型组织结构中，组织的大部分职能从组织外"购买"，这给组织自身的核心小组提供了高度的灵活性，使其主要致力于经营策划、制定政策并协调与各合同公司的关系，创建并维护良好的企业关系网络。

1. 网络型组织结构的优点

（1）管理成本低，管理效益高。

（2）实现了企业全世界范围内供应链与销售环节的整合。

（3）简化了机构和管理层次，实现了企业充分授权式的管理。

（4）组织结构简单、精炼，具有更大的灵活性和柔性，以项目为中心的合作可以更好地结合市场需求来整合各项资源，而且易于操作，网络中的各个价值链部分也随时可以根据市场需求的变动情况增加、调整或撤并。

（5）企业中的大多数活动都实现了外包，因而主要靠电子商务来协调处理，组织结构可以进一步精简，效率更加提高。

2. 网络型组织结构的缺点

（1）网络型组织结构加剧了企业资源规划的难度，因为每一个组织单元都可以自主管理，但又要接受核心权力的控制。而且，由于组织单元的自主经营，如果不能正确规划分清权责，容易发生管理混乱的局面。

（2）企业的管理风险增加，因为在网络型组织内部，各个结点相对独立，如果某些结点发生问题，这种影响的扩散非常快，而且不容易受到管理层的控制。因此，在网络型组织结构中要有更为明确的"协议"来对网络中的结点进行协调、控制。

（3）工作效率的提高存在着瓶颈，高速信息处理过程中可能无法对全过程进行检测和控制，使得信息采集、决策制定和业绩评价都无法进行。同时，可能因信息源汇集导致信息过载以及工具失效等；另外人为的不良因素也大为增加。

网络型组织结构不仅适用于小型公司也适用于大型公司，如著名的耐克公司、微软公司、思科公司和埃默森无线电设备公司（Emerson Radio）等大公司。但网络型组织结构并不是对所有的公司都适用，它比较适合于需要相当大的灵活性以对市场的变化作出迅速反应的公司，如玩具和服装制造公司。网络型组织结构也适合于那些制造活动需要低廉劳动力的公司。

七、集团控股型

控股型组织是在非相关领域开展多种经营的企业所常用的一种组织结构形式。集团控股型组织结构是通过企业之间控股、参股，形成由母公司、子公司和关联公司组成的企业集团，如图1.8所示。各个分部具有独立的法人资格，是总部下属的子公司，也是公司分权的一种组织形式。一些大公司超越企业内部边界范围，在非相关领域开展多种经营，对各业务经营单位不进行直接管理和控制，只在资本参与的基础上进行持股控制和具有产权管理关系的结构形式。

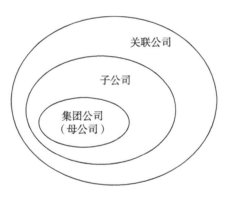

图1.8 集团控股型组织结构图

1. 集团控股型组织结构的优点

（1）总公司对子公司具有有限的责任，风险得到控制。
（2）增强了企业之间联合和参与竞争的实力。
（3）以产品事业部代替职能管理制。
（4）分散的利润中心代替集中利润制。
（5）研究开发人员的平等制代替森严的等级制。

2. 集团控股型组织结构的缺点

（1）战略协调、控制、监督困难。
（2）资源配置也较难，缺乏各公司的协调。
（3）管理变得间接。

第四节 企业管理简介

在本节中将简单介绍管理与企业管理的基本知识。

一、管理概述

（一）管理的概念

管理是管理者或管理机构，在一定范围内，通过计划、组织、控制、领导等工作，对组织所拥有的资源（人、财、物、时间、信息）进行合理配置和有效使用，以实现组织预定目标的过程。

管理是一个过程，其核心是达到预定目标，其手段是运用资源，其本质是沟通协调。在这个过程中，要调动人们的主动性和创造性，从而实现用人成事。

（二）管理的职能

管理的职能可细分为五项，如图1.9所示。

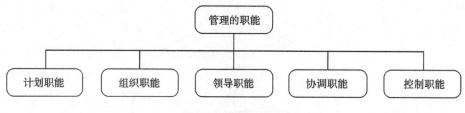

图1.9 管理的职能

（1）计划：计划是为实现组织既定目标而对未来的行动进行规划和安排的工作过程。包括组织目标的选择和确立，实现组织目标方法的确定和抉择，计划原则的确立，计划的编制，以及计划的实施。计划是全部管理职能中最基本的职能，也是实施其他管理职能的条件。

（2）组织：为实现管理目标和计划将所必需的各种业务活动进行组合分类，把管理每一类业务活动所必需的职权授予主管这类工作的人员，并规定上下左右的协调关系。为有效实现目标，还必须不断对这个结构进行调整，这一过程即为组织。组织为管理工作提供了结构和制度保证，它是进行领导和控制的前提。

（3）领导：领导是对组织内全体成员的行为进行引导和施加影响的活动过程，其目的在于使个体和群体能够自觉自愿而有信心地为实现组织既定目标而努力。领导所涉及的是主管人员与下属之间的相互关系。

（4）协调：协调是指企业的一切工作都要和谐地配合，以便企业的经营顺利地进行，并有利于企业获得成功。

（5）控制：控制是按既定目标和标准对组织的活动进行监督、检查，发现偏差，采取纠正措施，使工作能按原定计划进行，或适当调整计划以达预期目的。控制工作是一个延续不断的、反复发生的过程，其目的在于发现、改正错误和防止重犯错误，保证组织实际的活动及其成果同预期目标相一致。管理职能循序完成，并形成周而复始的循环，其中每项职能之间是相互联系、相互影响的，以构成统一的有机体。

二、企业管理简介

（一）企业管理的概念

企业管理是由企业经理人员或经理机构按客观经济规律对企业的生产经营活动进行计划组织、指挥、协调、控制，以提高经济效益。

（二）企业管理的任务

企业管理有两个方面的任务，如图 1.10 所示。

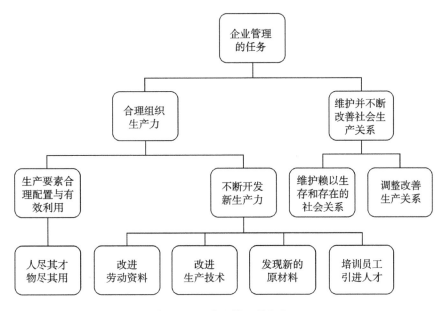

图 1.10　企业管理的任务

1. 合理组织生产力

（1）生产要素合理配置与有效利用：把企业现有的劳动资料、劳动对象、劳动者和科学技术等生产要素合理地组织在一起，恰当地协调它们之间的关系和比例，使企业生产组织合理化，实现人尽其才，物尽其用。

（2）不断开发新生产力：①改进劳动资料，并不断采用新的劳动资料。②改进生产技术，并不断地采用新的技术来改造生产工艺流程。③发现新的原材料，或开发原有原材料的新用途。④培训员工以提高技术水平，掌握新技术，并不断引进优秀人才。

2. 维护并不断改善社会生产关系

（1）维护赖以生存和存在的社会关系。

（2）调整改善生产关系，以适应生产力不断发展的需要。

企业管理的结果是使企业进行高效率、高质量的生产，同时要满足市场个性化的需求。

三、企业管理环境

任何企业都不能脱离社会而独立存在，因此，国内或国际环境的任何变化都会或多或少地影响着企业。企业管理环境是指存在于企业内部与外部、影响企业管理实施和管理功效的各种力量、条件和因素的总和。

企业管理环境分为内部环境和外部环境两个方面。企业内部环境主要指企业履行基本职能所需的各种内部的资源与条件，同时包括人员的社会心理因素、组织文化因素等。在这里主要介绍企业的外部环境。

企业外部环境是指企业外部的各种自然和社会因素，也称宏观环境，就是所有企业都共同面临的整个社会的一些环境因素。

（一）影响企业的外部环境因素

影响企业的外部环境因素包括社会、文化、技术、经济、政治与法律及自然环境等方面，如图 1.11 所示。

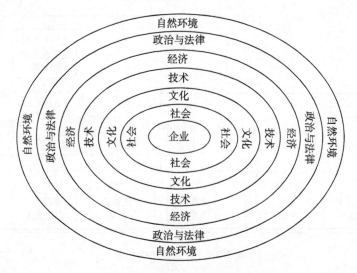

图 1.11　影响企业的环境因素

1. 经济环境

影响企业的经济环境中最重要的因素是市场环境，除此之外，还有宏观、微观经济环境和税收环境。

（1）宏观经济环境：企业所在国家或地区的宏观经济环境从总体上影响企业的经营和发展，其影响因素如图 1.12 所示。

图 1.12　影响企业的宏观经济环境

1) 经济增长及周期性

在市场经济条件下,经济发展与运行带有一定的波动性,大体上经历复苏、繁荣、衰退和萧条几个阶段的循环,这种循环称为经济周期。在不同的经济周期,企业应相应采用不同的管理策略。

2) 通货膨胀与就业

通货膨胀是指一个经济体在一段时间内货币数量增速大于实物数量增速,导致物价总水平上涨,于是单位货币的购买力下降。一个国家或地区在经济高速增长或进行大的结构性改变时,难以避免出现通货膨胀。过高的通货膨胀对企业将产生不利的影响。首先,政府面对高通货膨胀一般会紧缩银根,压缩财政开支,甚至用行政手段压缩固定资产投资规模,从而削减社会的总需求。需求的下降会不同程度影响企业的销售。其次,通货膨胀会使企业资产的账面值贬值。例如,企业几年前购置的固定资产,其账面价值只能按当时的历史数据记录,如果这几年有严重的通货膨胀,这些账面值按目前的价格水平就显然低估了资产的实际价值。由此,按账面值的折旧和摊销以及其他成本费用也被低估,成本少计了,利润虚增,所得税就得多交。所以,严重的通货膨胀会扭曲政府与企业的分配关系,对企业不利。在这种情况下,企业应积极争取在法规和政策允许的范围内对资产的账面值进行重估或对成本费用的核算方法作出调整,以求与政府之间保持正常的分配关系。另外,当宏观经济呈现高增长、高膨胀时,通常会伴随较高的就业水平。

3) 资本与货币市场

货币市场是指以期限1年以内的金融工具为媒介,进行短期资金融通的市场。资本市场是指以期限1年以上的金融工具为媒介,进行长期资金交易活动的市场。企业在经营过程中不可避免地要从企业外部筹措或融通资金,如通过增配股票、发行债券和向金融机构借款以筹集必要的资金。当企业资金有剩余时,又可能要购买股票等对外投资。良好的资本和货币市场以及规范的相应法规是企业正常经营的重要外部环境因素。

4) 外汇管制

外汇管制是指一国政府为平衡国际收支和维持本国货币汇率而对外汇进出实行的限制性措施。当政府放松外汇管制后,企业在进行国际贸易时,更加自由方便。同时也使企业面临国内与国外两个方面的竞争。而且汇率也将随货币市场的供求而波动,这种波动必然会影响企业的进出口效益,同时也使企业承担较大的汇率风险。我国自1997年开始实行经常项目下的外汇与人民币的自由兑换,在2012年又提出逐步推进人民币资本项目下的自由兑换。我国的外汇管制在逐步放松。

(2) 微观经济环境:企业外部微观经济环境指那些对企业的影响更频繁、更直接的外部环境因素,是与某一具体的决策活动和处理转换过程直接相关的各种特殊力量,是那些与企业目标的制订与实施直接相关的因素,如图1.13所示。

1) 顾客

顾客是那些购买企业产品或服务的个人或组织。顾客是一个企业的基础,并能使企业继续存在,只有顾客才能提供就业。正是为了满足顾客的需求和需要,社会才把物质生产资源托付给工商企业。一个企业可能要面对多种顾客,如个人和组织、批发商、零售商和最终费者、国内和国外顾客等,企业的顾客会因受教育水平、收入水平、生活方式、地理条件等众多方面的不同而对企业的产品和服务提出不同的要求,企业在市场营销、质量管理、战略决

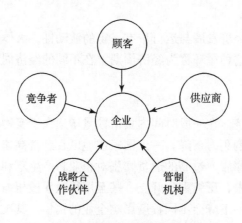

图 1.13 微观经济环境对企业的影响

策等方面必须充分关注顾客。

2）供应商

供应商是企业进行生产从外部获取投入的来源。对于一个企业来说，供应商可能是组织也可能是个人，企业从他们那里获得原材料、设备、劳动力、信息、能源等。供应商提供的产品和服务的质量、价格直接影响到企业的产品和服务的质量及成本水平，因此，许多企业对供应商有许多要求，如对供货质量、价格水平和供货时间的要求等。同时也给予长期合作的供应商一定的支持，日本的许多公司率先把供应商纳入到自己的生产体系之中。

3）竞争者

竞争者是与本企业竞争资源的其他组织。企业与其竞争对手竞争的最大资源就是顾客为购买产品或服务而支付的货币。企业的竞争不仅局限于生产同类产品或提供同类服务的不同企业之间，如有时两个不相关的企业会因获得一笔贷款而竞争。非营利组织之间也存在竞争关系，不同地区的政府部门在吸引外商投资时相互竞争，不同单位在人才招募上也存在竞争等。

4）管制机构

微观环境中包含的管制机构与宏观环境中的不同。这种管制机构主要有两类：一类是能够直接影响和控制企业行为的机构，如食品药物监督管理局、行业协会、工商行政部门等；另一类是社会公众机构，如消费者协会、传媒机构等。

5）战略合作伙伴

战略合作伙伴关系是一种基于高度信任，伙伴成员间共享竞争优势和利益的长期性、战略性的协同发展关系，它能对外界产生独立和重大的影响。并为合作各方带来深远的意义。如 1979 年，美国福特汽车公司与日本马自达汽车公司结成战略联盟，合作在美国生产汽车。不仅企业之间可以结成战略联盟，企业与科研院校、政府部门也可以在某一共同利益的联系下结成战略联盟。

（3）税收环境：税收是指国家按所制定的法律向经济单位和个人征收实物或货币。目前我国实行的是货币税额。税收是国家财政收入的主要形式。依法纳税是企业应尽的义务，而纳税支出也构成了企业生产经营活动开支的重要组成部分。因此，税收环境既是企业的经济环境也是必须正视的法律环境。目前我国在征税种如图 1.14 所示。

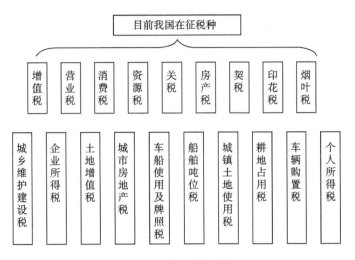

图1.14 我国在征税种

企业管理者要全面掌握每一种税的税收条例及其实施细则。这些条例和细则都包括有共同的基本要素：征税对象、纳税人、税率、纳税环节、纳税期限、减免税以及违法处理等。增值税和企业所得税是上述税种中比较重要的税种。管理者要详细了解这些税的征收方法，以及税额与企业账务处理和财务安排的关系，争取在税法允许的范围内尽量减轻企业的税收负担。

2. 技术环境

技术环境是指一个企业所在国家或地区的技术水平，以及相应的技术条件、技术政策和技术发展的动向与潜力等。较好的技术环境可以使企业获得更高的生产率，生产更多品种的产品。无论是国内还是国际，获得突飞猛进发展的大企业，都是依靠先进技术取得优势的。技术环境对组织管理的影响是显著的，技术水平、技术条件、技术过程的变化，必然引发管理思想、管理方式与方法的更新。同时，对管理者的素质也提出了更高的要求。

技术环境对企业的影响，主要表现在以下三个方面。

（1）技术进步迅速：当前世界技术发展迅速，技术的影响范围广泛而且深入。技术的进步，使人类改变自然环境的能力大大加强，创造新资源、新效用的能力大大提高。在激烈竞争的社会环境中，如果一个企业成功发明或运用了新技术，可以在产品进入市场后策略上占主宰地位；反之，竞争者技术的突破，则可能导致本企业的失败。企业的发展历史实际上就是技术进步的历史。

（2）产品寿命缩短：由于技术的迅速进步，从一项新的科学技术发明到形成社会生产力的时间大大缩短，进而加速了技术的更新换代，使得新产品生命周期（所谓产品生命周期，是指一种产品进入市场后，它的销售量和利润都会随时间推移而呈现一个由少到多和由多到少的过程，直到最终退出市场为止）也大为缩短。据统计，近几年来，约有40%以上的新产品寿命不超过10年，而70%以上的新产品无法享有10年的主宰地位。其原因是其他企业也在不断研究创新，以更好的产品组合性能来代替已有的旧产品。此外，顾客的个性化需求也在不断增加。所以企业不能只依赖某种单一产品，否则企业的生命将同该产品的生命一样短暂。例如，苹果手机（iPhone），它现在的换代时间只有一年至一年半。产品生命周期的缩短，加速了新产品的开发研究，进而引起研究开发费用的大量增加。技术进步和需求多样化使得产品生命周期不断缩短，企业面临着缩短交货期、提高产品质量、降低成本和改进服务的压力。

（3）开展集体研究：由于现代技术的飞速发展及技术的专门性与复杂性，个人的能力根本不足以解决所有问题（如航天器的研究、试制等），这种问题只有通过集体的力量来解决。所谓集体研究，即组织一支队伍，有目标地联合攻关。当今世界各国，尤其是发达国家，科研机构齐全，企业也有自己的研究开发部门，一些重大的发明大多在集体研究机构或众人合作下出现。企业要想在市场上立于不败之地，就应该十分注意自身技术及设备的更新，尽可能采用最新技术生产出受顾客欢迎的新产品。

3. 政治和法律环境

政治与法律环境是指对企业经营活动具有现存的和潜在的作用与影响的政治力量，它直接影响到企业的管理政策。政治与法律环境由当权的政府构成，企业必须在既定的法律构架下从事生产和经营。

构成一个国家政治环境的要素有政权的稳定性、执政党所要推行的基本政策以及这些政策的连续性和稳定性（这些基本政策包括产业政策、税收政策、政府订货及补贴政策，国家确定的重点产业总是处于优先发展的地位。因此，处于重点行业的企业增长机会就多，发展空间就大。那些非重点发展的行业，发展速度就较缓慢，甚至停滞不前，因而处于这种行业的企业难有所发展）、政府官员的廉洁勤奋程度、行政手续的繁简、政府的税收政策、社会开放及民主程度、政府对工商企业管理程度以及对外国投资企业管制制度等。

政府在一个国家的政治环境中起着决定性的作用，影响着企业和个人生活的各个方面。它可以促进企业的发展，同时也制约和规范企业必须在法律法规允许的范围内从事生产经营活动。

政策和法律给企业的生产经营构成了复杂的环境。因此，企业管理人员要熟悉适用于本企业经营活动的政策和法律。所以一般企业通常都会聘请法律和政策方面的专家做顾问，来帮助预见和处理政策和法律问题，以减少决策失误。

4. 社会和文化环境

社会的道德观念、价值观念、风俗习惯、民众的受教育程度以及人口因素等都会影响到企业的生产和经营。

（1）社会环境：社会是人群生活所组成的各种组织体及行为规范与态度的集合。家庭、学术团体、公益团体、体育团体和宗教团体等都是社会组织，企业也是一个社会组织。企业与各种社会组织有着各种各样的联系，如每一位企业员工都来自于不同的家庭，家庭的氛围和家庭的教育都会影响员工的思想观念、行为习惯和工作态度；再如，体育用品公司与体育团体的联系及相互间的影响。所以各种社会组织对企业的影响是巨大的。

（2）道德观与社会习俗：道德作为一种社会意识形态，有着无形的巨大力量。提高道德修养，人人自爱，社会和睦；道德沦丧，良知泯灭，必生祸乱。道德作为调节公民个人与个人、个人与社会关系的规范，具有行为准则的功能。

社会习俗是人们自发形成的，并为社会大多数人经常重复的行为方式。对人们行为的控制是非强制性的，是潜移默化的，是特定社会的产物，与社会制度变革有密切关系。

社会道德水平的高低与社会习俗的优劣，势必对企业产生巨大的影响。

（3）文化环境：文化因素强烈地影响着人们的购买决策和企业的经营行为。不同的国家有着不同的主导文化传统，也有着不同的亚文化群，从而会影响人们的消费方式和购买偏好，进而影响着企业的经营方式。

随着人们受教育水平的提高和对生活质量的更高要求，就会出现各种自发的利益团体，如消费者协会、环境保护组织等。一些利益团体对企业的行为有很大的影响力，甚至对企业的活动有很大的限制作用。

（4）人口因素：人口因素是一个极为重要的因素，包括人口规模、人口密度、地理分布、年龄分布、迁移及其增长、民族构成、职业构成、宗教信仰构成、家庭规模、家庭寿命周期的构成及发展趋势、收入水平、受教育程度等。人口规模制约着个人或家庭消费产品的市场规模，如食品工业市场与人口规模就密切相关。人口的地理分布决定消费者的地区分布，消费者地区分布密度越大，消费者的嗜好也越多样化，对市场的商品选择性也越大，这就意味着出现多种多样的市场机会。人口年龄分布决定以某年龄层为对象的产品的市场规模，例如，在高等学校集中的大学城中，人口年龄集中在18~30岁。各年龄层都使用的产品市场，对商品的选择性大，将带来产品多样化的机会。当年龄构成比例发生变化时，市场规模将随之变化，对以特定年龄层顾客为对象的企业来说，将成为市场机会或威胁。目前，全社会人口结构趋于老龄化，青壮年劳动力供应则相对紧张，从而影响企业劳动力的补充。但是另一方面，人口结构的老龄化又出现了一个老年人的市场，这就为生产老年人用品和提供老年人服务的企业提供了一个发展的机会，庞大的总人口数量再加上较高的购买力（有较多的个人可支配收入）就会形成一个巨大的市场。

5. 自然环境

自然环境指企业所处的生态环境和相关自然资源，包括土地、森林、河流、海洋、生物、矿产、能源和水源以及环境保护、生态平衡等方面的发展变化。相对于其他一般环境因素而言，自然资源环境是相对稳定的。自然资源因素与企业的厂址选择、原材料供应、产品输出、设备和生产技术的应用等众多方面都有着紧密的关系。随着经济和技术的发展，自然资源环境不论是从法律上还是从企业的社会责任角度来说，都必将成为企业必须关注的问题。对于任何企业来说，要有效地利用、开发自然资源环境，更要很好地保护环境。

环境保护的要求对企业的生产经营有着极为重要的影响。企业一定要保护好所在地区的环境，完善自己的社会责任。在自然资源有限的今天，企业管理主要面临日益减少的自然资源储量、不断升高的能源成本、日益严重的环境污染以及政府对自然资源的干预增多这四大问题。

（二）企业对环境的影响

企业与环境是相互影响和相互作用的，企业不仅受到外部环境的影响，也会影响外部环境，甚至改变外部环境，从而设法形成有利于自己的环境，才能达到自己的目标。这种企业对环境的影响如图1.15所示，其主要有以下几个方面。

1. 影响供应商

每一个企业在进行生产的过程中都会面对很多供应商，企业可以采用许多方法对其供应商施加影响。其中最

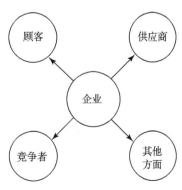

图1.15 企业对环境的影响

重要的策略之一就是同时依靠多个供应商，即便有时个别供应商提供的产品价格较高，企业也有选择的空间。这样可以避免对某一供应商的过分依赖，这是相当危险的。

2. 影响竞争者

影响企业拥有顾客多少的重要因素是竞争者的数量及行为。企业要增加其产品在市场上的占有率，则必须从其他竞争者手中争夺市场，这就意味着企业必须给顾客更多的满足感。如果产品及价格相同，企业就要在包装、服务或企业形象等方面给顾客更好的感觉。

3. 影响顾客

企业取得成功的重要因素之一就是顾客。没有顾客，企业就不可能生存。企业的顾客可能是一个机构，如政府部门、学校、医院；可能是其他企业，如产品经销商、需要供货的企业；也可能是个人。

一个企业可以通过许多方法来影响其顾客。当市场上有大量的买方和卖方存在时，企业必须特别注意产品的价格、品质、服务及产品的样式等，才能不失去老顾客，同时吸引新顾客；当买方市场出现时，企业必须侧重产品质量、广告、企业形象等竞争性的工作；当卖方市场出现，甚至是企业独占市场时，企业更要注意产品质量、价格与服务，以避免使顾客产生不愉快的感觉，一旦出现其他的竞争企业，立刻失去大量顾客，同时要特别注意处理好与政府管制机构的关系。一个企业还可以使商品多用途化，来为某种商品开辟新的用途渠道，以争取新的顾客或从竞争者手中争取顾客；或者通过各种广告宣传等方式说服顾客，使顾客信服自己的产品，改变顾客的要求。

4. 影响其他方面

由于企业是现代社会的重要组成单元，是市场经济的微观主体，一个成功发展的企业不仅会影响到供应商、竞争者和顾客，甚至还会影响到政府的决策。例如，2008 年，受金融危机的影响，美国三大汽车企业通用、福特、克莱斯勒销量急剧下降，面临破产倒闭，三大汽车企业的命运已经足以威胁到整个国家的发展，美国国会不得不就此进行商讨。这些巨型企业的影响力很大，甚至美国总统选举都要分析相关政策的选情因素。

四、企业经营管理

企业经营管理是指企业以市场为主要对象，通过商品生产和商品交换，为了实现企业的总体目标而进行的与企业外部环境达到动态平衡的一系列有组织的活动，所涉及内容如图 1.16 所示。

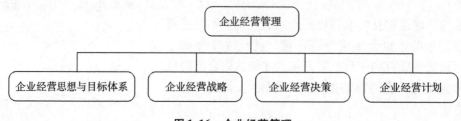

图 1.16　企业经营管理

（一）企业经营思想与目标体系

1. 企业经营活动的特点

企业经营活动的特点有三个，如图1.17所示。

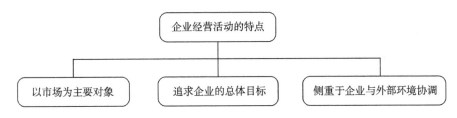

图1.17 企业经营活动的特点

（1）企业经营活动以市场为主要对象。在市场经济的环境下，企业的活动是通过市场机制来调控的。企业创造的劳动成果（即劳动产品）只有通过市场才能实现其价值；企业各种投入的需要只有通过市场才能得到供应，所以就要求企业必须以市场为中心。

（2）企业经营活动追求的是企业的总体目标，而一般的生产技术活动，如生产管理、质量管理、设备管理、财务管理和人力资源管理等，只是企业经营活动的一部分，是为实现总体目标而进行的局部组织活动。

（3）企业经营活动侧重于企业与外部环境协调，实现企业与外部环境的动态平衡。企业经营活动是在一定的外部环境和条件下进行的，这种外部环境和条件包括政治、经济、社会、法律和人文等因素，而这些因素又时刻都在发展和变化之中；同时，企业的自身内部条件也会对企业的生产经营活动产生一定的制约。

2. 企业经营活动的内容

企业经营活动主要包括以下内容，如图1.18所示。

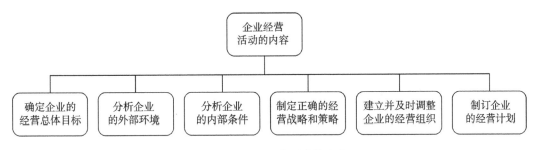

图1.18 企业经营活动的内容

（1）确定企业的经营总体目标：确定企业的经营总体目标是企业经营活动的首要任务，企业有了经营总体目标，才有发展的动力和思路，才能不断发展和壮大。

（2）分析企业的外部环境：由于外部环境制约着企业的经营活动，因此，企业必须去研究分析环境变化对企业的影响，以便采取正确的措施，使企业的经营活动与外部环境达成动态平衡。对于一般企业来说，企业外部环境主要包括产品需求市场、原材料、燃料、动力、劳动力和土地以及资金的供应市场和竞争对手的情况等。

（3）分析企业的内部条件：分析企业的内部条件可以反映企业的经营实力。为了利用企业外部环境变化可能提供的有利机会，避免环境变化可能带来的风险，就必须充分了解企业自身的优劣之处，对企业状况作出正确评价，从而做到知己知彼，并不断地对企业的内部条件加以改善，与外部环境达成动态平衡。企业内部条件主要包括企业产品的市场竞争能力、企业技术创新的能力、企业抗风险能力以及处理公共关系的能力等。

（4）制订正确的经营战略和策略：为了实现企业的总体发展目标，就必须根据企业的外部环境和内部条件，制订出正确的经营战略。企业的经营战略是对企业长期的、全局性的经营问题的谋划，是实现企业目标的重大决策。

企业不仅要制订经营战略，还要随时根据企业面临的短期经营环境采取相应的应变策略。也就是说，经营策略主要是企业为实现经营战略而采取的短期的行动计划。战略与策略主要是目的与手段的关系。例如，企业为达到某一战略目标，在投资、技术改造、人才培训等方面采取的措施和方法，就称为投资策略、技术改造策略、人才培训策略等。

（5）建立并及时调整企业的经营组织：这是企业从事经营活动的重要保证。一个合理的、良好的经营组织必须具有高度的活力并能适应外部环境的变化，能够灵活地根据企业经营战略和策略变化进行调整。

（6）制订企业的经营计划：制订企业的经营计划就是制定关于经营战略和策略的具体安排，可分为中长期规划和年度经营计划。企业中长期规划是企业长期经营战略的具体化和数量化，是企业总体战略目标的体现。年度经营计划是企业一年中生产经营活动的具体纲领，是经营战略和规划的周期性安排，是实现战略和规划的基础。

3. 企业的经营思想

企业的经营思想是指正确认识企业外部环境和内部条件，指导企业决策，实现企业目标，求得企业生存和发展的思想，是企业从事生产经营活动的基本指导思想。企业经营思想的正确与否，将直接影响到企业的生存和发展。所谓正确，就是能顺应历史发展的潮流。

企业的经营思想观念来源于对企业实际情况和外部环境的客观认识，以及对社会经济发展和技术进步的正确把握。企业经营思想主要的内容如图 1.19 所示。

图 1.19　企业的经营思想观念

（1）竞争观念：企业只能在竞争中谋生存。市场机制之所以是一种有效的资源配置手段，其根本原因之一是存在竞争。竞争导致企业的优胜劣汰，竞争使社会资源配置给最优秀的企业。随着行业的发展，先进技术在同行业不同部门的使用，企业间的竞争越加激烈，企业不仅要面对国内的竞争者，还要面对更强有力的国外对手。

（2）信息观念：在信息社会时代，企业的经营成败在某种程度上取决于其所掌握的信息。与企业经营有关的信息主要有：市场需求信息，原材料及半成品供应信息，货币和资本市场信息，国家的政治、社会和经济信息等。

（3）质量观念：质量是企业的生命。成功企业的经验告诉人们，企业产品的好坏在很大程度上决定企业的命运。

（4）人力资源开发观念：企业竞争是人才的竞争，技术要求越高的企业，人才的问题就越突出。人具有主动性和创造力，其内在的潜力是无限的。因此，企业用于人力资源开发或者说对人力素质提高的投资比物力投资更加重要。

（5）创新观念：只有创新才能发展。市场经济条件下，墨守成规的企业是没有前途的。企业只有在产品工艺和技术上不断创新，才能保证在同行业的竞争中不被淘汰。

（6）资本运作观念：资本运作也是经营活动的一个方面，企业的生产和发展都离不开资金。企业通过什么方式来筹集资金；在企业发展的各个阶段，应该保持什么样的资本结构；当企业有富余资金时，怎样使这些资金保值和增值；在所有这些资本运作过程中，如何规避风险等。这些问题的正确决策对企业的生存和发展都是极其重要的。

4. 企业经营的目标体系

（1）企业经营目标的概念：企业经营目标是在一定时期企业生产经营活动预期要达到的成果，是企业生产经营活动目的性的反映与体现，是企业经营思想的具体化。企业经营目标分为长期、中期和短期三种。只有先确定长期经营目标，在长期经营目标指导下，再来协调中、短期目标，才能避免目光短浅，又可使长期目标的实现有可靠保证。企业经营目标通常以产量、品种、质量、销售收入、资金利润率和市场占有率等指标的未来发展规模和速度来表示。不同时期、不同类型的企业，确定经营目标的重点也各有不同。

企业经营目标不止一个，其中既有经济目标又有非经济目标，既有主要目标，又有从属目标。它们之间相互联系，形成一个目标体系。主要由经济收益和企业组织发展方向两方面的内容构成。它反映了一个组织所追求的价值，为企业各方面活动提供基本方向。它使企业能在一定的时期、一定的范围内适应环境趋势，又能使企业的经营活动保持连续性和稳定性。

（2）企业经营目标的内容：企业经营目标一般都是以恰当的指标来加以量化，只有这样才能在计划目标和经营目标之间进行比较，才能对经营状况实施有效的控制。对于一般的经营性企业，常用以下指标来度量相关的目标，如图1.20所示。

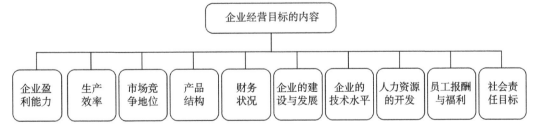

图1.20 企业经营目标的内容

①企业盈利能力是企业经营成效的表现，它常以利润、资产报酬率、所有者权益报酬率、每股平均收益、销售利润率等指标来表示。

②生产效率是企业在市场竞争中立足的根本。衡量生产效率的指标常用的有产量、单位产品原料和能源耗用量、单位产品成本和废品率等。

③市场竞争地位的高低是企业经营成效的表现之一,用以确定其在竞争中的相对实力,它通常以市场占有率来表示。市场占有率表示企业在市场中所占的份额,反映的是企业对市场的控制程度。该值越大,说明企业对市场的控制程度越大。

④产品结构是指企业在特定的发展阶段,各种产品之间的数量比例关系。例如,新产品产值占企业总产值的比率、新产品销售额占企业总销售额的比率、新开发产品数和淘汰产品数等。

⑤财务状况是企业经营实力的重要表现,它通常有总资产价值及构成比例、盈余资金额、资产负债比率、净资产额、流动比率和速动比率等。

⑥企业的建设与发展是企业经营目标的重要方面。衡量指标有年销售额增长率、年销售利润增长率、生产能力增长率、固定资产投资额、技术改造和新产品开发的投入资金量等。

⑦企业的技术水平是企业长期经营目标的重要内容。这方面的指标有主要生产设备的先进程度、拥有的专利和专有技术数量等。

⑧人力资源的开发是企业经营的一个重要目标。企业的发展在很大程度上依赖于企业员工的素质和数量。在当今技术进步速度日益加快的年代,企业一方面要吸引优秀人才,另一方面要对已有员工加强培训以适应新的环境与岗位。人力资源开发已成为企业长期发展目标的重要方面。这方面的指标有技术人员占全部员工的比例、培训的强度和频率等。

⑨员工报酬与福利应随着企业效益的增长相应提高,这是搞好企业内部管理、增加企业凝聚力的重要途径,也是企业经营目标的组成部分。这方面的指标有年工资水平和增长率、单位员工的福利开支和增长率等。

⑩社会责任目标也是企业经营目标之一,企业既是经营性的实体,也是社会组成的细胞,企业也要承担社会责任,如残疾人就业、环境保护、社区建设以及非市场的各种公共关系等。事实上,企业在公众中树立良好形象本身也是企业的目标之一。

以上这十个方面的经营目标只是企业应考虑目标的主要方面,并不包括企业长期发展目标的全部内容,每个企业要根据各自的具体情况和不同发展时期,制定适合于本企业的经营目标。

(二)企业经营战略

战略是对全局问题的筹划。企业经营战略是企业根据其外部环境和自身条件,为求得企业生存和发展,对企业发展目标的实现途径和手段的总体谋划,它是企业经营思想的集中体现,又是制订企业规划和计划的基础。

1. 企业经营战略的特征

企业经营战略的特征如图 1.21 所示。

图 1.21 企业经营战略的特征

(1) 全局性：企业经营战略是研究企业全局的指导纲领，所反映的是有关企业全局性问题的重大决策。但是也要注意，全局是由局部构成的，有时某些局部的成败对全局也会产生决定性的影响。

(2) 长期性：经营战略往往着眼于未来相当长的一段时间，而不只在短时期内起作用，因此，经营战略带有长期性的特征。经营战略也不是不能改变的，在某一时期出现新情况时，企业应根据实际的经营情况及时对经营战略进行修正。经营战略应相对稳定，只有在企业的内、外环境发生重大变化时，才会引起战略的改变。

(3) 竞争性：竞争是市场经济不可回避的现实，也正是因为有了竞争才确立了"战略"在经营管理中的主导地位。面对竞争，企业经营战略需要进行内、外部环境分析，明确自身的资源优势，设计适当的经营模式，形成特色经营，增强企业的对抗性和战斗力，推动企业长远、健康发展。

(4) 风险性：企业作出任何一项决策都存在风险，战略决策也不例外。市场研究深入，行业发展预测准确，设立的远景目标客观，各战略阶段人、财、物等资源调配得当，战略形态选择科学，制定的战略就能引导企业健康、快速的发展。反之，仅凭个人主观判断市场，设立目标过于理想或对行业的发展趋势预测偏差，制定的战略就会产生管理误导，甚至给企业带来破产的风险。

2. 企业经营战略的分类

企业经营战略可以按其层次、态势、规模和市场竞争特性等几方面进行分类，如图 1.22 所示。

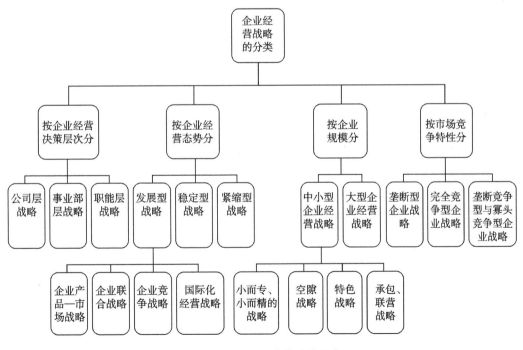

图 1.22 企业经营战略的分类

(1) 按企业经营决策层次分：大型企业经营战略是一个庞大复杂的系统，可以分解为不同层次的子系统。一般对于大型企业，企业经营战略包括三个层次。

1）公司层战略

公司层战略是企业总体的指导性战略，决定企业经营方针、投资经营方向和远景目标等战略要素，是战略的核心。

2）事业部层战略

事业部层战略是企业独立核算经营单位或相对独立的经营单位，遵照决策层的战略指导思想，通过竞争环境分析，侧重市场与产品，对自身生存和发展轨迹进行的长远谋划。

3）职能层战略

职能层战略是企业各职能部门遵照公司层的战略指导思想，结合事业部层战略，侧重分工协作，对本部门的长远目标、资源调配等战略支持保障体系进行的总体性谋划，如策划部战略、采购部战略、营销部战略等。

一个企业的发展战略不是一成不变的，也不是固定的去套用企业经营战略的三个层次，而是要因地、因时，灵活地运用经营战略对策，才能发挥企业的优势，创造出新的奇迹。对于只经营单一产业的企业，公司层与事业部层就没有必要加以区别，只有公司层战略与职能层战略两个层次。公司在制定总体战略时要考虑下一层次的情况，而下一层次的战略应服从和体现上一层次的战略意图。

（2）按企业经营态势，可将企业经营战略分为以下三种。

1）发展型战略

发展型战略适用于企业有发展和壮大自己的机会的情况，其特点是投入大量资源，扩大产销规模，提高竞争地位，提高现有产品的市场占有率或用新产品开辟新市场。这是一种进攻型的态势。

2）稳定型战略

稳定型战略强调的是投入少量或中等程度的资源，保持现有的产销规模和市场占有率，稳定和巩固现有的竞争地位。这种战略适用于企业效益已相当不错雨暂时又没有进一步发展的机会，其他企业进人本企业经营领域屏障又较大的情况。

3）紧缩型战略

紧缩型战略适用于外部环境与内部条件都十分不利，企业只有采取撤退措施才能避免更大的损失的情况。企业紧缩型战略主要有缩小规模、转让归并及清理等。

作为企业的领导，一般都希望发展和壮大自己的企业，采取发展型战略。但是，如果环境不允许，主客观条件不具备，还不如采取稳定型战略，甚至紧缩型战略，以保存实力，等待机会。在激烈的市场竞争环境中，企业领导人应以所有者的利益为重，不能轻易冒险。

（3）按企业规模，可分为中小型企业经营战略和大型企业经营战略两种。

1）中小型企业经营战略

中小型企业经营战略随着市场的充分发育，市场交易费用不断降低，中小企业专业化强、管理方便，在国民经济发展中占据了重要地位。适合中小型企业的经营战略有：

①小而专、小而精的战略是企业根据自身专业化优势而采取的经营战略。

②空隙战略是中小企业通过调查，找到市场供应空缺之处，凭借快速灵活的优势，进入空隙市场。

③特色战略是中小企业容易接近顾客，能够通过使自己的产品或服务具有与众不同的特色来吸引消费者，从而取得成功。

④承包、联营战略即中小企业依附于一个大企业或企业集团，接它们的长期订货，成为它们的一个加工承包单位或联营企业。

2）大型企业经营战略

大型企业经营战略因大型企业一般都有经济规模的要求，即生产或加工过程要达到一定规模才能显示其经济效益。例如，轿车的装配企业一般要达到年产 20 万辆甚至更多，才能显示其低成本的优势。大型企业具有较强的科研开发、生产、销售和服务等功能，有较强的产品开发能力和市场开拓能力。但是，正因其规模大、管理层次多，信息传递速度较慢，对外界环境变化的反应也相对迟钝，产品和工艺的改变相对困难。因此，大型企业的经营战略更应予以重视。

(4) 按市场竞争特性，一般可以把市场模式分为完全垄断、垄断竞争、寡头竞争和完全竞争等几种。显然，处于不同市场模式下的企业，其经营战略的侧重点也应是不同的。

1）垄断型企业战略

垄断型企业的市场是反效率的。一般国家都有法律防止垄断的形成。但是有些行业具有自然垄断的属性，如铁路运输、城市公用设施（供水、供煤气、供电和公共交通）以及邮电、通信等，因其生产供应的规模经济的要求，自然地形成垄断的特征。垄断型企业一般都依赖于进入的屏障，不存在竞争的威胁，容易形成效率低下的局面。并且，这类企业的产出需求都具有稳定增长的趋势。因此，这类企业一般都采取稳定型战略。

2）完全竞争型企业战略

完全竞争型市场模式，其产品具有相同性质，有众多企业供应。每一家企业仅占市场的很小份额。商品的价格由市场供求决定，企业只是价格的接受者。这类企业面对的主要是价格的竞争。所以企业只有不断地降低成本才能避免被挤出市场的危险。

3）垄断竞争型与寡头竞争型企业战略

在现实社会中，严格意义上的垄断型企业或完全竞争型企业是不多的。即便某种商品由一家企业独家生产和供应，该企业可以利用技术或社会经济屏障阻止别的企业进入该领域，却往往难以阻止别的企业开发相似的或可以替代的商品（或服务）与其竞争，使原来垄断的企业也面临竞争的威胁。这类既有垄断特性又有间接竞争特性的企业被称为垄断竞争型企业。例如，空运可能被高速铁路客运所替代。

寡头竞争型企业是由于生产和供应的规模经济要求，但由于国家法律等因素的限制，不允许形成独家垄断，最终由少数几家企业来供应市场，从而形成寡头竞争的局面，如生产航空器和大中型机电设备的企业。垄断竞争和寡头竞争企业的竞争对象明确，竞争的手段也多种多样，在考虑经营战略时也面临多种方案的选择。

3. 两种主要的企业经营战略

两种主要的企业经营战略是产品—市场战略和企业联合战略，如图 1.23 所示。

(1) 产品—市场战略：在市场经济中，企业发展和生存主要取决于能否提供被市场所接受的产品（或服务）。

①企业提供的产品的质量和功能是购买者所需要的。

②产品的价格是购买者能够接受的。

③产品的质量、功能和价格在市场上是有竞争力的。

④产品销售后的收入要大于企业生产的成本，以获得一定的利润，能满足投资者的投资

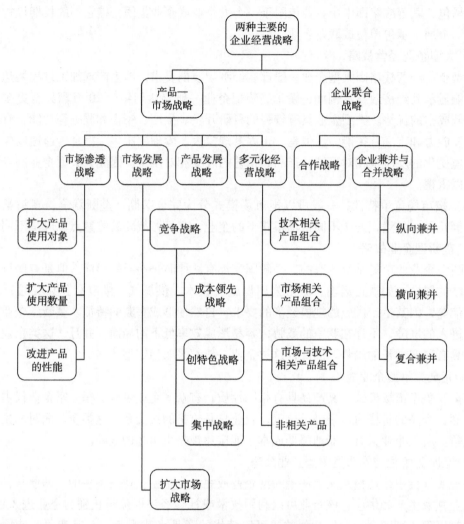

图 1.23　两种主要的企业经营战略

回报要求。

（2）企业联合战略：市场战略主要以产品和市场为对象，而联合战略则主要以竞争对手为对象。企业联合是指两个或两个以上企业或单位，逐步建立某种正式或非正式的合作，或者兼并、合并成一个整体。

（三）企业经营决策

企业的经营决策是在国家宏观产业政策与规划的指导下，以市场调查和市场预测结论为基本依据，为实现企业的经营目标，从两个以上的可行方案中选择一个最佳方案的分析判断过程。

1. 企业经营决策的要点

企业经营决策要点有以下五个方面，如图 1.24 所示。

（1）决策必须根据国家宏观规划和市场需要制定。企业必须自觉地接受国民经济规划的指导，按照国家规划的整体目标和方向，根据国家制定的经济和社会发展战略、方针和产

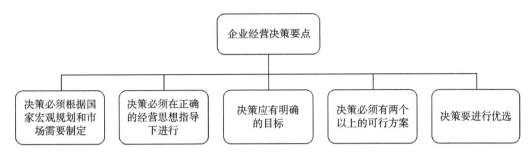

图1.24　企业经营决策要点

业政策，以市场为导向，以市场需求为中心进行经营决策。

（2）决策必须在正确的经营思想指导下进行。企业决策方案应该在企业外部环境、内部条件和企业经营目标三者的动态平衡中所产生。企业作出的决策必须符合国家现阶段社会发展的实际，适应社会市场经济环境的要求，有利于企业的健康发展。

（3）决策应有明确的目标。即要解决的问题必须十分明确，这个目标可以是经营目标，也可以是其体系中的中间目标和具体目标。

（4）决策必须有两个以上的可行方案。为了实现经营目标，在决策中必须提出几种可行方案，决策的过程就是对这些可行方案进行选择的过程。

（5）决策要进行优选。在对方案进行评价的基础上，要合理选择，这就是优选。优选方案不一定是最优的方案，因为最优的方案可能并未包含在已提出的可行方案之中，但它是可行方案中最令人满意的方案。

2. 企业经营决策的特点

企业经营决策由于科学技术的不断进步，企业规模的不断扩大，市场竞争程度的不断加剧以及企业目标的进一步多元化，过去那种只凭借领导者个人阅历、知识和智慧进行决策的经验决策时代已经过去了。在当今的政治经济条件下，现代企业经营决策有以下特点，如图1.25所示。

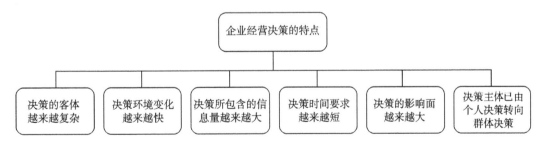

图1.25　企业经营决策的特点

（1）决策的客体越来越复杂：随着科学技术的不断发展，大工业生产的时代早已到来，企业规模和生产规模的不断扩大使企业具有广博性、多结构性、多变性和综合性；同时，企业的庞大系统势必造成组织层次多、信息链长、相互影响大、难以控制，这些特点导致了决策的复杂化。

（2）决策环境变化越来越快：今天的社会环境变化越来越快，从一个科学发现、发明转化为社会生产力的周期越来越短。据美国有关资料统计，这种转化在第一次世界大战之前为30年，第一次世界大战与第二次世界大战之间平均为16年，第二次世界大战以后平均为9年。而近10年来由于计算机技术的高速发展，从发明到应用的周期明显加快，有些计算机技术的转化周期甚至只用几个月的时间。随着新技术不断被应用，导致了社会环境的加速变化，给决策带来了更大的困难。

（3）决策所包含的信息量越来越大：随着企业规模和市场规模的不断扩大，产品与市场的关联性不断加强，决策的复杂程度越来越深，单凭个别决策者的个人经验和直觉必将导致决策面临极大的风险。现代决策要求在准确、及时和信息充分的基础上进行，那么所有相关联的市场、产品、企业内部和外部的信息就成为决策的最重要依据。信息量的不断加大，不仅使处理信息的工作量加大，还使判断该信息的价值难度加大，从而使最后的决策复杂程度加大。

（4）决策时间要求越来越短：决策环境的快速变化，对决策时间和速度有了更高的要求，今天的决策已经不可能通过长时间的收集资料、调查研究和分析认证后再决策。因为这样必定要坐失良机，决策之后，也必定是时过境迁。市场的激烈竞争要求企业能先他人而动，尽快抢占市场，在决策时，迅速理清庞大复杂系统中各环节之间的相互关系，通过科学的信息工程手段从大量杂乱无章的信息中找出规律，并迅速作出判断，完成决策。所以，整个的决策时间变得越来越短。

（5）决策的影响面越来越大：由于决策客体已变得越来越复杂，决策与整个企业各方面有着千丝万缕的联系，牵一发而动全身。决策成败的意义已不仅是在决策本身，还必须更多地考虑决策可能引起的企业相关联的环节，甚至社会相关联环节的一连串连锁反应。

（6）决策主体已由个人决策转向群体决策：在前工业时代，由于决策客体的规模小、变化慢、关联少，所以管理决策主要由个别的企业主要领导者进行，决策也多以领导者的个人经验和判断为主要依据。而进入后工业时代，大工业生产和组织化使得决策在量和质上都发生了根本的变化。决策的关联性使决策变得异常复杂，决策已不可能仅凭个别领导者的经验和胆略就能完成，它逐步向群体决策转变；同时，由于决策的技术化和知识化不断加强，不少专家、学者，甚至是企业外部的专业人士也加入到这个决策群中。为防止决策失误，决策技术被广泛地应用，主观判断的成分越来越少，决策已经成为一种主要依靠决策技术的群体决策。

3. 企业经营决策的作用

现代管理理论认为，管理的重心在于经营，经营的重点在于决策。所以，搞好企业经营决策，对于企业的生存和发展有着重要的作用和意义。企业经营决策有四个作用，如图1.26所示。

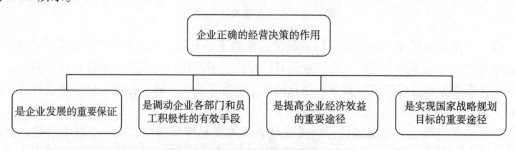

图1.26　企业正确的经营决策的作用

（1）正确的经营决策是企业发展的重要保证：企业的经营决策是关系企业总体发展和主要经营活动的战略性决策，它决定企业发展的方向和途径。正确的经营决策，可以使企业适应环境的变化和发展，提高企业的竞争能力和发展能力，使企业沿着正确的方向不断地发展壮大。反之，决策失误，将会给企业带来巨大损失，甚至导致企业破产。

（2）正确的经营决策是调动企业各部门和员工积极性的有效手段：决策理论的发展促进了企业实行分权化管理。经营决策为企业全部管理工作和经济活动制订了整体目标。通过目标管理体系的建立，能够调动各部门和全体员工的积极性，增强责任感，把思想和行动统一起来，更好地协作配合，使企业各项管理工作按照统一步调有秩序地进行。

（3）正确的经营决策是提高企业经济效益的重要途径：企业经营管理的中心问题不仅是生产效率问题，更重要的是全面的和最终的实际经济效益问题。正确的经营决策能使企业的经济效益不断提高。

（4）正确的经营决策是实现国家战略规划目标的重要途径：搞好经营决策，能够促进社会效益的增长，国家战略规划目标的实现。

4. 企业经营决策的类型

在分析解决复杂的经济问题过程中，通常将分类作为常用的基本方法。按不同角度将企业决策分类如下，如图1.27所示。

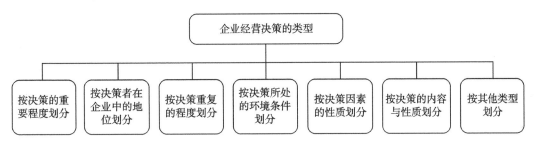

图1.27　企业经营决策的类型

（1）按决策的重要程度划分：

①经营决策又称战略决策。它是为使企业与外部环境保持适应性，而对影响企业全局、左右企业长期发展的重大经营性问题所作的决策。经营决策多是非程序化、带有风险性的决策，如针对经营方针、经营目标、生产规模、产品开发等方面的决策。其主要是企业高层领导的职责。

②管理决策又称战术决策。它是为了执行和实施战略决策，合理而有效地处理企业内部的一些重大问题而作出的决策。管理决策是组织实施战略决策的短期具体决策，重点解决如何组织企业内部力量提高管理效能的问题。管理决策主要由中层或高层管理人员制定。

③业务决策又称作业决策。这是企业为了提高管理效率和生产效率，更好地执行管理决策，对日常业务活动进行的安排。业务决策主要由企业基层管理人员制定。

（2）按决策者在企业中的地位划分：

①高层决策是由企业最高层所进行的决策，多是经营性决策。

②中层决策是由企业中层所进行的决策，多是管理性决策。

③基层决策是由企业基层所进行的决策，多是业务性决策。

（3）按决策重复的程度划分：

①程序化决策又称常规决策。指对企业日常生产经营工作中经常出现的不断重复的问题所进行的决策。处理此类问题已有一定的经验、程序和方法，可以按照常规办法处理。

②非程序化决策又称例外决策。指对企业具有极大偶然性、随机性，又无先例可循，且有大量不确定性的问题所作的决策。这类决策往往是独一无二的，因此，在很大程度上依赖于决策者的知识、经验、洞察力及胆识来进行。

（4）按决策所处的环境条件划分：

①确定型决策。指在事件未来的自然状态（客观条件）已经完全确定的情况下的决策。

②非确定型决策。指对未来事件的自然状态发生与否不能确定，而事件发生的概率也无法估计，完全凭个人经验和判断作出的决策。

③风险型决策。指决策者对未来事件的自然状态只能估计出它发生的概率，并根据概率的大小进行的决策，这种决策是要承担一定风险的。

（5）按决策因素的性质划分：

①定量分析决策是借助一定的工具和数学模型，对决策因素进行定量分析的决策。

②定性分析决策是对一些决策因素不能进行定量分析，只能借助于决策者的知识、经验、分析和判断能力进行的决策。

（6）按经营决策的内容与性质划分：

①服务方向决策就是决定选择什么市场、选择几个市场、要不要改变原有的市场。

②产品品种决策又称产品结构决策。主要是决定生产哪些品种、哪些是主导产品、发展哪些新产品、改造哪些老产品、淘汰哪些落后过时产品。

③销售决策主要是与开发、扩大、占领市场及完成销售目标有关的企业政策和策略方面的决策，如产品定价策略等。

④原材料供应决策是指由国家统一分配的原材料外，对其他原材料的供应（主要指数量、质量、价格、交货时间和批次、批量等）方面需作出相应的决策。

⑤企业改造决策需要有确定的目标、方针和规划。

⑥财务决策主要是筹资决策和投资决策。

⑦组织与人事决策是在企业外部环境变化和经营管理需要时，要对组织与人事进行调整。

⑧联合方面的决策是企业要对是否与其他企业联合、按照什么方向、与什么对象联合、采取何种联合形式作出决策。

（7）按其他类型划分：按决策期限可分为长期、中期与短期决策；按决策方法可分为计量决策与非计量决策（定性决策）；按决策目标的多少可分为单目标决策与多目标决策；按决策实施的层次可分为单极决策与多级决策等。

5. 企业经营决策的原则

在企业的经营管理过程中，管理者应善于区分所面临的感性问题和理性问题：感性问题应由感情逻辑来解决以求其管理行为与组织环境相协调；对于理性的经营管理问题应用理性的思维去思考，以保证组织效率的提高为基本的思维取向与行为准则。

在进行经营决策时，在坚持利益最大化的同时，应遵守以下原则，如图 1.28 所示。

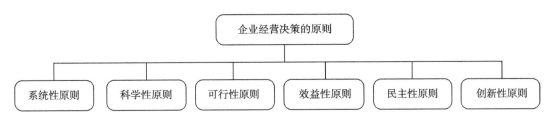

图 1.28　企业经营决策的原则

（1）系统性原则：企业是一个系统，其中各个环节紧密相连，因此，经营决策必须通过系统调查、科学预测，从整个企业经营系统出发，不断谋求企业外部环境、企业内部条件和企业经营目标的动态平衡。

（2）科学性原则：企业的经营决策必须具有科学的依据，要弄清外部环境和内部条件，遵循科学的决策程序，确定有效的决策标准，采用科学的决策方法，建立严格的决策控制系统，做好决策的组织工作。

（3）可行性原则：企业经营决策应从实际出发，认真研究企业外部环境和内部条件，采用定性和定量相结合的方法，对每个方案进行可行性分析，以保证决策方案行之有效。

（4）效益性原则：企业在进行经营决策的过程中，提高企业经济效益是根本目的，最优方案当然是以尽可能少的投入，取得尽可能多的收益。同时还要处理好速度与效益、眼前利益与长远利益、企业效益与社会效益之间的关系。

（5）民主性原则：决策方案要在民主的基础上制定和执行，要充分重视和发挥员工在整个决策过程中的作用。

（6）创新性原则：企业的外部和内部环境在不断变化，企业经营决策要有创造性思维和设想，经营管理方式也要有创新，使企业不断发展。

（四）企业经营计划

企业经营计划是企业围绕市场，为实现自身经营目标而进行的具体规划、安排和组织实施的一系列管理活动。企业经营计划是企业经营活动的先导，并始终贯穿于企业经营活动的全过程。

1. 制订企业经营计划的意义

（1）制订企业经营计划是防止未来不确定性的手段：社会在变，技术在变，市场也在变，人的价值观念同样也随之不断变化。计划是预测这种变化并设法消除变化对企业造成不良影响的一种手段。

（2）制订企业经营计划是减少浪费、提高效率的方法：计划可以使未来的组织活动均衡发展。通过计划前的研究、论证，能够减少不必要的活动，使企业的可用资源充分发挥作用，降低成本，提高效率。

（3）制订企业经营计划是管理者进行控制的基础：制订企业经营计划就确定了企业经营的目标和指标，这些目标和指标将被用来进行控制。计划职能和控制职能具有不可分离的联系。

2. 企业经营计划的种类

企业的经营活动是非常复杂的，所以企业的经营计划多种多样，如图 1.29 所示。

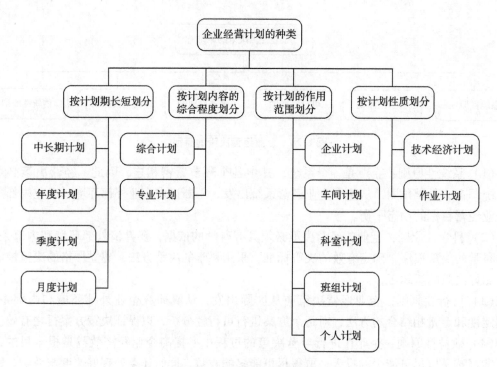

图 1.29 企业经营计划的种类

第二章

质量管理

第一节 质量管理概述

一、质量的定义

质量是质量管理中最基本的概念，有些场合也把质量称为品质。

质量的内涵十分丰富，随着社会经济的变化和科学技术的发展，其也在不断充实、完善和深化，同样，人们对质量的理解也经历了一个不断发展和深化的历史过程。具有代表性的质量的概念主要有以下几个。

（一）朱兰的质量定义

美国著名的质量管理专家约瑟夫·M·朱兰（Joseph. M. Juran）博士从顾客的角度出发，提出了产品质量就是产品的适用性。即产品在使用时能满足用户需要的程度。用户对产品的基本要求就是适用，适用性恰如其分地表达了质量的内涵。质量就是适用性，而不仅仅是符合规范。用户很少知道"规范"是什么，质量对于用户而言就意味着产品在交货时或使用中的适用性。

（二）美国质量专家的质量定义

美国质量管理专家克劳斯比从生产者的角度出发，曾把质量概括为"产品符合规定要求的程度"；美国的质量管理大师德鲁克认为"质量就是满足需要"；全面质量控制的创始人菲根堡姆认为，产品或服务质量是指营销、设计、制造、维修中各种特性的综合体。

这一定义有两个方面的含义，即使用要求和满足程度。人们使用产品，总对产品质量提出一定的要求，而这些要求往往受到使用时间、使用地点、使用对象、社会环境和市场竞争等因素的影响，这些因素变化，会使人们对同一产品提出不同的质量要求。因此，质量不是一个固定不变的概念，它是动态的、变化的、发展的；它随着时间、地点、使用对象的不同而不同，随着社会的发展、技术的进步而不断更新和丰富。

用户对产品的使用要求的满足程度，反映在对产品的性能、经济特性、服务特性、环境特性和心理特性等方面。因此，质量是一个综合的概念。它并不要求技术特性越高越好，而是追求诸如：性能、成本、数量、交货期、服务等因素的最佳组合，即所谓的最适当。

（三）ISO 8402：1994 的质量定义

质量：反映实体满足明确和隐含需要能力的特性之总和。

（1）在合同环境中，需要是明确的，而在其他环境中，隐含需要则应加以识别和确定。

（2）在许多情况下，需要会随时间而改变，这就要求定期修改规范。

从定义可以看出，"实体"可以是某项活动或过程，某个产品，某个组织、体系、个人，也可以是它们的组合。其中的产品，可以是有形产品，也可以是无形产品。质量就其本质来说是一种客观事物具有某种能力的属性，由于客观事物具备了某种能力，才可能满足人们的需要，需要由两个层次构成。

第一层次是产品或服务必须满足规定或潜在的需要，这种"需要"可以是技术规范中规定的要求，也可能是在技术规范中未注明，但用户在使用过程中实际存在的需要。它是动态的、变化的、发展的和相对的，"需要"随时间、地点、使用对象和社会环境的变化而变化。因此，这里的"需要"实质上就是产品或服务的"适用性"。

第二层次是在第一层次的前提下的产品特征和特性的总和。因为，"需要"应加以表征，必须转化成有指标的特征和特性，这些特征和特性通常是可以衡量的：全部符合特征和特性要求的产品，就是满足用户需要的产品。因此，"质量"定义的第二个层次实质上就是产品的符合性。

由上可知，企业只要生产出用户使用的产品，才能占领市场。而就企业内部来讲，企业又必须要生产符合质量特征和特性指标的产品。所以，企业除了要研究质量的"适用性"之外，还要研究"符合性"质量。

（四）ISO 9000：2005 的质量定义

国际标准化组织（ISO）2005 年颁布的 ISO 9000：2005《质量管理体系基础和术语》中对质量的定义是：一组固有特性满足要求的程度。

（1）质量是相对于 ISO 8402 的术语，更能直接地表述质量的属性，由于它对质量的载体不做界定，说明质量是可以存在于不同领域或任何事物中。对质量管理体系来说，质量的载体不仅针对产品，即过程的结果（如硬件、流程性材料、软件和服务），也针对过程和体系或者它们的组合。也就是说，所谓"质量"，既可以是零部件、计算机软件或服务等产品的质量，也可以是某项活动的工作质量或某个过程的工作质量，还可以是指企业的信誉、体系的有效性。

（2）满足要求就是应满足明示的（如明确规定的）、通常隐含的（如组织的惯例、一般习惯）或必须履行的（如法律法规、行业规则）的需要和期望。只有全面满足这些要求，才能评定为好的质量或优秀的质量。

（3）顾客和其他相关方对产品、体系或过程的质量要求是动态的、发展的和相对的。它将随着时间、地点、环境的变化而变化。所以，应定期对质量进行评审，按照变化的需要和期望，相应地改进产品、体系或过程的质量，确保持续地满足顾客和其他相关方的要求。

二、质量的特性

特性可以是固有的或赋予的。固有特性是指某事或某物中本来就有的，尤其是那种永久的特性，它是通过产品、过程或体系设计和开发以及其后的实现过程形成的属性。例如，产品的尺寸、体积、重量，机械产品的机械性能、可靠性、可维修性，化工产品的化学性能、安全性等。而赋予特性是指完成产品后因不同的要求而对产品增加的特性，如产品的价格、交货期、保修时间、运输方式等。

固有特性与赋予特性是相对的。某些产品的赋予特性可能是另一些产品的固有特性。例如，交货期及运输方式对硬件产品而言属于赋予特性，但对运输服务而言就属于固有特性。

质量特性是指产品、过程或体系与要求有关的固有属性。

质量概念的关键是"满足要求"。这些"要求"必须转化为有指标的特性，作为评价、检验和考核的依据。由于顾客的需求是多种多样的，所以反映质量的特性也应该是多种多样的。

（一）质量特性的分类

质量特性可分为两大类：真正质量特性和代用质量特性。

（1）所谓"真正质量特性"，是指直接反映用户需求的质量特性。

（2）代用质量特性：一般地，真正质量特性表现为产品的整体质量特性，但不能完全体现在产品制造规范上。而且，在大多数情况下，很难直接定量表示。因此，就需要根据真正质量特性（用户需求）相应确定一些数据和参数来间接反映它，这些数据和参数就称为"代用质量特性"。

产品技术标准，标志着产品质量特性应达到的要求，符合技术标准的产品就是合格品，不符合技术标准的产品就是不合格品。

另外，根据对顾客满意的影响程度不同，还可将质量特性分为关键质量特性、重要质量特性和次要质量特性三类。关键质量特性是指若超过规定的特性值要求，会直接影响产品安全性或产品整机功能丧失的质量特性。重要质量特性是指若超过规定的特性值要求，将造成产品部分功能丧失的质量特性。次要质量特性是指若超过规定的特性值要求，暂不影响产品功能，但可能会引起产品功能逐渐丧失的质量特性。

（二）质量特性的表现形式

1. 硬件产品的质量特性

（1）性能：性能通常指产品在功能上满足顾客要求的能力，包括使用性能和外观性能。

（2）寿命：寿命是指产品能够正常使用的年限，包括使用寿命和储存寿命两种。使用寿命指产品在规定的使用条件下完成规定功能的工作总时间。通常，不同的产品对使用寿命有不同的要求。储存寿命指在规定储存条件下，产品从开始储存到认定失效的时间。

（3）可信性：可信性是用于表述可用性及其影响因素（可靠性、维修性和保障性）的集合术语。产品在规定的条件下，在规定的时间内，完成规定的功能的能力称为可靠性。对机电产品、压力容器、飞机等那些发生质量事故会造成巨大损失或危及人身、社会安全的产品，可靠性是使用过程中主要的质量指标。维修性是指产品以规定的条件、时间、程序和方法进行维修，保持或恢复到规定状态的能力。维修保障性是指按规定的要求和时间，提供维修所必需的资源的能力。显然，具备上述"三性"时，必然是一个可用，而且好用的产品。

（4）安全性：安全性指产品在制造、流通和使用过程中保证人身安全与环境免遭危害的程度。目前，世界各国对产品安全性都给予了最大的关注。

（5）经济性：经济性指产品寿命周期的总费用，包括生产、销售过程的费用和使用过程的费用。经济性是保证组织在竞争中得以生存的关键特性之一，是用户日益关心的一个质量指标。

2. 软件产品的质量特性

（1）功能性：软件所实现的功能，即满足用户要求的程度，包括用户陈述的或隐含的需求程度。是软件产品的首选质量特性。

（2）可靠性：可靠性是软件产品的最重要的质量特性。反映软件在稳定状态下，维持正常工作的能力。

（3）易用性：易用性反映软件与用户之间的友善性。即用户在使用软件时的方便程度。

（4）效率：在规定的条件下，软件实现某种功能耗费物理资源的有效程度。

（5）可维护性：软件在环境改变或发生错误时，进行修改的难易程度。易于维护的软件也是一个易理解、易测试和易修改的产品，是软件又一个重要的特性。

（6）可移植性：软件能够方便地移植到不同运行环境的程度。

3. 流程材料的质量特性

（1）物理性能：如密度、黏度、粒度、电传导性能等。

（2）化学性能：耐腐蚀性、抗氧化性、稳定性等。

（3）力学性能：强度、硬度、韧性等。

（4）外观：几何形状、色泽等。

4. 服务的特性

（1）无形性：无形性是指服务的抽象性和不可触知性。服务作为无形的活动，不像实体产品那样展示在顾客的面前，看不见，摸不着，不易在头脑中成形，从而对服务质量的评价往往凭顾客消费后所获得的满意程度做出，主观随意性较大。

（2）储存性：服务是："一个行动，一次表演，一项努力。"它只存在于被产出的那段时间，"生产"一旦结束，服务作为产品也就不存在了。即一旦在限定的时间内丧失服务的机会，便不再复返。

（3）同步性：服务的生产和消费过程在时间和空间上同时存在，具有不可分割性。顾客是参与其中的，必须在服务的过程中消费服务。因此，服务质量是顾客对服务过程和服务结果的总评价。

（4）异质性：即可变性或波动性。即使是同一种类型服务也会因服务人员、顾客及环境不同而不同，难以始终如一的提供稳定、标准化的服务。由于不稳定的服务会给顾客带来不公平的感觉，因此，提高服务的稳定性是服务组织提高质量的重点，亦是难点。

第二节　质量形成过程

一、朱兰质量螺旋曲线

产品质量有一个产生、形成和实现的过程。美国质量管理专家朱兰于20世纪60年代用一条螺旋曲线来表示质量的形成过程，我们称之为朱兰质量螺旋曲线，如图2.1所示。朱兰质量螺旋曲线阐述了五个重要的理念：①产品质量的形成由市场研究、开发（研制）、设计、制定产品规格、制定工艺、采购、仪器仪表及设备装置、生产、工序控制、检验、测试、销售、服务十三个环节组成；②产品质量形成的十三个环节一环扣一环，周而复始，但不是简单的重复，而是不断上升、不断提高的过程；③产品质量形成是全过程的，对质量要进行全过程的管理；④产品质量形成的全过程中会受到供方、销售商和顾客的影响，即涉及组织之外的因素，所以，质量管理是一个社会系统工程；⑤所有的活动都由人来完成，质量管理应该以人为主体。

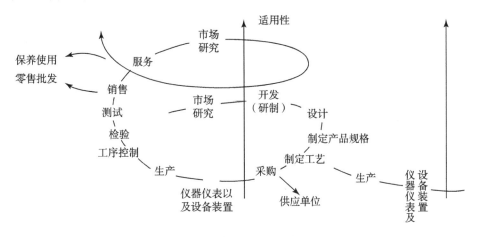

图 2.1　朱兰质量螺旋曲线

二、质量环

质量形成过程的另一种表达方法是"质量环"。1994 版的 ISO 9000 标准就采用了这种表达方法。所谓质量环是指从识别需要到评定这些需要是否得到满足的各个阶段中，影响质量的相互作用活动的概念模式。硬件产品的质量环包括 12 个环节，如图 2.2 所示，其中，使用寿命结束时的处置或再生利用阶段主要是指那些如果任意废弃后会对公民健康和安全有不利作用的产品，如核废料、化学制品等，用后一定要妥善处理。应注意的是，这种质量循环不是简单的重复循环，它与朱兰质量螺旋曲线有相同的意义。

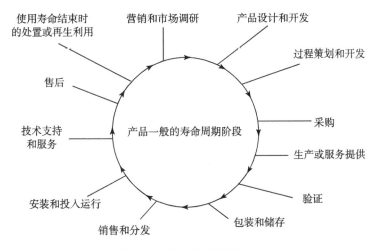

图 2.2　硬件产品的质量环

三、朱兰质量管理三部曲

第二次世界大战以后，日本从美国引进了统计质量管理的思想和方法，一举改变了日本产品质量低劣的状况。20世纪70年代末期，日本产品开始大量进入美国市场，不断蚕食着美国企业的市场份额。对于美国企业来说，传统的质量控制方法面对这种状况已经显得力不从心，迫切希望有新的管理思想来指点迷津。朱兰博士便是担当这一使命的先驱者之一。他主张要想解决质量危机，就需要破除传统观念，从根本上改造传统的质量管理，按照新的行动路线来行事，这一路线便是朱兰所提出的三部曲。朱兰认为，质量管理是由质量策划、质量控制和质量改进这样三个互相联系的阶段所构成的一个逻辑的过程，每个阶段都有其关注的目标和实现目标的相应手段。

质量策划指明确企业的产品和服务所要达到的质量目标，并为实现这些目标所必需的各种活动进行规划和部署的过程。通过质量策划活动，企业应当明确谁是自己的顾客，顾客的需要是什么，产品必须具备哪些特性才能满足顾客的需要；在此基础上，还必须设定符合顾客和供应商双方要求的质量目标，开发实现质量目标所必需的过程和工艺，确保过程在给定的作业条件下具有达到目标的能力，为最终生产出符合顾客要求的产品和服务奠定坚实的基础。

控制就其一般含义而言，是指制定控制标准，衡量实绩找出偏差并采取措施纠正偏差的过程。控制应用于质量领域便成为质量控制。质量控制也就是为实现质量目标，采取措施满足质量要求的过程。广泛应用统计方法来解决质量问题是质量控制的主要特征之一。

质量改进是指突破原有计划从而实现前所未有的质量水平的过程。实现质量改进有三个方面的途径，即通过排除导致过程偏离标准的偶发性质量故障，使过程恢复到初始的控制状态；通过排除长期性的质量故障使当前的质量提高到一个新的水平；在引入新产品、新工艺时从计划开始就力求消除可能会导致新的慢性故障和偶发性故障的各种可能性。

在质量管理的三部曲中，质量策划明确了质量管理所要达到的目标以及实现这些目标的途径，是质量管理的前提和基础；质量控制确保事物按照计划的方式进行，是实现质量目标的保障；质量改进则意味着质量水平的飞跃，标志着质量活动是以一种螺旋式上升的方式在不断攀登和提高，如图2.3所示。

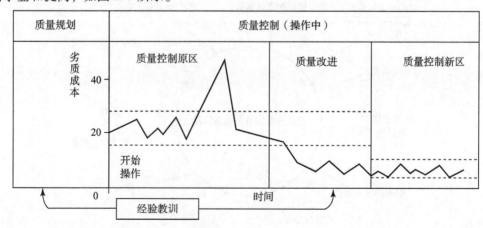

图2.3　朱兰三部曲

第三节 质量管理理论

一、质量管理的定义

质量管理是指为了实现质量目标,而进行的所有管理性质的活动。在质量方面的指挥和控制活动,通常包括制定质量方针和质量目标以及质量策划、质量控制、质量保证和质量改进。

理解质量管理要明确,质量管理是通过建立质量方针和质量目标并通过实施管理过程等活动实现的;组织在实施质量管理活动过程中,必须对各个环节进行有序的管理;各级管理者要进行系统思考,全员参与,才能保证质量管理顺利开展。

二、质量管理的基础工作

(一)质量教育工作

国内外的管理实践表明,开展质量管理必须"始于教育,终于教育"。质量教育是提高产品质量和提高民族素质的结合点。因为一个国家产品质量的好坏,从一个侧面反映了民族的素质。质量教育是提高企业竞争实力的重要手段。当今世界市场竞争十分激烈,竞争的焦点是质量,而质量的竞争实质上是技术水平和管理水平的竞争、人才的竞争。如果企业成员的质量意识薄弱,管理知识贫乏,技能低下,即使有先进的设备、先进的技术,也难以生产出优质低耗的产品。总而言之,质量的竞争是人才的竞争和职工素质的竞争,人才和职工素质的改善唯有通过培训教育,所以质量教育是增强企业竞争实力的重要手段,同时也是搞好质量管理的基础。通过教育使职工牢固树立"质量第一"的思想,提高搞好质量管理的自觉性,掌握并运用好质量管理的科学思想、原理、技术和方法,以提高职工的工作质量和企业管理水平。

通常,质量教育包括三个基本内容:质量意识教育、质量管理知识教育、专业技术和技能教育。

(二)标准化工作

常言道,没有规矩不成方圆。开展质量管理不能没有"标准",要保证产品质量,必须做好标准化工作。标准是对重复性事物和概念所作的统一规定。它以科学、技术、实践经验的综合成果为基础,经过有关方面协商一致,由主管部门批准,以特定形式发布,作为共同遵守的准则和依据。按标准的对象分,标准可以分为技术标准、管理标准和工作标准。

(三)计量工作

计量是实现单位统一、保障量值准确可靠的活动。具体地说,就是采用计量器具对物料以及生产过程中的各种特性和参数进行测量。因此,计量是企业生产的基础,计量工作是质量管理的基础工作之一,没有计量工作的准确性,就谈不上贯彻产品质量标准,保证产品质量,也谈不上质量管理的科学性和严肃性。

计量工作的主要要求是:计量器具和测试设备必须配备齐全;根据具体情况选择正确的

计量测试方法；正确合理地使用计量器具，保证量值的准确和统一；严格执行计量器具的检定规程，计量器具应及时修理和报废；做好计量器具的保管、验收、储存、发放等组织管理工作。为了做好上述工作，企业应设置专门的计量管理机构和建立计量管理制度。

（四）质量信息工作

质量信息是有关质量方面的有意义的数据，是指反映产品质量和企业生产经营活动各个环节工作质量的情报、资料、数据、原始记录等。在企业内部，质量信息包括研制、设计、制造、检验等产品生产全过程的所有质量信息；在企业外部，质量信息包括市场及用户有关产品使用过程的各种经济技术资料。

质量信息是组织开展质量管理活动的一种重要资源，为了确保质量管理的有效运行，应将质量信息作为一种基础资源进行管理。为此，组织应当：

（1）识别信息需求。
（2）识别并获得内部和外部的信息来源。
（3）将信息转化为组织有用的知识。
（4）利用数据、信息和知识来确定并实现组织的战略和目标。
（5）确保适宜的安全性和保密性。
（6）评估因使用信息所获得的收益，以便对信息和知识的管理进行改进。

（五）质量责任制

不论从事什么管理，都应明确管理者的责任和权限，这是管理的一般原则。质量管理也不例外，建立质量责任制，就是要明确规定质量形成过程的各个阶段、各个环节中每个部门、每个程序、每个岗位、每个人的质量责任，明确其任务、职责、权限及考核标准等，使质量工作事事有人管，人人有专责，办事有标准，工作有检查、有考核，职责分明，功过分明，从而把与产品质量有关的各项工作和全体员工的积极性结合起来，使企业形成一个严密的质量责任系统。

建立质量责任制，首先必须明确质量责任制的实质是责、权、利的统一。只有"责"，没有"权"和"利"的责任制是行不通的，有时甚至会适得其反。质量责任制的责、权必须依存，责、权必须相当，同时要和职工的利益挂钩，以起到鼓励和约束的作用。企业领导要对企业的质量工作负责，必须赋予其相应的决策权、指挥权；班组长要对本班组出现的质量问题负责，必须赋予其管理班组工作的权力；同样，一个操作工人要担负起质量责任，也必须授之以按照规定使用设备和工具，拒绝上道工序流转下来的不合格品等权力。同时，要使其获得与其工作绩效相当的经济利益。

质量责任制的内容应包括企业各级领导、职能部门和工人的质量责任制以及横向联系和质量信息反馈的责任。

三、质量管理的基本原则

（一）以顾客为关注焦点

"组织依存于顾客。因此，组织应当理解顾客当前和未来的需求，满足顾客要求并争取超越顾客期望。"

顾客是组织存在的基础,如果组织失去了顾客,就无法生存下去,所以组织应把满足顾客的需求和期望放在第一位,并将其转化成组织的质量要求,采取措施使其实现;同时还应测量顾客的满意度,处理好与顾客的关系,加强与顾客的沟通,通过采取改进措施,以使顾客和其他相关方满意。同时,顾客的需求和期望是不断变化的,也是因人因地而异的,因此需要进行市场调查,分析市场变化,从而满足顾客当前和未来的需求,并争取超越顾客的期望,以创造竞争优势。

(二)领导作用

领导者确立组织统一的宗旨及方向。他们应当创造并保持使员工能充分参与实现组织目标的内部环境。

最高管理者应建立体现组织质量宗旨和方向的质量方针和质量目标,应时刻关注组织经营的国内外环境,制定组织的发展战略,规划组织的蓝图。质量方针应随着环境的变化而变化,并与组织的宗旨相一致。最高管理者还应将质量方针、目标落实到组织的各职能部门和相关层次,让全体员工理解和执行。

为了实施质量方针和目标,组织的最高管理者应身体力行,建立、实施和保持一个有效的质量管理体系,确保提供充分的资源,识别影响质量的所有过程,并管理这些过程,使顾客和相关方满意。

为了使建立的质量管理体系保持其持续的适宜性、充分性和有效性,最高管理者应亲自主持对质量管理体系的评审,并确定持续改进和实现质量方针、目标的各项措施。

(三)全员参与

各级人员都是组织的一员,只有他们充分参与,才能使他们的才干为组织带来收益。

全体员工是每个组织的根本,人是生产力中最活跃的因素。组织的成功不仅取决于正确的领导,还有赖于全体人员的积极参与。所以应赋予各部门、各岗位人员应有的职责和权限,为全体员工制造一个良好的工作环境,激励他们的创造性和积极性,通过教育和培训,增长他们的才干和能力,发挥员工的革新和创新精神;共享知识和经验,积极寻求增长知识和经验的机遇,为员工的成长和发展创造良好的条件。只有这样才会给组织带来最大的收益。

(四)过程方法

将活动和相关的资源作为过程进行管理,可以更高效地得到期望的结果。

任何使用资源将输入转化为输出的活动都认为是过程。组织为了有效地运作,必须识别并管理许多相互关联的过程。系统地识别并管理组织所应用的过程,特别是这些过程之间的相互作用,称之为"过程方法"。

在建立质量管理体系或制定质量方针和目标时,应识别和确定所需要的过程,确定可预测的结果,识别并测量过程的输入和输出,识别过程与组织职能之间的接口和联系,明确规定管理过程的职责和权限,识别过程的内部和外部,在设计过程时还应考虑过程的步骤、活动、流程、控制措施、投入资源、培训、方法、信息、材料和其他资源等。只有这样才能充

分利用资源，缩短周期，以较低的成本实现预期的结果。

（五）管理的系统方法

将相互关联的过程作为系统加以识别、理解和管理，有助于提升组织实现目标的有效性和效率。

一个组织的体系是由大量错综复杂、互相关联的过程构成的网络。最高管理者要成功地领导和运作一个组织，就要用系统的和透明的方式进行管理，也就是对过程网络实施系统管理，可以帮助组织提升实现目标的有效性和效率。

管理的系统方法包括了确定顾客的需求和期望，建立组织的质量方针和目标，确定过程及过程的相互关系和作用，并明确职责和资源需求，确立过程有效性的测量方法，并用以测量现行过程的有效性，防止不合格，寻找改进机会，确立改进方向，实施改进，监控改进效果，评价结果，评审改进措施和确定后续措施等。这种建立和实施质量管理体系的方法，既可用于建立新体系，也可用于改进现行的体系。这种方法不仅可以提高过程能力及产品质量，还可为持续改进打好基础，最终使顾客满意，从而使组织获得成功。

（六）持续改进

持续改进总体业绩应当是组织的一个永恒目标。

组织所处的环境是在不断变化的，科学技术在进步、生产力在发展，人们对物质和精神的需求在不断提高，市场竞争日趋激烈，顾客的要求越来越高。因此组织应不断调整自己的经营战略和策略，制定适应形势变化的策略和目标，提高组织的管理水平，才能适应这样的竞争和生存环境。所以，持续改进是组织自身生存和发展的需要。

持续改进是一种管理的理念，是组织的价值观和行为准则，是一种持续满足顾客要求、增加效益、追求持续提高过程有效性和效率的活动。

持续改进应包括：了解现状，建立目标，寻找、实施和评价解决办法，测量、验证和分析结果，把它纳入文件等活动，其实质也是一种 PDCA 的循环，从策划、计划开始，执行和检查效果，直至采取纠正和预防措施，将它纳入改进成果加以巩固。

（七）基于事实的决策方法

有效决策是建立在数据和信息分析的基础上的。

成功的结果取决于活动实施之前的精心策划和正确决策。决策的依据应采用准确的数据和信息，分析或依据信息做出判断是一种良好的决策方法。在对数据和信息进行科学分析时，可借助于其他辅助手段。统计技术是最重要的工具之一。

应用基于事实的决策方法，首先，应对信息和数据的来源进行识别，确保获得全面的数据和信息的来源渠道，并能将得到的数据正确、方便地传递给使用者，做到信息的共享，利用信息和数据进行决策并采取措施。其次，用数据说话，以事实为依据，有助于决策的有效性，减少失误并有能力评估和改变判断和决策。

（八）与供方互利的关系

组织与供方是相互依存的，互利的关系可增强双方创造价值的能力。

供方提供的产品对组织向顾客提供满意的产品可以产生重要的影响。因此把供方、协作方、合作方都看做是组织经营战略同盟中的合作伙伴，形成共同的竞争优势，可以优化成本和资源，有利于组织和供方共同得到利益。

组织在形成经营和质量目标时，应及早让供方参与，帮助供方提高技术和管理水平，形成彼此休戚相关的利益共同体。

因此，需要组织识别、评价和选择供方，处理好与供方或合作伙伴的关系，与供方共享技术和资源，加强与供方的联系和沟通，采取联合改进活动，并对其改进成果进行肯定和鼓励，都有助于增强供需双方创造价值的能力和对变化的市场做出灵活和迅速反应的能力，从而达到优化成本和资源的目的。

第四节　ISO 9000 系列标准介绍

ISO 9000 标准是国际标准化组织（ISO）在 1980 年提出的概念，是指由 ISO/TC176（国际标准化组织质量管理和质量保证技术委员会）制定的国际标准。于 1987 年公布，1994 年修改，并于 2000 年再次修改并正式发布。

一、ISO 9000 标准的历史

第二次世界大战时，电子元器件的不可靠使得军用设施的战斗力难以发挥。第二次世界大战后，美国国防部吸取第二次世界大战中军品质量优劣的经验和教训，决定在军品订货中实行质量保证，即供方在生产所订购的货品中，不但要按技术要求保证产品的实物质量，而且要按订货时所提出的且已订入合同中的质量保证条款去控制质量，并在提交货品时提交控制质量的证实文件。于是在 1959 年提出了两项质量保证标准，经过试运行于 1963 年升为正式的质量保证标准。这种办法促使承包商进行全面的质量管理，取得了极大的成功。该经验首先在压力容器和锅炉上被采用，20 世纪 70 年代被美国核工业部引进和实施。1978 年以后，质量保证标准被引用到民品订货中来。

20 世纪 70 年代后期，英国一家认证机构 BSI（英国标准协会）首先开展了单独的质量保证体系的认证业务，使质量保证活动由第二方审核发展到第三方认证。

通过三年的实践，BSI 认为这种质量保证体系的认证适应面广、灵活性大，有向国际社会推广的价值，于是在 1979 年向 ISO 提交了一项建议。ISO 根据这项建议，于 1980 年正式批准成立了"品质保证技术委员会"（即 TC176，1987 年更名为"品质管理和品质保证技术委员会"）并着手这一工作，从而导致了前述"ISO 9000 族"标准的诞生。

二、ISO 9000 标准的作用

（一）企业参与国际竞争，发展对外贸易的要求

当今的市场已经由卖方市场转为买方市场，市场的平均利润率越来越低，顾客也变得越来越挑剔。在市场日趋透明的今天，企业的经营成本再想从降低原材料成本入手已难如愿，明智的企业都试图从管理要效益，而质量又是市场竞争的焦点。科学技术的复杂性和各种设计的组合已使通过单一的检查进行全面的质量控制的方法不再适合，顾客也难以仅凭自己的

知识、能力和经验判断产品质量的优劣。质量保证能力（持续不断地提供适合市场需要的、用户满意的产品的能力）是取得用户信任、市场认同的重要前提。

（二）对消费者利益的保护

20世纪30年代，在美国纽约最早成立了"消费者联盟"。20世纪60年代，在世界范围内成立了各种保护消费者权益的团体，这些组织要求从法律上切实保护消费者权益。

为了解决国际上产品责任和产品质量问题，欧共体成员国1973年在荷兰海牙缔结了《关于产品责任适用法律的公约》，1977年在丹麦斯特拉斯堡缔结了《关于造成人身伤害与死亡的产品责任的欧洲公约》。我国制定有《产品质量法》、《消费者权益保护法》。

ISO 9000系列标准明确在市场经济条件下，顾客对企业共同的基本要求。企业通过贯彻这一系列标准，实施质量体系认证，证实其能满足顾客的要求，提供合格的产品和（或）服务。这对规范企业的市场行为、保护消费者的合法权益发挥了积极的作用。

（三）提升整体管理水平

通过贯标与认证，使企业全体员工的质量意识与管理意识得到增强；促使企业的管理工作由"人治"转向"法制"，明确了各项管理职责和工作程序，各项工作有章可循，使领导从日常事务中脱身，可以集中精力抓重点工作；通过内部审核与管理评审，及时发现问题，加以改进，使企业建立了自我完善与自我改进的机制。

三、ISO 9000：2000 标准修订概况

1994版ISO 9000族标准的特点是针对硬件制造业，特别是机电产品生产企业提出的，但很多服务业、软件业在使用时却难以套用，所以品质管理和品质保证技术委员会出台了一些指南性标准，故标准数量多。

ISO 9000族标准自1987年问世以来，广泛征求世界各国质量专家的意见，于1990年制定了一个修订质量体系标准的"二阶段计划"。

第一阶段：有限修改，并于1994年完成。此阶段在总体结构的前提下，在内容上进行了少量充实；对某些要素的局部技术问题进行详细而深入地修改，引入质量管理的一些新概念，如过程、质量、改进、受益者、TQM（全面质量管理）等。

第二阶段：1996年开始，2000年完成，并于2000年12月15日正式发布。

ISO 9000：2000 标准的目标：简化标准的结构和减少标准的数量，旨在成为通用的、适用于各种类型、不同规模和提供不同类别产品的所有组织。

下面介绍2000版标准修订的主要变化。

（1）总体结构上修订后的标准减少为四个核心标准、一个辅助标准以及若干个技术报告（TR）。

核心标准包括 ISO 9000：2000 质量管理体系——基础和术语；ISO 9001：2000 质量管理体系——要求；ISO 9004：2000 质量管理体系——业绩改进指南；ISO 19011：2000 质量和（或）环境管理体系审核指南。

修订后的ISO 9004不再只是ISO 9001的一个补充性的指导实施的标准，它们是一对协调的标准，ISO 9004是引导企业如何不断改进其业绩，通过质量改进向全面质量管理发展的

标准。ISO 9001 既是建立质量管理体系的基本要求，又是作为体系认证、判定体系是否符合标准的依据。

（2）ISO 9000：2000 提出了质量管理的八项基本原则，作为标准实施导向。

（3）ISO 9001：2000 是认证注册的唯一标准，取代了 1994 版 ISO 9001、ISO 9002、ISO 9003 三个质量保证模式的标准。该标准由原来产品/服务符合性的质量保证能力的评价，转变为让顾客满意的能力的评价。

（4）ISO 9001：2000 采用了过程方法来安排标准，取代原来按产品实现导向模式提出的 20 个要素。

（5）强化最高管理者对质量管理体系的作用和责任，在标准中明确其职责：管理承诺、以顾客为关注焦点、质量方针、质量目标、质量管理体系策划、指定管理者代表、管理评审。

（6）加强了质量方针和质量目标的管理。质量方针是否有效应评审。质量目标应是可度量的，应层层分解到下一级部门。

（7）强调法律、法规的要求。

（8）规范了与顾客有关过程的管理，即对顾客要求的识别、对产品有关要求的评审、对顾客满意度的评价、对顾客财产的管理。提出了内部沟通的要求。

（9）明确对体系、过程的测量要求。

（10）增加了对数据分析的要求。为了发展应采用计算机管理，在体系中建立数据分析程序，提供有价值的信息。

（11）加强了资源管理，增加了对培训有效性进行评价的要求。

（12）文件化程序的强制要求弱化，对质量体系的管理方面规定了六个程序文件：文件控制、质量记录的控制、纠正措施、预防措施、内部审核、不合格控制。而 1994 版对 16 个要素有强制形成文件的要求。修订后的标准则提倡过程和质量活动的效果，淡化文件。

第五节 质量管理体系

一、质量管理体系概述

当前，随着全球经济一体化进程的加快，大部分产品已经进入了买方市场，顾客对产品质量的要求不断提高，致使市场竞争非常激烈。世界各国的各类组织为了降低成本、提高产品质量、赢得市场，都在按全面质量管理的方法，规范或改造组织原有的管理模式。建立既能够实现质量目标、达到顾客满意，又使产品在整个生产过程中得到有效控制的质量管理体系，已是管理上的普遍需要。

质量管理体系是在质量方面指挥和控制组织的管理体系。组织为了建立质量方针和质量目标，并实现这些质量目标，经过质量策划将管理职责、资源管理、产品实现、测量、分析和改进等相互关联或相互作用的一组过程有机地组成一个整体，构成质量管理体系。组织的质量管理工作通过质量管理体系的运作来实现，而质量管理体系的有效运行又是质量管理的主要任务。

一个组织建立质量管理体系，一方面要满足组织内部进行质量管理的要求，另一方面也要满足顾客和市场的需求。而对于所建立的质量管理体系是否完善该如何评价，需要得到供需双方或第三方的认可，还要以共同认可的评价方法和标准为依据。为此，国际标准化组织在汲取了各国成功的管理经验，尤其是借鉴了发达国家的行之有效的管理标准的基础上，于1987年首次颁布ISO 9000《质量管理和质量保证系列国际标准》，后逐步发展为ISO 9000族标准，并在全世界掀起了推行ISO 9000族标准、实施质量体系认证的热潮，进而促进了国际贸易的发展和经济的增长。

从20世纪80年代末期开始，我国一些企业在推行全面质量管理的基础上，按照ISO 9000族标准建立、实施质量管理体系，取得了明显成效。2000版ISO 9000族标准的发布，更为我国各类组织建立、优化质量管理体系，提高质量管理工作的有效性和效率提供了新的契机。

二、与产品要求的区别

2008版ISO 9000系列标准提出了将质量管理体系要求和产品要求区分的概念。

2008版ISO 9000规定了组织所需的质量管理体系要求。它是通用性极强的标准，适用于所有的行业和经济领域。标准本身并不规定产品的具体要求，而是要求组织运用过程的方法和质量管理体系管理的方法对产品实现和提供的全过程实施有效控制，预防质量形成过程的异常波动而引起的不合格，并且要求不断开展质量改进。符合质量管理体系要求，可以证实组织具备持续提供满足顾客要求和法律法规要求的产品的能力。

产品要求则是顾客规定的，或者由法律法规规定，或者由组织根据顾客具体的需要和期望、法律法规及其他相关方的要求作出规定。对于通用性产品应由组织对顾客要求进行调研和预测，按照法律法规要求，相应制定产品规范、过程规范，或作为产品标准予以规定。顾客特定要求的专用性产品是通过合同或订单或协议给予明确规定的。不同类别、品种和规格产品的要求随着顾客和法律法规要求不同而存在较大的差异。

综上所述，产品要求是制定产品和过程规范、验证和改进产品过程的技术质量依据。ISO 9001质量管理体系要求并不规定产品要求，而是根据产品要求的目标，明确管理职责加强资源管理，对产品实现过程进行控制，通过测量、分析和改进，确保持续稳定地提供符合规定要求的产品。而组织为确定和实施产品规范与过程规范所需的专业技术和方法应由组织管理者依照产品的特点和实际情况予以选择。

所以，产品要求和质量管理体系要求是两种不同的概念，质量管理体系要求是对产品要求的补充，对组织来说两者缺一不可。

三、关注目标

管理体系是指建立组织的方针与目标并实现这些目标的相互关联和相互作用的一组要素。一个组织的管理体系可包含若干不同的管理体系，如质量管理体系、环境管理体系、财务管理体系等。

建立质量管理体系的目的是为了使建立和实现的质量目标能满足顾客和其他相关方的需要、期望和要求，而质量目标与其他的目标，如经济目标（生产成本、资金利用、利润增长等）、环境和安全目标（安全生产、职业健康、环境保护等）构成了组织的目标，这就要求组织通过建立若干个管理体系分别去实现组织的各项互为补充的目标。

应该指出，组织应对管理体系的建立进行总体策划，力求将其他管理体系与质量管理体系所共有的要素融合在一起，这样有利于组织合理配置资源，确定相互补充的目标，并评定组织总体的有效性。例如，ISO/TCl76 质量管理和质量保证技术委员会与 ISO/TC207 环境管理技术委员会成立了专门的协调和合作工作组，致力于将 ISO 9001《质量管理体系——要求》和 ISO 14001《环境管理体系——规范使用指南》这两个标准协调和兼容，为组织的环境管理体系的有关部分与质量管理体系整合为一个使用共有要素的管理体系创造条件。

四、国际汽车工业质量管理体系（ISO/TS16949）

（一）形成背景与构成内容

汽车工业是产业关联度极高的产业，而汽车的整车性能，包括安全性、环保性和经济性等涉及经济社会的各个方面。随着国际贸易的飞速发展，越来越多的汽车零部件供应商都面临着给各国的汽车主机厂同时供货的情况。这样，一家供应商就可能被要求按照不同的标准建立多套的质量体系，并接受多次第三方审核。这既导致了行业内的国际性贸易壁垒，又增加了供应商的成本，阻碍了世界汽车工业的快速发展。为解决这些问题，于是就有了 ISO/TS16949 标准。简言之，该标准是为实现汽车零部件全球化采购的产物，是为汽车业相关企业实现质量管理体系国际互认的产物。ISO/TS16949：2002（以下简称 TS16949）全称是"质量管理体系——汽车行业生产件与相关服务件的组织实施 ISO 9001：2000 的特殊要求"，简称 ISO/TS16949 标准。

TS16949 标准是在 ISO 9001：2000 标准的基础上加入汽车工业的特殊要求而形成。为了明确区分 ISO 9001：2000 标准的原文和新补充的内容，在文件的格式上将 ISO 9001：2000 标准的条款用方框框起来，方框内的版权归国际标准化组织所有，方框外的内容描述了汽车工业的特殊要求，其版权归 IATF（国际汽车工作组）的有关国家组织和汽车制造商所有。在公布 TS16949 的同时，IATF 还制定和发布了《TS16949：2002 指南》、《TS16949：2002 的检查表》和《TS16949：2002 认可规则》。

《TS16949：2002 指南》按照 TS16949 的条款顺序，简明列出了范例、应用、实践和解释，对如何正确实施规范提供了指导信息，有助于理解和应用 TS16949。指南指出，签署 TS16949 的 IATF 成员可能有对顾客特殊要求指定的参考资料。对于未规定顾客特殊要求的组织，应该应用该指南在参考书目中列出的参考手册（如 APQP、FMEA、MSA、SPC、PPAP 等）。

《TS16949：2002 的检查表》提供了审核指南。该指南对应 TS16949 每一个条款的要求，列出了需要寻找的证据内容。但是，它仅仅是参考性质的，不是强制性质的要求。

（二）TS16949 标准的特点

TS16949 标准的制定，为汽车行业零部件组织提供了一个建立质量体系的模式，其根本目的是从满足质量要求开始保证顾客满意。这就体现在一切为顾客着想，按顾客的要求进行产品设计、制造、检验与试验。所以说该标准是一种顾客导向型质量管理方法。

首先，按顾客的要求进行设计。在进行市场调研时，必须把握顾客对产品的期望，而这些期望则应包括明确的和隐含的期望。TS16949 标准中明确规定，供方要把了解到的顾客期望纳入业务计划中进行评审和确认。在设计的各个阶段，都要设法满足顾客的期望，并能够做到随时可与顾客沟通信息，如供方的 CAD 和 CAE 资源的配置，应具有双向接口，可与顾客的系统连接，以便互通信息；对于由顾客决定的特殊要求应认真加以标识，并能有效传递；在批量生产以前，须经过顾客的书面批准等。

其次，按顾客的要求进行制造。TS16949 标准规定，供方必须做好五个方面的工作，即生产件批准程序（PPAP）、产品质量先期策划与控制计划（APQP）、潜在失效模式和后果分析（FMEA）、统计过程控制（SPC）和测量系统分析（MSA）。其中，生产件批准程序实际上就是顾客批准程序（包括样品、小批以及生产要素发生变化），目的是确定供方是否已经了解顾客工程设计记录和规范的所有要求，确定该过程是否具有潜在能力，以在实际生产过程中按规定和生产节拍来生产满足顾客要求的产品。而生产制造计划的制订与更改都需经顾客的批准。当然，为确保真正按顾客的要求进行制造，除了供方与顾客的不断沟通之外，还有一点很重要，即要把顾客的要求层层准确地传递下去，一直到每个制造过程的操作者。

最后，按顾客的要求进行检验和试验。供方的检验标准也需经顾客的批准，标准中规定的检验方法、频次、接收准则都要通报顾客，顾客应有书面认可。同时，测量系统分析是 TS16949 所规定的主要内容之一，要求将测量系统的误差分析、测量数据的质量控制作为重点，因为顾客所关心的是供方测量系统是否处于受控状态，只有测量系统处于受控状态，其检测数据才能真实可靠，产品质量才能有保证。TS16949 还要求当制造过程出现某种变动时，要按顾客的要求进行产品验证。

此外，还有以下几个特点：

（1）它特别强调缺陷率方面的要求，明确提出过程失效模式及后果分析，以防止缺陷的发生，而不只是找出缺陷。

（2）提出行业特殊要求，即必须持续改进，要求贯彻实施全面的持续改进思想体系。

（3）有的放矢。针对产品重要特性和特殊特性，提出严格的控制要求。

（4）指出 TS16949 遵循的基本原则是保证顾客满意，并不断减少质量变差的产品和避免浪费，使各有关方面都受益。

（5）注重质量体系的有效性。

（三）贯彻 TS16949 标准的必要性

1. 适应国际汽车领域的要求

按照国际通行汽车行业质量体系要求，建立企业的质量管理体系势在必行。目前国际汽车工作组（IATF）的成员团体都表示支持和接受 TS16949 标准，日本、韩国的汽车制造商也认为 TS16949 是一个可以接受的质量体系模式，我国也等同采用该标准。大家一致认为该标准向众多汽车顾客的供应商组织提供了一个统一的最低程度的质量体系要求。按照这个标准建立质量管理体系是汽车产品供应商的基本资格条件，不具备这一资格，将不能进入汽车产品供应商的行列。

2. 参与国际汽车市场的竞争

汽车是一个全球性产业，世界上的每一家汽车公司都面临着激烈的竞争，在全球经济一体化的形势下，汽车产品供应商除了勇敢面对挑战，努力战胜这些挑战之外，别无出路。要想取得挑战的成功，就要掌握 TS16949 标准这一有利的质量管理工具，运用标准提出的质量管理原则，按照标准规定的方法、步骤，对产品质量进行精心策划，持续不断地改进质量管理的业绩，这样才能在激烈的竞争中立于不败之地。

3. 提高企业管理水平

通过建立并实施 TS16949 质量管理体系可以清楚地看到我们与先进企业的差距，可以有效地帮助企业练好"内功"，对公司整体素质的提升将发挥重要作用，对公司长远发展将产生深远的影响。

（四）TS16949 标准对我国汽车工业的影响

TS16949 标准极具代表性、可操作性和系统性，对于我国汽车工业来说是一部完美的质量管理学习指南。

学习和接受国外先进的质量管理方法，是提高我国汽车工业质量水平的基础工作，因此，应该踏踏实实地做好这项工作。过去我们引进了技术，有了好图纸、好设备却生产不出高质量的产品，主要就是因为质量管理差。只有按照好的质量管理方法去做，才能提高产品质量。现在有一个系统、全面的质量管理方法摆在我们面前，把应该怎样做都告诉了我们，这是一个好机会。TS16949 标准值得汽车行业高度重视。

TS16949 标准产生的深远意义还在于，它说明了汽车工业正在快速地向全球一体化的方向发展，全球采购越来越普遍、越来越规范，要想打入国际市场，必须达到国际质量标准的要求。它也是国际跨国大公司的一项全球性战略，督促大企业集团不断提高市场竞争力。

现在国内已有一部分汽车产品具有较高的质量水平，有些零部件企业能够出口，参与国际竞争，但整体质量管理水平同国外相比还有差距。学习和培训 TS16949 标准是汽车行业面临的首要任务。行业主管部门和行业组织要采取多种形式，积极推动新标准的宣传学习工作，广大工厂企业也可以结合自己的实际情况，组织人员学习培训，有的企业还可以部分采用新标准，积累经验。

第六节 汽车零部件质量管理

一、开发阶段的零件质量管理

零件开发阶段的主要目的在于如何将图样和技术规格转变成实实在在的物品，并且能够符合设计的要求，整个过程可以用图 2.4 概述。

图 2.4 主要表达了一个观点：通过"计划"——"实施"——"研究"——"行动"这样一种循环达到生产者想要的结果。也许大家会有这样的疑问：为什么整个图 2.4 中关于质量只字不提，这与本章所讲的零件质量管理有什么关系？其实，大家要特别注意刚才所提到的"循环"二字，通过对产品进行设计、对过程进行设计、对结果进行确认、再修改设计、再循环，一直要到当产品的质量达标的时候，这样的循环才能停下来。所以，质量才是驱使这些活动开展起来的源动力，也是这些活动的最终目标。

关于怎样才是质量合格，有尺寸、功能、耐久性、外观、装配性、整车要求满足性等几大类评价项目，每个评价项目都可以细分成很多项目，每个评价项目因零件而异，这里就不逐一阐述。

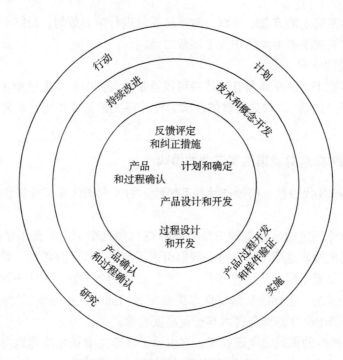

图 2.4 零件开发阶段各阶段示意图

二、量产阶段的零件质量管理

零件在开发阶段达到应有的质量要求之后,就可以进入批量生产的阶段。至此,如何保持稳定的质量水平就成为首要的工作,这就是量产阶段零件质量管理的作用。量产阶段零件质量管理的工作可以分为两大类:稳定性监控和变化点管理。

(一)稳定性监控

稳定性监控的工作主要有原材料检查、过程检查、出货检查、来料检查四种检查方式,涵盖了从零件的原材料到生产的工艺过程、半成品、成品,再到最终使用前的确认,一旦某个环节发现了不良品,就可以立即采取围堵措施,防止不良品流入到下一个环节,也就防止了不良品流入到最终的客户——整车上进行装配。为了保证每个环节确认的检查项目保持一致,汽车厂会与供应商一起商定一份《零件检查基准书》,其依据图样、技术规格作为检查的项目,并定义检查方法、工具、频率,双方都按照《零件检查基准书》的规定实施检查。由于在前期的开发阶段已经和供应商一起采取很多的质量保证措施,所以,在量产阶段,供应商如何实施好原材料检查、过程检查和出货检查是整个预防工作的重点,汽车厂的来料检查工作往往采取抽检和追加检查的方式进行监督。

1. 制订年度抽检计划

来料质量技术人员根据《零件检查基准书》,明确零件检验项目(外观、尺寸、性能)、检验数量和检验要求,制订年度进货定期抽检计划。

(1)抽样检查:

①来料检查员按照定期抽检计划,按照规定的抽样检查方式实施抽样,进行检验。必要

时来料质量技术员填写"检验委托单"委托实验室对零件进行检测。

②实验室完成相关检测后,将结果以检测报告的形式反馈给来料质量技术员。

③来料质量技术员根据来料检查员检查结果及实验室出具的检测报告,在《零件检查基准书》上对零件检验结果进行判断。

(2) 来料质量技术员对不合格零件进行初步分析和处理,属于供应商责任的不合格品通知供应商。

(3) 来料检查员根据检查结果将该批次零件进行标识,在不合格品上悬挂"不合格品卡"。

2. 供应商数据报告确认

(1) 来料质量技术员依据《零件检查基准书》的项目和频率,督促供应商定期提交供应商数据检查报告。

(2) 收到供应商数据报告后,来料质量技术员确认该报告与《零件检查基准书》的一致性,要求具备《零件检查基准书》中规定的所有项目,并满足规格和频率。确认完成后盖章、签字并标明判断结果、存档。

(3) 当检查结果判定为不合格或有不一致的地方时,要马上报告处理并采取对策。

3. 追加检查制定"追加检验/返工申请表"

在实施进货抽样检查、供应商数据检查和公司内相关部门的质量反馈信息发现不合格时,来料质量技术人员依据缺陷的重要度、发生数量等情况申请追加检验,确定追加检验项目、检验方法、检验数量、期限等,填写"追加检验/返工申请表"。

(二) 变化点管理

所有涉及原材料、组成零件、工序、供应商等对零件质量可能有影响的更改都称为"变化点"。

(1) 变化点零件的定义:某项设计变更(ODM)或生产条件变更(工艺参数、设备、流程、关键工序等),在首次实施时所生产的零件半成品或总成。

(2) 变化点管理的目的:规范所有涉及原材料、组成零件、工序、供应商等对零件质量可能有影响的更改的管理,以确保更改在严密的控制下进行。

(3) 变化点零件管理对象的范围:变化点零件管理要求适用于所有变化点,范围包括:

①内部的更改;

②供应商进行的更改;

③由于供应商自身原因发生的更改;

④对于符合变化点零件管理要求的更改。

(4) 变化点零件的分类:变化点零件可分为以下几类。

①规格变更后零件:依照产品技术部发行的ODM通知书变更的零件。

②对策后零件:对于已发不良,为防止不良再发、提高质量,实施了品质改善对策的变化点零件。

③供应商自我优化零件:除了上述内容,因变化点零件发行者自身缘由或其他特殊情况而发生变更的变化点零件。

三、不合格品的管理

所谓不合格零件,是指零部件质量特性与相关技术要求和图样工程规范相偏离,不再符合接收准则的产品,该类零件不可用于整车制造过程,装配不合格件的整车是不允许进行销售处理的。

(一) 不合格品的分类

按照整车零部件的类别,不合格品的不良可分为以下几类。

1. 功能不良

功能不良是指零件作动、传输信息和载荷等作用失效。多出现在底盘、电器及钣金类零件,如制动踏板的真空助力器出现泄漏导致制动助力失效、电器件的保险电容错装导致线路异常、电子零件软件不兼容导致无法使用,或者车身承载件未达到规定的工艺条件导致在薄弱点出现应力集中甚至断裂。造成零部件功能失效的原因大多出自其生产制造过程。功能不良的不合格件是最严重不良情况,所带来的后果往往是零件功能丧失,进而造成局部系统功能失效,甚至影响整车正常驾驶及安全。为保证此类零件按照设计要求制造,相关零件须进行严格的试验测试,监测零件在各种模拟条件下的功能情况,以保证零件在整车生命周期内保持完好的状态。在通常情况下,各主机厂对这类零部件有详细的检查计划及定期抽检计划。在特殊情况下,如果此类不合格件装配至整车,须冻结该车,不允许发运处理,待使用合格部件进行更换,且验证系统及整车功能正常后才可作为产品发售。

2. 外观不良

外观不良是指零件外观出现划伤、皮纹异常、缩水及破损等缺陷,多出现在内外饰件、电器件外观面甚至钣金件等,如 A/B/C 内饰板划伤、真皮座椅皮纹褶皱异常、注塑类零件(如刮水器)缩水严重,金属类零部件表面漆面破损等,这类不合格件多属于看得见、摸得着的缺陷,所占的不良最多,因为造成这种不良不仅出自零件的生产制造过程,而且在后续的零件包装及物流运输过程中均可以出现,具有这类缺陷的零部件如果装到整车上,客户将直观地发现,从而降低对产品的好感,甚至降低对品牌及制造厂商的认可,进而使产品的竞争力大打折扣。另外,金属件表面划伤,特别是防锈层破坏,属于潜在威胁,铁碳合金长时间暴露在潮湿的有氧环境中会出现锈蚀,从而进一步影响零件的承载能力,进而影响功能,外观不良和功能不良具有一定的关联性。对于外观类不合格件的防控,最主要依靠层层把关,在零件入厂前进行零件单件确认,在工段间设立检查岗位,对上一岗位进行监督,在整车出厂前,进行系统的整车评估,从而保证发车状态。在整车交付岗位前设立返修区域,返修合格的车辆将再次进行整车评估,确保发出的每一辆车都是精品。

3. 综合缺陷及潜在风险

除零部件功能及外观不良外,在综合条件作用下整车或系统还有可能出现异常(如噪声与密封不良)。这类综合缺陷的产生往往是由于在整车与零部件解析过程中,相关的零部件均满足各项技术条件要求,但由于某种复杂原因(如极端天气等),或由于没有采取相似零件(如左右件)的防错措施而造成误装等。避免此类缺陷多应在设计初始阶段就给予充分考虑。通常情况下,这类缺陷多在零部件装配成子系统甚至整车后才能被察觉,这给后续的质量控制造成隐患,给整车质量控制带来风险。这类质量问题的解决难度较大,检查人员要有丰富的经验才能快速、准确地查出根本原因。此类不良的解决经验可以作为下一车型的设计指导意见。

及时发现不良是质量检查人员的重要素养，当异常情况出现时，应具有高度的敏感性，要做到这点，除了要求检查人员具有高度的责任感，还要求一定的经验积累，在很多主机厂，有相应的新员工培训教程。

（二）不合格品的处理流程

简单来说，当发现异常情况时，应及时对现场进行控制，对（疑似）不合格品进行隔离处理，并上报上一级班长/工程师或分析诊断团队，待班长/工程师或分析诊断团队解析不良原因后，对不合格品进行判定，再进行下一步处理（退货/报废/放行）。

借用类比的说法，现场检查员相当于警察，在发生案件后（即不合格品事件），应及时对局面进行控制，要逮捕犯罪嫌疑人（疑似不合格品），并将其押送至审判机关——法院/检察院（班长/工程师或分析诊断团队），待判定结果公布后，再对嫌疑人（疑似不合格品）进行处理，如确定嫌疑人是罪犯（不合格品），则将其关进监狱或枪毙（退给供应商或报废），如确定嫌疑人不是罪犯，则放人（放行）。

对于现场的控制，原则上要求将疑似不合格品进行隔离处理，将其放置在特定的隔离区，悬挂隔离标志（即不合格品处理单）。

现场检查员填写基本信息，如零件号、零件名、数量、发现区域、发现人、发现日期等，不合格品处理单的管理原则是"谁悬挂，谁解除"，其他非职能部门人员（如物流、生产等）无权解除隔离。

需要说明的是，工作是具有灵活性的，在特殊情况下（如人员或权限不足等），无法及时有效地进行隔离操作时，对于现场控制最好的办法是追踪记录，即记录并跟踪不良的流向，如在无法进行停线操作的情况下，不合格品持续装车，应记录相应的装车号，为后续返修提供数据支持。

当对现场进行有效控制后，应及时将现场信息通报上一级（班长/工程师），报告的方式遵照"5W+1H"的说明方法，即发生了什么事（What）、在哪里发生的（Where）、什么时候发生的（When）、谁发现的（Who）、初步原因是什么（Why）、影响程度有多大（How），通过对这几方面的描述，清晰地说明事件的经过。

工程师将对问题进行解析，解析需要一定时间，当初步判定是零件问题且非偶发问题时，意味着不合格品可能会扩散，即不合格品不仅出现在发现区域，而且可能扩散至工厂内其他区域，如厂内零件缓存区、仓库等，对于检查员来说，有必要对其他区域的零件进行排查。在通常情况下，指令由班长/工程师发布，相应的检查基准由负责解析的工程师告知。

后续不良处理工作由工程师进行主导，如进行系统记录、相应的索赔和供应商年度考核等。

第七节 汽车生产过程质量管理

产品质量是企业的生命，每个人都必须认识到质量管理的重要性，积极参与到质量管理工作中去。改进质量，降低成本，提高效率，快速、低成本地生产出优质产品，并提供优质服务，才能使顾客满意、赢得顾客的信任，才能扩大市场份额，企业才能有更好的生存和发展，个人才能有更好的谋生和发展场所。所以质量管理是每个员工的责任。只有各部门通力合作，才能生产出令顾客满意的优质产品，所有员工都应该以产品质量为核心，站在顾客的立场，对全过程、全领域进行质量控制，以最经济的办法提供满足用户需要的产品。

一、生产过程的质量管理要点

制造过程质量管理是以生产现场为对象，以对生产现场影响产品质量的有关因素和质量行为的控制和管理为核心，通过建立有效的管理点，制定严格的现场监督、检验和评价制度以及现场信息反馈制度，进而形成强化的现场质量保证体系，使整个生产过程中的工序质量处在严格的控制状态，从而确保生产现场能够稳定地生产出合格品和优质品。

制造过程是产品质量的直接形成过程。制造过程质量管理的目标是保证实现设计阶段对质量的控制意图，其任务是建立一个控制状态下的生产系统，即使生产过程能够稳定地、持续地生产符合设计要求的产品。产品投产后能否保证达到设计质量标准，不仅和制造过程的技术水平有关，还和制造过程的质量管理水平有关。一般来说，制造过程的质量管理应当作好以下几方面的工作。

（1）严格贯彻执行工艺规程，保证工艺质量。制造过程的质量管理就是要使影响产品质量的各个因素都处在稳定的受控状态。因此，各道工序都必须严格贯彻执行工艺规程，确保工艺质量，禁止违章操作。

（2）搞好均衡生产和文明生产。均衡的、有节奏的生产过程，以及良好的生产秩序和整洁的工作场所代表了企业经营管理的基本素质。均衡生产和文明生产是保证产品质量、消除质量隐患的重要途径，也是全面质量管理不可缺少的组成部分。

（3）组织技术检验，把好工序质量关，实行全面质量管理，贯彻预防为主的方针，并不是否定技术检验的把关作用，必须根据技术标准的规定，对原材料、外购件、在制品、产成品以及工艺过程的质量进行严格的质量检验，保证不合格的原材料不投产、不合格的零部件不转序、不合格的产成品不出厂。质量检验的目的不仅是发现问题，还要为改进工序质量、加强质量管理提供信息。因此，技术检验是制造过程质量控制的重要手段，也是不可缺少的重要环节。

（4）掌握质量动态。为了真正落实制造过程质量管理的预防作用，必须全面、准确、及时地掌握制造过程各个环节的质量现状和发展动态，必须建立和健全各质量信息源的原始记录以及和企业质量体系相适应的质量管理信息系统（QIS）。

（5）加强不合格品的管理。不合格品的管理是企业质量体系的一个要素。不合格品管理的目的是对不合格品作出及时的处置，如返工、返修、降级或报废，但更重要的是及时了解制造过程中产生不合格品的系统因素，对症下药，使制造过程恢复受控状态。因此，不合格品管理工作要做到三个"不放过"，即没找到责任和原因"不放过"，没找到防患措施"不放过"，当事人没受到教育"不放过"。

（6）做好工序质量控制工作。制造过程各工序是产品质量形成的最基本环节，要保证产品质量，预防不合格品的产生，必须做好工序质量控制工作。工序质量控制工作主要有三个方面：

①针对生产工序或工作中的质量关键因素建立质量管理点。

②在企业内部建立有广泛群众基础的 QC 小组，并对之进行积极的引导和培养。

③由于制造过程越来越依赖于设备，所以工序质量控制的重点将逐步转移到对设备工作状态的有效控制上来。

二、标准作业

GB/T 20000.1—2014《标准化工作指南　第 1 部分：标准化和相关活动的通用术语》对标准的定义是：为了在一定范围内获得最佳秩序，经协商一致制定并由公认机构批准，共同使用的和重复使用的一种规范性文件。标准化则是指为在一定的范围内获得最佳秩序，对实际的或潜在的问题制定共同的和重复使用的规则的活动。它包括制定、发布及实施标准的过程。所谓作业标准化，就是在作业系统调查分析的基础上，将现行作业方法的每一操作程序和每一动作进行分解，以科学技术、规章制度和实践经验为依据，以安全、质量效益为目标，对作业过程进行改善，从而形成一种优化作业程序，逐步达到安全、准确、高效、省力的作业效果。作业标准化把复杂的管理和程序化的作业有机地融为一体，使管理有章法、工作有程序、动作有标准。作业标准化可优化现行作业方法，改变不良作业习惯，使每一名员工都按照安全、省力、统一的作业方法工作。作业标准化能将安全规章制度具体化。作业标准化所产生的效益不仅仅在安全方面，标准化作业还有助于企业管理水平的提高，从而提高企业经济效益。

（一）标准作业的概念

标准作业是指在节拍时间内，以有效的作业顺序，在同一条件下反复进行的操作，即以人的动作为中心、以高效的操作顺序有效地进行生产的作业方法。它由生产节拍、作业顺序、标准手持三要素组成。

（二）标准作业的目的

在工厂里，所谓"制造"就是以规定的成本、规定的工时生产出品质均匀、符合规格的产品。如果制造现场的作业工序的前后次序随意变更，或作业方法、作业条件随人而异，则一定无法生产出能达到上述目的的产品。因此，必须对作业流程、作业方法、作业条件加以规范并贯彻执行，使之标准化。

标准作业有四大目的：技术储备、提高效率、防止再发、教育训练。标准化的作用主要是把企业内的成员所积累的技术、经验，通过文件的方式来加以保存，而不会因为人员的流动，使整个技术、经验跟着流失，达到个人知道多少，组织就知道多少的效果，也就是将个人的经验转化为企业的财富。更因为有了标准化，每一项工作即使换了不同的人来操作，在工作效率和产品品质上也不会出现太大的差异。如果没有标准化，老员工离职时，他将所有曾经发生过问题的对应方法、作业技巧等宝贵经验装在脑子里带走后，新员工可能重复发生以前的问题，即便在交接时有了传授，但凭记忆很难完全记住。没有标准化，不同的师傅将带出不同的徒弟，其工作结果的一致性可想而知。

（三）作业标准书

作业标准是为了保证在规定的成本和时间内完成规定质量的产品所制定的方法。

作业标准是指导作业者进行标准作业的基础。作业标准是对作业者的作业要求，强调的是作业的过程和结果，作业标准是每个作业者进行作业的基本行动准则。具有代表性的作业标准书有作业指导书、作业要领书、操作要领书、换产要领书、搬运作业指导书、检查作业指导书、安全操作要领书等。

作业标准书的英文全称是"Standard Operation Procedure"，简称"SOP"，又称作业指导书，就是把现场所有的工作制定出一套流程，每个人按部就班地按照流程来执行。在实际的生产中，须不断地对"SOP"进行修改和完善，以提高操作的规范性和高效性。

作业标准书的由来：在 18 世纪或作坊手工业时代，制作一件成品往往工序很少，或分工很粗，甚至从头至尾都由一个人完成，其人员的培训是以学徒形式通过长时间学习与实践来实现的。随着工业革命的兴起，生产规模不断扩大，产品日益复杂，分工日益明细，品质成本急剧增高，各工序的管理日益困难。如果只是依靠口头传授操作方法，已无法控制制程品质。采用学徒形式培训已不能适应规模化的生产要求。因此，必须以作业指导书形式统一各工序的操作步骤及方法。

（四）作业标准书的作用

根据作业标准书开展工作是正确作业的基础，全员应该遵守的标准工作流程是品质保证的基础。

（五）标准作业和作业标准的区别

标准作业是以人的动作为中心，强调的是人的动作。它由三个基本要素组成：节拍时间、作业顺序、标准手持。

作业标准是对作业者的作业要求，强调的是作业的过程和结果。它是根据工艺图样、安全规则、环境要求等制定的必要作业内容、使用什么工具和要达到的目标。

作业标准是每个作业者进行作业的基本行动准则，标准作业应满足作业标准的要求。

三、过程质量管理方法

（一）过程

在不同的领域，过程有着不同的释义。热力学体系状态的变化称为过程，经济学上将输入转化为输出的系统称为过程，而在管理学中，业务过程的有机组合称为过程。在质量管理领域，GB/T 19001—2008/XG1—2011 将过程定义为"通过使用资源和管理，将输入转化为输出的一项或一组活动"。

从过程的定义可以看出，过程具有以下几个特点。

（1）过程的输入可以是有形的，如设备、原材料、人力资源、能源等，也可以是无形的，如信息；可以是原始的，也可以是某种中间产品。

（2）过程必须是一种增值的活动。

（3）过程的各种资源不是独立的，过程和过程之间也不是孤立的，而是相互联系的，一个过程的输出经常成为另一个过程的输入，如合同评审的输出是设计的输入，设计的输出是生产和采购的输入。只有对过程实施有效的管理，才能更高效地得到期望的结果。

（二）过程质量

过程质量是指过程满足明确和隐含需要的能力的特性总和。既然过程的基本功能是将输入转化为输出，那么过程质量一方面可以通过构成过程的要素（如投入的资源）和相关活动满足明确和隐含需要的程度来考虑，另一方面也可以通过过程输出（如产品和劳务等有形或无形产品）的质量好坏来间接地反映。

制造业过程质量中的过程不是指广义的过程，而是指产品、零部件制造过程的基本环节，即工序。过程（工序）质量的高低主要反映在过程输出的合格率、废品率或返修率的高低上。

（三）过程质量的控制方法

在过去的一个世纪里，质量管理发展经历了质量检验阶段、统计质量控制阶段、全面质量管理阶段这三大阶段，人们对质量的认识也不断变化和发展。被人们称为"统计质量控制之父"的沃尔特·A·休哈特（Walter A. Shewhart）认为，产品质量不是检验出来的，而是生产出来的，这说明了过程质量控制的重要性。

1. 过程质量策划

质量策划致力于制定质量目标，并规定必要的运行过程和相关的资源以实现质量目标。过程运行策划主要根据产品自身特点和工艺流程，分析产品市场定位、客户需求，确定重点关键过程，配置过程资源，最终形成过程控制文件，一般称之为控制计划。控制计划的主要内容包括检查项目、检查方法、检查标准、检查频率、所需设备、记录表格等。

2. 关键过程、特殊过程的识别

（1）关键过程：关键过程是指在产品质量形成中，对质量有直接重大影响的过程。

（2）特殊过程：特殊过程是通过检验和试验难以准确评定其质量的关键过程。

①"通过检验和试验"既指对特殊过程加工的产品进行了通常的检验和试验，又指通过了检验和试验，即满足了通常的检验和试验的要求。

②"难以准确评定其质量"，是指产品通过了通常的检验和试验，但不一定就是合格品，可能有加工的内部缺陷未检验和试验出来，仅在使用后才能暴露出来。

③"关键过程"表明特殊过程也是一种关键过程。

因此，特殊过程的根本特点是产品经加工后可能有未检验和试验出来的内部缺陷，故难以准确评定其质量。产生内部缺陷的起因可能是采用特种工艺（如焊接、电镀、热处理等）进行加工，可以说采用这些特种工艺进行加工决定了该加工过程是特殊过程。这才是特殊过程的实质。

3. 汽车生产过程（工序）质量控制点

汽车生产过程主要有冲压、焊装、涂装、总装四大工艺。

（1）冲压是整个制造过程的第一步，钢板通过落料、冲孔、拉延、弯曲、翻边、修正等工序，变为一块块形状结构复杂的车身零件。冲压车间的特点是进行自动化、批量生产，不同件需要切换不同模具。因此，质量控制的关键是冲压所需的设备及模具。而冲压过程的质量检验一般设定为首件、末件及中间抽检，通过人工目视、触摸的方式，将产品与样件进行比较，由于钣金件的冲压细裂纹、凹凸点很难用肉眼辨别，因此许多整车厂会在冲压线末端设立灯棚检查区域（见图2.5），以排除以上的不良品。

图2.5　钣金件灯棚检查区

（2）焊装车间的主要工作将单个钣金件焊接成车身。现代化的汽车生产工厂焊装车间自动化程度很高，自动夹具、自动化的焊接设备很大程度上提高了定位的精准度及焊接的稳定性。焊装的工艺有手工焊接、自动焊接、滚边、涂胶等。其中，对焊装来讲，最关键的质量控制点就是精度和强度。涉及车身强度、安全件焊接的位置为关键控制点。车身上有几千个焊点，一些整车厂会根据设计以及新车研发阶段的安全碰撞试验对焊点进行不同等级的划分，对关键的焊点进行更加严格的质量控制，如凿检或者超声波无损检测（见图2.6）。

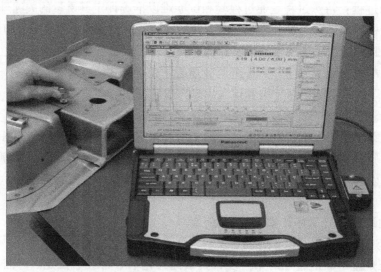

图2.6　超声波无损检测

（3）涂装车间的主要工序有电泳、中涂、面涂等环节，中间还有打密封胶的过程，主要用于降噪、防水、隔声、隔热等。车身是否洁净，涂装有无杂质，涂装厚度、附着力、硬度等是涂装车间的重要监控指标。在现代化的制造车间里，这些都是靠设备进行保证的，因此，设备点检、参数设定成了控制的关键。

（4）总装车间是四个车间里面手工作业最多的地方，因此，这里除了要对设备进行监控外，工人装配自检同样非常重要。为了确保工人装配的正确性，通常在关键、特殊工位都要求工人对自己的操作进行自确认，将确认结果记录在随车的质量卡上。此外，总装的关键控制点，如涉及安全的力矩，制动系统、燃油系统、电器系统等都需要设备严格的检查和记录。对于重要的、涉及安全的件，如安全气囊等，都需要记录追溯信息。

4. 过程质量指导文件

常用的过程指导文件有以下几种：

（1）作业指导书，是过程质量控制必要的重要文件，包括作业示意图、工艺规程、作业要求、工艺参数等。作业指导书是工人操作时必须执行的合法文件。

（2）设备管理表，包括设备点检表、设备管理台账等。

（3）记录表，包括随车质量记录表、控制图等。

（四）过程评审

审核是指为获得审核证据并对其进行客观的评价，以确定满足审核准则程度所进行的系统的、独立的并形成文件的过程。

审核分为内部审核和外部审核。内部审核是指由组织以自己的名义进行的审核。外部审核为通常所说的"第二方审核"和"第三方审核"。第二方审核由组织的相关方（如顾客）或由其他人员以相关的名义进行。第三方审核由外部独立的组织进行，如认证机构。

审核准则包括适用的方针、程序、标准、法律法规、管理体系要求、合同要求、行业规范。

审核证据是指与审核准则有关的并且能够证实的记录、事实陈述或其他信息。

审核发现是指将收集到的审核证据对照审核准则进行评价的结果。

审核计划是指对审核活动安排的描述。

审核内容：以某汽车公司为例，公司内部过程审核主要分为三个层次：体系审核、过程审核、产品审核。体系审核包括体系的完整性和有效性；过程审核包括过程能力评估及过程控制；产品审核包括产品对设计特性的满足程度。根据审核时间阶段，过程审核分为新车型阶段过程认证及量产车型的过程审核。以新车型过程认证为例，根据新车型开发的不同阶段，设定不同阶段的合格品率目标，过程认证阶段（Validation Process）、小批量试制阶段（Pre—Series）、迅速提产阶段（Start of Production）这三个阶段中，只有上一个阶段达到审核合格的目标方能进入下一个阶段。

根据生产工艺的不同，冲压、焊装、涂装、总装车间有不同的审核重点。焊装车间主要审核焊接的精度、焊点的强度、车身返修时间、车身的外观质量；涂装车间主要审核重点为涂装的厚度、环保性能、防腐性能、涂装光泽度、硬度等；而总装车间以装配为主，审核重点为力矩安全（安全等级要求越高的点过程能力指数 C_P、C_{PK} 的要求也越高）、电器系统审核、防水系统审核、四轮定位审核等。

审核要素包括5M1E，即人（Man）、机器（Machine）、物料（Material）、方法（Methods)、测量（Measurement）、环境（Environment）。

审核的目的是发现问题，督促整改。审核结果可以通过质量会议加以整改和督促，最终达到审核通过的目标。通用的审核流程如图 2.7 所示。

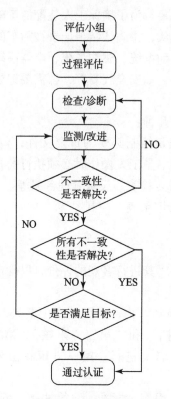

图 2.7　过程审核的流程

第八节　整车质量管理

一、整车质量检查

（一）概述

整车质量全面检查是为了确保客户交付质量，对所有整车外观以及静态、动态功能实行 100% 的全方位检查。外观及静态检查是在多方位、高亮度灯光照明下，不放过任何瑕疵，确保整车交付质量。动态功能检查是每辆车出厂前在跑道上模拟各种路面进行动态测试。跑道长 1.6 km，包括石块路、井盖路等 10 余种复杂路况，通过检查确保整车交付良好的驾乘体验。

整车装配完成下线之后，需要通过四轮定位、前照灯调节、电气检查和尾气排放等整车检查，通过之后再进行外观、静态功能以及动态功能检查，检查合格之后打印合格证，确认为合格车辆。整车质量检查流程如图 2.8 所示。汽车整车检查区如图 2.9 所示。

不合格车辆需要进行返修，整车检查的问题点分为三大类：外观、静态功能和动态功

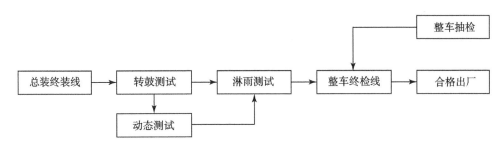

图 2.8　汽车整车检查流程

图 2.9　汽车整车检查区

能，其划分标准如图 2.10 所示。

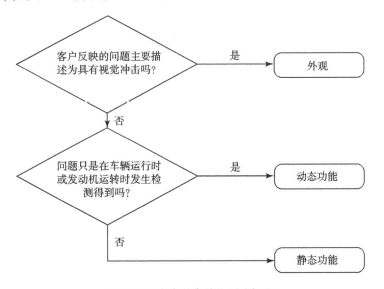

图 2.10　汽车整车检查划分标准

1. 动态功能缺陷

影响驾驶感受的问题（可驾驶性/乘坐/操控/换挡/噪声振动及不平顺性/警告灯/仪表问题）包括以下几类：

（1）方向盘不对中。

（2）故障指示灯持续亮。

（3）驾驶时有异响。

（4）缺降低噪声振动及不平顺性的零部件（降低噪声垫）。

2. 静态功能缺陷

静态功能缺陷包括以下几类：

（1）使用遮阳板时有异响。

（2）使用门把手时感到有模具留下的利边。

（3）椅背后仰时阻力较大。

（4）收音机不工作。

（5）音响异音。

3. 外观缺陷

外观缺陷包括以下几类：

（1）翼子板有划痕。

（2）可见毛边。

（3）使用不良密封胶。

（4）密封胶中断或缺失。

（二）整车质量评审

整车质量评审是以用户在使用中对产品的质量要求为标准，由企业独立的专业部门对已验收合格的产品所进行的检查和评价。

1. 评审分类及严重程度级别

按如图 2.10 所示的顺序给每一个问题根据其问题最重要性质赋予一个评审分类。

评审缺陷通过三个字母 A、S、D 来区分。A 表示外观缺陷，S 表示静态功能缺陷，D 表示动态功能缺陷。

评审的缺陷评分等级如表 2.1 所示。

表 2.1 缺陷评审分类等级表

分类	分类
外观：A100、A50、A10、A1	动态功能：D100、D50、D10、D1
静态功能：S100、S50、S10、S1	

评价外观、静态功能、动态功能时，缺陷的评分是不同的。为了尽可能保证结果客观，分数在 CPA 信息系统中生成。当系统对某一缺陷给出 50 分或 100 分时，这些缺陷将作为"一级优先级"问题。在这种情况下，需要对车辆进行返修，按工厂要求填写反馈系统

表格。

缺陷分值的基本标准见表 2.2。

表 2.2　缺陷分值基本标准表

严重程度级别	基本标准
100	外观 ● 对于这类车辆，有 100% 的客户会关注这一状况，认为其"无法接受"并拒绝提车 动态/静态功能 ● 车辆的功能特征完全不可用或"无法使用" ● 故障/抛锚/无法驾驶，振动或车身底盘噪声过大（基于客户的第一印象） 关键问题 ● 不符合法规要求
50	外观 ● 对于这类车辆，有 50% 的客户会关注这一状况，认为其"令人讨厌"并考虑保修 动态/静态功能 ● 车辆功能时好时坏或有操作故障，大多数客户认为"需要修理" 关键问题 ● 趋近于法规规定的界限
10	● 对于这类车辆，有 10% 的客户会关注这一状况，认为其"令人失望" ● 这类车辆的客户可能会在进行常规维护时要求对问题进行保修 ● 保修风险较低
1	● 对于这类车辆，有 1% 的客户会关注这一状况，认为其是"较小的缺陷" ● 轻微配合缺陷或在 B 区域内，只有高期望的客户才会认为是质量低劣 ● 持续改进，为大多数客户忽略但不具备竞争力 ● 包括在指标内但趋近于指标极限的情况

注：1. 与法规有关的 100 及 50 可视为"关键问题"。
　　2. 车辆必须按"目前状况"评审，不考虑因时间的推移而引起的改善或退化。

2. 缺陷所在区域（外观评价）

以客户的观点（站在驾驶人的角度）根据缺陷的可见性将车辆划分成不同区域。缺陷所处的区域决定缺陷分值的高低。A 区是驾驶人可以感知的主要区域（如主驾车辆上方外侧、内部驾驶人侧、仪表面板、仪表台等）。

3. 车辆返修

将需要进行返修的车辆（分值为 50 或 100）交给车间进行返修。车辆返修后由质量部制造质量科进行确认，确认结果合格后该车辆可以进行移交。车辆返回各车间之前，应由质量部门制造质量科确认返修完成情况。

（三）整车质量评审规范

1. 外观和静态功能评审

将车辆放置到指定区域，并按照用户产品评审质量标准对车辆进行评审。作业人员录入缺陷点，信息系统将自动给出缺陷的评分。

2. 动态功能评审

在进行动态功能评审时，由作业人员录入缺陷，信息系统自动给出缺陷的评分。验证完成后，将车辆停放在评审区域，以便各车间负责人确认问题点。

3. 动态功能评审的特殊要求

每日抽检的车辆应在工厂大跑道进行16km的测试，相关驾驶人员应当通过相关驾驶资格认证。

在有特殊要求且条件允许的前提下，动态功能评审可按如表2.3所示的路况及里程进行。

表2.3 动态功能评审参考路况及里程表

路线类型	所占比重（%）		
	小型车（A-B级）	中型车（C-D级）	高端型车（E-运动&商务车型）
城市路面	35	30	20
乡村路面	20	30	30
高速公路	20	20	20
山路	10	10	15
轻度坏路	15	10	15

由通过认证的驾驶人员对选取的车辆进行30km以上的测试。每天从抽选的车辆中预留一辆车，在指定路线由2名驾驶人完成90km的动态测试。对于完成90km测试的车辆，应按照相关标准每周进行一次全负荷测试、备胎测试和牵引杆试验。

4. 评审时间

各类车型缺陷评审时间如表2.4所示。

表2.4 各类车型的缺陷评审时间参考表

评审类型	车辆类型			
	小型车（A-B级）	中型车（C-D级）	高端车（E-运动车型）	商务车型
外观	25min	30min	35min	35min
静态功能	25min	30min	35min	35min
动态功能（30km）	120min	120min	120min	150min（50km）
总时数	170min	180min	190min	220min

5. 处理准则

每日抽检5辆车，按如表2.5所示的准则对出现的缺陷进行处理。

表 2.5 某企业的处理准则

处理等级	样车			处理准则	责任人
	DM10	DM50	DM100		
1	1～2 项非重复发生	0	0	持续改善	评审负责人和车间负责人
2	3～4 项重复发生	0	0	填写反馈系统表格并进行生产线复查	评审负责人和车间负责人
3	>5 项非重复发生	0/1	0	填写反馈系统表格①、在线复查/返修该班次最后 2h 生产的车辆、评审：停线或停止入库	评审负责人、质量部和车间负责人
4	无具体要求	>1	≥1	填写反馈系统表格、在线复查、评审：停线、停止入库、停止车辆移交	评审负责人、质量部和车间主管

注：50 分和 100 分缺陷必须进行返修。
①如果非重复发生的 10 分项缺陷在一周内反复发生，则应填写反馈系统表格。

二、CCC 认证管理

（一）CCC 认证的含义

1. 概述

CCC 认证的全称为"强制性产品认证制度"，它是各国政府为保护消费者人身安全和国家安全、加强产品质量管理、依照法律法规实施的一种产品合格评定制度。我国的 CCC 认证，就是中国强制性产品认证制度，英文名称为 China Compulsory Certification，英文缩写为 CCC，也是国家对强制性产品认证使用的统一标志。作为中国电工产品认证、进口商品安全质量许可制度、中国电磁兼容认证三合一的"CCC"权威认证，是国家质量监督检验检疫总局（以下简称国家质检总局）和中国国家认证认可监督管理委员会（以下简称国家认监委）与国际接轨的一个先进标志，有着不可替代的重要性。

CCC 标志一般贴在产品表面，或通过模压压在产品上，仔细看会发现多个小菱形的"CCC"暗记。每个 CCC 标志后面都有一个随机码，每个随机码都有对应的厂家及产品。认证标志发放管理中心在发放强制性产品认证标志时，已将该编码对应的产品输入计算机数据库中，消费者可通过国家认监委强制性产品认证标志防伪查询系统对编码进行查询。CCC 标志如图 2.11 所示。

图 2.11 CCC 标志示意图

2. CCC 认证的主要内容

CCC 认证就是中国强制性产品认证的简称。对强制性产品认证的法律依据、实施强制性产品认证的产品范围、强制性产品认证标志的使用、强制性产品认证的监督管理等作了统一的规定。主要内容概括起来有以下几个方面：

（1）按照世贸有关协议和国际通行规则，国家依法对涉及人类健康安全、动植物生命安全和健康，以及环境保护和公共安全的产品实行统一的强制性产品认证制度。国家认监委员会统一负责国家强制性产品认证制度的管理和组织实施工作。

（2）国家强制性产品认证制度的主要特点是，国家公布统一的目录，确定统一适用的国家标准、技术规则和实施程序，制定统一的标志，规定统一的收费标准。凡列入强制性产品认证目录的产品，必须经国家指定的认证机构认证合格，取得相关证书并加施认证标志后，方能出厂、进口、销售和在经营服务场所使用。

（3）根据我国入世承诺和体现国民待遇的原则，原来两种制度覆盖的产品有138种，此次公布的《目录》删去了原来列入强制性认证管理的医用超声诊断和治疗设备等16种产品，增加了建筑用安全玻璃等10种产品，实际列入《目录》的强制性认证产品共有132种。

（4）国家对强制性产品认证使用统一的标志。新的国家强制性认证标志名称为"中国强制认证"，英文名称为"China Compulsory Certification"，英文缩写为CCC。中国强制认证标志实施以后，取代了原实行的"长城"标志和"CCIB"标志。

（5）国家统一确定强制性产品认证收费项目及标准。新的收费项目和收费标准的制定，将根据不以营利为目的和体现国民待遇的原则，综合考虑现行收费情况，并参照境外同类认证收费项目和收费标准。

（6）强制性产品认证制度于2002年8月1日起实施，有关认证机构正式开始受理申请。原有的产品安全认证制度和进口安全质量许可制度自2003年8月1日起废止。

目前，中国公布的首批必须通过强制性认证的产品共有19大类132种，主要包括电线电缆、低压电器、信息技术设备、安全玻璃、消防产品、机动车辆轮胎、乳胶制品等。

3. 与汽车有关的第一批强制性认证产品

与汽车有关的第一批实施强制性认证的产品包括：

（1）机动车辆及其安全附件包括以下几类：

①汽车：在公路及城市道路上行驶的 M、N、O 类车辆。

②摩托车：发动机排气量超过50cc或最高设计车速超过50km/h的摩托车。

③汽车、摩托车零部件：汽车安全带、摩托车发动机。

（2）机动车辆轮胎包括以下几类：

①汽车轮胎：轿车轮胎（轿车子午线轮胎、轿车斜交轮胎）、载重汽车轮胎（微型载重汽车轮胎、轻型载重汽车轮胎、中型/重型载重汽车轮胎）。

②摩托车轮胎（代号表示系列、公制系列、轻便型系列、小轮径系列）。

（3）安全玻璃：汽车安全玻璃（A类夹层玻璃、B类夹层玻璃、区域钢化玻璃、钢化玻璃）、建筑安全玻璃（夹层玻璃、钢化玻璃）、铁道车辆用安全玻璃（夹层玻璃、钢化玻璃、安全中空玻璃）。

第九节 质量的改进

一、质量改进的概念和意义

（一）质量改进的概念

根据 ISO 9000 标准的解释，质量改进是质量管理的一部分，它是致力于增强满足质量要求的能力。具体地讲，质量改进就是通过采取各项有效措施提高产品、体系或过程满足质量要求的能力，使质量达到一个新的水平、新的高度。

为了弄清质量改进的概念，有必要了解质量改进与质量控制、质量突破之间的关系。

1. 质量改进与质量控制的关系

质量控制与质量改进都是质量管理的一部分，两者存在以下区别和联系：

（1）定义的区别。质量控制是致力于满足质量要求，使产品保持已有的质量水平不下降，即质量维持；而质量改进是致力于增强满足质量要求的能力，是对现有的质量水平在控制的基础上加以提高，使质量达到一个新的水平、一个新的高度。

（2）实现手段的区别。质量改进是通过不断采取纠正和预防措施来增强企业的质量管理水平，使产品的质量不断提高；而质量控制主要是通过日常的检验、试验和配备必要的资源使产品质量继续维持在一定的水平。

（3）两者的联系。质量控制与质量改进是互相联系的。质量控制的重点是防止差错或问题的发生，充分发挥现有的能力；而改进的重点是提高满足质量要求的能力。首先要做好质量控制，充分发挥现有控制系统能力，使全过程处于受控状态。然后在控制的基础上进行质量改进，使产品从设计、制造、服务到最终满足顾客要求都达到一个新水平。

2. 质量改进与质量突破的关系

质量改进与质量突破是密不可分的，没有改进就不能实现突破，两者之间既有联系又有区别，主要表现在以下几个方面：

（1）质量突破与质量改进的目的相同。质量突破是通过消灭工作水平低劣的长期性原因（包括思想上的和管理上的），使现在的工作提升到一个较高的水平，从而使产品质量也达到一个较高的水平；质量改进也是为了实现质量水平的提高。

（2）质量突破是质量改进的结果。质量突破的实现表明产品的质量水平得到了提高，它是通过日常许多大大小小的质量改进来实现的。只有不断实施持续的质量改进，才能使产品质量水平提高，才能实现质量突破。

（3）质量改进侧重过程，质量突破侧重结果。质量改进是一个过程，由于种种原因，每次质量改进不一定都能取得好的效果，产品的质量水平不一定得到提高；但质量突破则表明产品的质量水平一定得到了提高，并取得了良好的效果。

如果说质量控制的目的在于维持已有的质量水平，那么，质量改进则是为了实现质量突破，即突破现有水平。

（二）质量改进的意义

质量改进对提高产品质量（服务质量）、降低成本、增加经济效益具有十分重要的意义。主要表现为以下几个方面：

(1) 提高优等品率，为企业增加收益。
(2) 提高质量信誉，改善与顾客的关系，增加销售量。
(3) 减少废次品，降低消耗，增加盈利。
(4) 减少返工返修，提高生产效率。
(5) 减少检验、筛选和试验费用。
(6) 加速新产品、新技术的开发，促进技术进步。
(7) 合理使用资金，配置最佳资源，充分发挥企业潜力。
(8) 培养不断进取、改革的精神，提高人员的素质。

二、质量改进的步骤和内容

质量改进活动须按照一定的科学程序来进行，否则会影响改进的成效。

（一）质量改进的基本过程——PDCA 循环

任何一个质量活动都要经过计划（Plan）、执行（Do）、检查（Check）和处理（Action）四个阶段，这四个阶段不断循环下去，故称为 PDCA 循环，如图 2.12 所示。

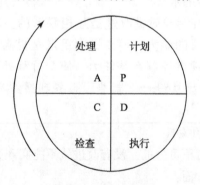

图 2.12　PDCA 循环

1. PDCA 的内容

第一阶段是计划，包括制定方针、目标、计划书、管理项目等。
第二阶段是执行，即实地去干，去落实具体对策。
第三阶段是检查，对策实施后，评价对策的效果。
第四阶段是处理，总结成功的经验，形成标准化，以后就按标准进行。对于没有解决的问题，转入下一轮 PDCA 循环解决，为制订下一轮改进计划提供资料。

2. PDCA 的特点

(1) 四个阶段一个也不能少。
(2) 大环套小环，例如，在 D 阶段也会存在制订实施计划、落实计划、检查计划的实施进度和处理的小 PDCA 循环，如图 2.13 所示。

（3）每循环一次，产品质量、工序质量或工作质量就提高一步，PDCA 是不断上升的循环。如图 2.14 所示。

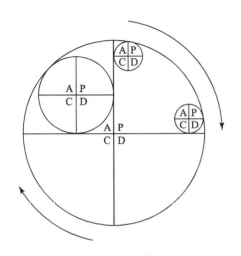

图 2.13　大环套小环

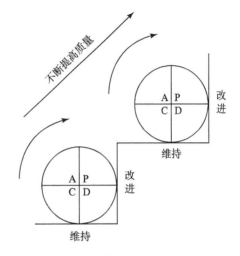

图 2.14　质量改进上升示意图

（二）质量改进的步骤、内容及注意事项

1. 质量改进的 7 个步骤

质量改进的过程本身就是一个 PDCA 循环。按照 ISO 9000 族标准，这四个阶段具体可分作 7 个步骤来实施：

（1）明确问题。

（2）调查现状。

（3）分析问题原因。

（4）拟定对策并实施。

（5）确认效果。

（6）防止再发生和标准化。

（7）总结。

2. 各步骤的具体内容和注意事项

1）明确问题

（1）明确所要解决的问题的重要性。

（2）明确问题的背景。

（3）将确定的问题用具体的语言表述出来，并说明希望改进到什么程度。

（4）选定质量改进的题目和目标值。

（5）正式选定任务负责人（若是组成小组就确定组长和组员）。

（6）对改进活动的费用作出预算。

（7）拟定改进活动的时间表。

明确质量改进的问题时要注意以下几点：

①在我们周围有着大大小小很多的问题，由于人力、物力、财力和时间的限制，要选择

须优先解决的问题。

②要向有关人员说清楚解决问题的必要性,否则会影响解决问题的有效性,甚至半途而废。

③设定目标值要考虑经济上合理、技术上可行。

④要明确解决问题的期限。

2)调查现状

调查所要解决的问题的现状,要注意了解其发生的时间、地点、种类和特征;对于质量特性的不合格或波动,要从各种不同角度进行调查,到现场去收集数据,同时还要不放过数据之外的其他信息。

(1)从时间上调查

①观察早晨、中午、晚上不合格品率有何差异。

②观察星期一到星期五(双休日的情况下),每天的合格品率是否相同。

③从月份、季节、季度、节假日等不同角度观察其结果有何不同。

(2)从导致产品不合格的部位出发。如调查烧制品在窑中位置的不同(门口附近、窗边、炉壁附近、炉的中央等),产品不合格品率有何不同;还可以依照方位(东、南、西、北)、高度(顶部、底部)等不同角度进行分析;在产品形状非常长的情况下,可从前面、中央、后部不同部位去考虑;在产品形状复杂的情况下,还可考虑不合格是发生在笔直的部位还是拐角部位等。

(3)根据种类的不同进行调查。

①同一个工厂生产的不同产品,其不合格品率有无差异。

②与过去生产过的同类产品相比,其不合格品率有无差异。

③关于种类还可以从生产标准、等级,是成人用还是儿童用,是男用还是女用,内销还是外销等不同角度进行考虑。

(4)从特征方面进行调查。例如,不合格品项目"针孔"是圆的还是角形的,是笔直排列还是弯曲排列,是在全部还是在特定部位出现等。

一般来说,解决问题应尽量依照数据进行,但在没有数据的情况下就应充分发挥其他信息的作用。

调查者应深入现场,避免"纸上谈兵",在现场才可以获得有用的数据和其他的信息。

3)分析问题原因

通过现状调查,收集到大量有关待改进质量问题的数据和信息。接下来就是诊断分析产生质量问题的各种影响因素,并确定出主要影响因素。

分析原因可按以下两步骤进行:

(1)设立假说(选择有可能的原因)。

①针对所有可能有关的因素,画出因果图,以收集可能原因的全部信息。

②运用调查现状阶段的信息,去除已明确认为无关联的因素,用剩下的因素重新绘制因果图。

③在绘出的图中,标出被认为可能性较大的主要原因。

(2)验证假说(从已设定因素中找出主要原因)。

①收集新的数据或证据,制订计划,确认可能性较大的原因。

②综合全部调查到的信息,决定主要影响原因。

③如条件允许,可以有意识地将问题再现一次。

分析原因时要注意科学性,避免人为或主观造成的错误结论。为此,应注意以下四点:

(1)考虑假设原因时,通常要讨论其理由并运用数据来验证假说的正确性。验证假说时不能用建立假说的材料,需要用新的材料来证明。重新收集验证假说的数据要有计划、有根据地进行,必须遵照统计手法的顺序验证。常使用排列图、相关及回归分析、方差分析等分析方法。

(2)因果图是建立假说的有效工具。图中所有因素都被假设为导致问题的原因,图中最终包括的因素必须是主要的、能够得到确认的。因果图的原因越具体,最终的因果图越小(影响因素越少),往往越有效。

(3)有意识地再现缺陷是验证假设的有效手段,但要考虑人力、时间、经济性等多方面的制约因素,并注意再现的缺陷必须与调查现状时查明的缺陷一致。

(4)导致产品缺陷出现的主要原因可能是一个或几个,其他原因也或多或少地会对不合格品的出现产生影响。因而对所有影响因素都采取措施是不现实的,也没必要,应首先对主要因素采取对策。

4)拟定对策并实施

应针对影响质量的主要因素制定改进措施、计划并予以实施。措施可分为两种,一种是消除问题现象的应急措施,另一种是彻底消灭问题,防止问题再发生的根本措施。在 ISO 9000 标准中,将"为消除已发现的不合格和其他不期望情况所采取的措施"定义为纠正,而"为消除已发现不合格或其他不期望情况的原因所采取的措施"称为纠正措施。生产出不合格品后,纠正得再好也不能防止不合格品再次出现,解决不合格品出现的根本方法是除去产生问题的根本原因,防止不合格品再产生。因此,一定要严格区分这两种不同性质的对策,如图 2.15 所示。

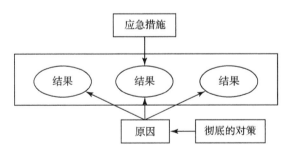

图 2.15 应急措施(纠正)与彻底的对策(纠正措施)

措施、计划应该具体、明确。一般应明确:为什么要制定这一措施(或计划)(Why);预计达到什么目标(What);在哪里执行这一措施(或计划)(Where);由哪个单位或谁来执行(Who);何时开始,何时完成(When);如何执行(How)等,即通常所说的 5W1H 的内容。

制定与实施对策时应注意以下两点:

(1)采取对策后,常会引起别的问题,就像药品的副作用一样。为此,必须从多种角度对措施、计划进行评价。

（2）采取对策时有关人员必须通力合作。采取对策往往会带来许多工序的调整和变化，如果可能应多方听取有关人员的意见和想法。

5）确认效果

确认效果可进行以下活动：

（1）使用同一种图表将对策实施前后的效果进行比较。

（2）将效果换算成金额，并与目标值比较。

（3）如果有其他效果，不管大小都可列举出来。

确认效果时应注意以下几点：

①本阶段应确认在何种程度上解决了原有的问题。比较用的图表必须前后一致。

②将改进的成果换算成金额是重要的，通过对前后效果金额的比较，会让企业经营者认识到该项工作的重要性。

③实施对策后没有出现预期结果时，意味着对策失败，应重新回到调查现状阶段。没有达到预期效果时，还应考虑是否严格按计划实施了，计划本身是否有问题。

6）防止再发生和标准化

这一步的活动主要包括：

（1）对于有效的质量改进措施应再次确认其5W1H的内容，并将其标准化。

（2）就新制定的标准进行教育培训。

（3）建立保证严格遵守标准的质量责任制。

纠正措施的标准化，是为了不再出现类似的不合格或缺陷；根据有效的纠正措施制定明确的标准并进行适宜的教育培训，使员工在作业中不再出现和以前同样的问题，是非常必要的。

7）总结

总结阶段应着手以下工作：

（1）找出遗留问题。

（2）考虑解决这些遗留问题下一步该怎么做。

（3）总结本次改进活动过程中，哪些问题得到顺利解决，哪些尚未解决。

要想将质量问题减少为零是不可能的，但通过不断改进，不断减少质量问题却是可能的。因此，还应制订解决遗留问题的下一步行动方案和初步计划。

（三）质量改进的组织与推进

1. 成立质量改进的组织

建立质量改进的组织分为两个层次：一是成立能为质量改进项目调动资源的上层机构，即质量委员会；二是组建能实施质量改进活动的质量改进团队。

1）质量委员会

质量委员会（或其他类似名称）的基本职责是领导推动质量改进工作并使其制度化。质量委员会通常由高级管理层的部分成员组成，在较大的公司中，除了总公司设立质量委员会外，其下属分公司也多设有质量委员会。通常上一级委员会的成员担任下一级委员会的领导。

质量委员会的主要职责为：

(1) 制定质量改进方针，确定大的质量改进项目。
(2) 制定质量改进活动激励政策。
(3) 为质量改进活动提供人力、物力、财力资源。
(4) 对主要的质量改进成绩进行评估与认可。

2) 质量改进团队

质量改进团队有各种名称，如 QC 小组、质量改进小组、提案活动小组等，但其基本组织结构和方式大致相同，通常包括队长和成员。各类质量改进小组，其基本职责都是按照前文所述的 PDCA 循环的四个阶段七个步骤，认真开展好质量改进活动。

2. 增强问题意识，选好质量改进课题

经常性质量问题的原因比较隐蔽，往往受到旧习惯、旧思想、旧方法的影响，"历来如此""不可避免"或"无可奈何""熟视无睹"等守旧、无所作为的思想是经常性质量问题得以存在的"保护墙"。首先要在思想上突破，推倒这座"保护墙"才有可能进行质量改进，实现质量的突破。只有企业上层领导和广大员工有强烈的质量改进、锐意进取的意识，质量改进才能作为一项经常性的工作，有计划地进行。

质量改进的前提是意识到存在问题和对现状的不满足。质量改进的第一步是善于发现问题，敏锐地发现问题。生产现场一般可以从以下几个方面加以研究或提出问题：

(1) 调查下一道工序的需要和建议，研究改进本岗位产品加工中的不足。
(2) 着眼于赶超，通过与国内外同行业、同工种先进水平对比，发现差距与存在的问题。
(3) 在产品"升级""创优"中找出本岗位的问题。
(4) 分析现场加工中存在的主要质量问题。
(5) 研究提高本班组、本岗位产品加工的一等品率、优等品率的可能性及存在的问题。
(6) 研究降低废品率、次品率、返修率和降低消耗的可能性及其存在的问题。
(7) 质量检验、质量审核和质量成本中反映出来的问题。
(8) 现场生产中质量不稳定的问题。
(9) 进一步提高本班组质量保证能力，改善工序管理中的问题。

3. 消除质量改进的障碍

虽然质量改进有严密的组织、有一定的实施步骤，并在一些企业取得了成果，但多数组织的情况并不尽如人意，有的是由于不知道如何去改进，有的是由于某些内在因素阻碍了改进常年进行。因此，有必要了解并努力消除改进的障碍。

(1) 对质量水平的错误认识：有些企业，尤其是质量管理做得较好的一些企业，往往认为自己的产品质量已经不错了，没有什么可改进的地方。即使有，投入产出比也太小，没有进行质量改进的必要。但实际情况是，它们与世界上质量管理做得好的企业无论是实物质量水平还是质量管理水平可能都有很大差距。这种错误认识成为质量改进的最大障碍。

(2) 对失败缺乏正确的认识：有些人认为改进活动的某些内在因素决定了改进注定会失败，这一结论忽视了那些成功的企业所取得的成果，这些企业的成功证明了质量改进不是遥不可及的。关注成功的企业如何取得这些成果的过程，能获得可借鉴的经验和教训。

(3) "高质量意味着高成本"的错误认识：有一种错误的认识即"提高质量要以增加成本为代价"。提高质量不是只能靠增强检验、使用价格更昂贵的原材料、购进精度更高的设备。如果质量的提高是基于产品特性的改进（通过产品开发），则确实会造成成本的增加，因为改进产品特性通常是需要投入资本的。但如果质量的提高是基于长期浪费的减少，则成本通常会降低。

（4）对权力下放的错误理解：有些企业的管理者试图将自己的这份工作全部交给下属来做，使自己能有更多的时间来处理其他的工作；也有一些管理者对下级或基层员工的能力信任度不够，从而在改进的支持和资源保障方面缺乏力度，使质量改进活动难以正常进行。实际上，每一个管理者都应负责改进的决策工作，并亲自担负某些不能下放的职责。

（5）员工的顾虑：进行质量改进会对企业文化产生深远的影响，而远不止表面上所发生的变化，如会增添新的工种；岗位责任中会增添新的内容；企业管理中会增添团队这一概念；质量的重要性得到承认，而其他工作的重要性相对降低；公司会要求为实施上述改变而进行培训等。

对员工而言，这一系列变化所带来的影响中，最不愿意看到的莫过于自己的工作和地位受到威胁。企业在改进时，要认识到员工的顾虑，而员工更要认识到改进是企业生存和发展的需要，也是企业每一个员工获得长久利益的需要。

4. 进行持续的质量改进

社会的发展和科技的进步，要求不断提高质量水平。企业要生存与发展下去，必须不断适应市场要求，实施持续的质量改进活动，这也正是 ISO 9000 族标准所强调的。要做到持续的质量改进需做好以下几方面的工作：

（1）质量改进制度化：

①将质量改进活动项目与目标列入企业年度计划，并使质量改进活动成为员工岗位职责的一部分。

②实施上层管理者审核制度，即 ISO 9000 质量体系中要求的管理评审，把质量改进进度列为审核内容之一。

③在技术评定工资制度中要考核质量改进的绩效。

④建立质量改进成果表彰制度。

（2）上层管理者履行自己的职责：上层管理者参与质量改进活动有自己应尽的职责，以下这些职责是不宜下放的：

①参与质量委员会，领导质量改进工作。

②审批质量目标和方针。

③为质量改进提供必要的人、财、物资源。

④制定奖励制度，参与表彰活动。

（3）加强检查：有计划的检查是持续质量改进活动的保障。检查不要只注重进度和绩效，更应注意发现并及时解决问题。

①检查的结果。根据不同的结果，应该安排不同的检查方式，有些项目非常重要，就要查仔细些，其余的项目较次要，就可查粗略些。

②检查的内容。检查的大部分数据来自质量改进团队的报告，通常要求报告明确下列内容：

a. 改进前的废品损失总量。

b. 如果项目成功，预计可减少的成本。

c. 实际所减少的成本。

d. 资本投入。

e. 利润。

（4）重视教育培训通过培训增强员工的质量问题意识，提高他们自发、主动解决质量问题的能力。

（四）作业人员要积极参加质量改进

在生产要素中，人是最活跃的因素。质量改进活动中，作业人员的积极参与至关重要。

1. 作业人员参与质量改进的必要性

（1）作业人员参与质量改进是质量改进本身的客观要求。质量改进是质量水平的突破，它涉及企业活动的方方面面，不是一个人能办到的，必须全员参与，同时全员参与也是全面质量管理的基本要求。

（2）作业人员参与质量改进是企业发展的需要。质量改进的过程是发现问题、解决问题的过程，而作业人员的参与有助于提高其自身的素质；只有整体员工的素质提高了，企业才能发展。

（3）作业人员参与质量改进是企业文化发展的需要。作业人员在质量改进过程中通过解决问题，可以树立自信心，从而激发投身企业管理的积极性。

2. 作业人员参与质量改进的优势

（1）通常质量改进的问题都发生在作业人员操作的过程中，他们最熟悉问题产生的原因。因此作业人员往往容易找到问题的根本所在，从而达到事半功倍的效果。

（2）作业人员有许多生产实践经验，他们具有解决问题的能力。

第三章 安全管理

第一节 安全管理概述

一、安全学原理

安全,是人类生存和发展的最基本要求,是生命与健康的基本保障;一切生活、生产活动都源于生命的存在,如果人们失去了生命,也就失去了一切,所以安全就是生命。从人类对科学需要的角度来说,科学大致有两个方面。一是人类为满足物质生活和社会文化生活的需要,而对物质生产和精神生产及其规律进行的认识活动和认识的结果,我们称之为生产科学;二是人类为保全自己身心的需求,而对客观事物及其规律进行的认识活动和认识的结果,我们称其为安全科学(我国也有称其为"劳动保护科学"的)。在这里,"安全"是广义的,其中包含着人的健康、舒适、愉快乃至享受。由于安全现象极为普遍地存在于人类生产和生活的所有活动时间和空间领域,反而不易被人们认识其中统一的科学规律性。同时,尽管这门科学和人类利益联系极为密切,但人们对其研究的甚少,更缺乏自觉。因此,需要人们广泛地进行研究,以认识和掌握其中的科学规律。使人们能够更安全地工作和生活。

(一)安全观

安全科学是研究安全本质和运动规律的科学。它指导思想是马克思主义哲学。

1. 安全本质

"无危则安,无损则全",没有危险和损失就是安全,所以安全的本质是没有危险或损失。

(1)认识安全的途径。人类对安全的认识往往比对事故的认识难度大。因为事故比较直观,人们对其印象比较深刻,人们容易从其危害中加以认识;而安全给人们的印象是与事故相对存在的,只有社会属性,没有自然属性。目前人们认识安全的途径有以下几种。

①从事故的危害中认识。只有发生了事故,人们才会想起安全,安全是人类赖以生存和发展的最基本需要之一。

②从安全与事故的相对存在中认识。安全等于无事故,安全就是人没有受伤,设备和财产没有损失。

③从安全与事故之间的联系中认识。安全是判断危险性不超过允许的限值,可以说安全是可接受的危险。

④从安全内容的扩展中认识。安全不仅仅是人的身体安全还包括人的心理安全；安全不仅仅体现在生产、劳动的过程中，还体现在人类活动的所有范围内；安全不仅是现阶段的要求，也是人类活动全过程的要求。

⑤从安全的存在中认识。安全是一种状态，比如企业的安全状态、社会的安全状态、小区的消防安全状态等。

（2）生产安全的本质。人们对安全现象的认识，不能解决安全本质问题。例如，用不受威胁、不发生事故的感性认识指导安全工作，必然导致就事论事的认识与解决一些威胁人们生产、安全生活的表面问题，不能从本质上解决如何持续稳定安全局面的问题等。生产安全的本质就是生产实践符合生产规律的运动。它具有安全必然性，要照章办事才能确保安全。

2. 安全规律

狭义安全规律是指某一领域或系统中的安全规律，如生产安全规律、交通安全规律；广义安全规律是指自然界和人类社会中的安全规律，即安全的普遍规律。

安全规律的表现形式有：

①生存规律。安全存在于自然界和人类社会中。自然界的安全是由自然界中各种物质（包括动、植物）在其所在系统中符合自然生态规律的规律运动，具有安全必然性的内在联系。人类社会的安全是由人类社会中的各种事物在其所在系统中符合客观事物发展规律的规律运动，具有安全必然性的内在联系。例如，生产安全、交通安全、消防安全和环境安全等。

②构成规律。安全的构成规律，是指能构成自然界和人类社会客观事物规律运动的诸因素，各自内在与相互之间的本质联系所具有的安全必然性。构成生产安全规律的五个要素为：劳动者的安全构成因素；劳动手段的安全构成因素；劳动对象的安全构成因素；劳动时间的安全构成因素；劳动空间的安全构成规律。

③发展变化规律。安全的发展变化规律是指安全从隐患、事故的对立统一中分离出来后，经过理性升华，变成了符合预防、控制事故规律的产物，以其具有的规律性促进人类社会和自然界按客观规律发展。以生产中的安全为例，随着生产实践的进行，在人们认识和掌握了安全与事故的运动规律之后，安全就逐渐从生产中分离出来，经过理性升华后，就不再是原来意义上的生产实践规律运动的形式了，而变成了符合预防、控制事故规律的产物。

3. 安全第一、预防为主原理

"安全第一、预防为主原理"是我国的安全生产方针。"安全第一"是在进行工业生产时，时刻把安全工作放在首要位置。当作头等大事来做好。必须正确处理安全与生产的辩证统一关系，明确"生产必须安全，安全促进生产"的道理。"预防为主"是指要掌握工业伤亡事故发生和预防规律，针对生产过程中可能出现的不安全因素，预先采取防范措施，消除和控制它们，做到防微杜渐，防患于未然。"安全第一"和"预防为主"两者相辅相成，组织生产时，优先考虑安全；安全和生产矛盾时，须先解决安全问题；一切安全工作需立足于预防，在任何活动初就要考虑安全措施。

4. 安全价值观

（1）安全价值和生产价值的关系。在长期的社会活动中，人类通过各种形式的生产活动创造出人类生存与发展所需要的各种物质财富。在商品社会中，对这些财富的另一种说法

是生产价值。追求生产价值是商品社会生产经营活动的主要目的，这是任何制度和任何形式的生产活动都不例外的。自古以来，所有从事生产活动的人们都尽一切努力争取获得较高的生产价值，而获得价值的高低，主要取决于生产活动过程中的效益系数和安全系数。其计算公式为

$$生产价值 = 生产活动 \times 效益系数 \times 安全系数$$

式中，生产活动是指从事生产的人们通过某种组织形式（人），在特定的环境（环）里，操纵工具设备（机），按照规定的工艺方法（法）对原材料（料）进行加工制造，产出具有使用价值的产品，销售给用户，再从原材料单位采购回生产所需要的各种原材料供生产需要。我们把这一整个过程称为生产活动，也就是生产活动的五因素（人、机、环、料和法）相互作业的过程。不同的生产过程，五因素的基本状况也各不相同，对生产价值的影响也就不同。概括起来有两大作用：一是对生产的正作用，也就是有利作用，可创造生产价值，作用大小用效益系数表示；二是对生产的副作用，即有害作用，也就是发生事故造成的经济损失，作用大小用安全系数表示。效益系数是表示在生产过程中创造价值的效率，是生产资本与生产价值（净产值）的比值，其大小取决于生产活动过程中的五因素的素质。即正作用的大小决定于：素质越好，正作用越大，效益越高，系数越大，反之则小。安全系数是表示生产过程中的安全程度，其大小取决于生产活动过程中五因素的缺陷程度。即副作用的大小决定于：缺陷越多、越大，副作用就越大，发生事故的机会就越多、越大，事故的经济损失也随之增大，系数就越小，反之则大。安全系数等于1减去生产过程中的事故损失价值与生产投资（生产资本）的比值。当事故损失价值低于净产值时，可采用简易算法：安全系数 $=1-$（事故损失价值/净产值）。安全系数在 $0 \sim 1$ 之间变化。安全系数等于1的生产过程，是绝对安全的生产过程。这时的生产价值只随效益系数变化，安全给予了充分保证。不过这种情况极为少见，但这是安全工作追求的目标。安全系数小于1的生产过程，生产价值不仅随效益系数变化，更随安全系数变化而变化。安全系数等于0的生产过程，生产过程没有丝毫安全保证，这种情况下的生产活动无法进行，有生产活动就会发生事故，生产效率再高、生产价值也小于0，即出现负效益。

生产与安全是一个生产过程中不可分割的两个方面，相互依存。安全不仅是生产价值形成的重要组成部分，同时又是生产价值好坏的决定因素。实践证明，有安全，就有效益；没有安全，就没有效益。安全不但要保证新创生产价值的安全实现，还要保证原有生产资本不受损失。但是，安全与效益又互为矛盾，企业要提高安全水平，就需要增加投入，就会影响企业的效益，况且事故的发生一般属于低概率事件。当事故没有发生时，对安全所进行的投入往往无法产生效益，这就给一些企业及相关的领导人造成一种印象，认为安全只有投入、没有产出，导致他们在企业运行过程中，只顾抓生产，不重视安全，一旦发生事故，则悔之已晚。

（2）安全意识是安全价值观的基础。在安全管理上，安全意识是决定安全价值观的基础。树立正确的安全价值观，首先要有强烈的安全意识，这就要求首先要进行安全意识的教育。安全意识可以通过安全培训、事故案例分析、安全论坛、安全知识考试等方式进行。其中，事故案例分析是培育安全意识的有效途径，通过让发生事故的过来人讲讲事故的经过，可以起到很好的警示作用。一般来说，遭遇过事故或者受过事故伤害的人，他们的安全意识就会强一些，这是因为事故的经历已经在他们的心里深深扎根。让这些经历事故者"现身

说法"，让受伤害者把经历事故和受到伤害的真实感受向人们进行宣讲，会收到比较好的效果。再就是选用典型的事故案例，组织大型事故分析会，让参加者受到教育。不管采取何种教育方式，目的就是让人们增强安全意识，进而树立正确的安全价值观。

(3) 安全技能是安全价值观的体现。安全技能是一个人掌握安全技术的能力。实践证明，安全技能直接关系到作业者的安全状况，也从中体现出个人的安全价值观。这一点在特殊工种作业人员身上体现得格外突出，因为特种作业人员从事的工种特殊，稍有不慎就会造成人身伤害事故。例如，电工作业人员，如果不了解或不知道电器基本常识、电器基本原理和电路敷设规则等，在作业时，极有可能造成事故的发生。其他工种也是一样，这就要求必须进行各工种安全技能的培训学习，使作业人员懂得怎样操作安全，怎样操作不安全，把学到的知识应用到实际工作中，避免受到伤害。有些人在作业过程中不懂装懂，不会装会，尤其是到了陌生作业环境中，在不了解所处环境状况的情况下，盲目作业，结果造成伤害，这就是缺乏安全技能造成的，也就是说自身的安全价值观存在问题，没有认识到安全技能的重要性。

(4) 自身行为是安全价值观的运用。将正确的安全价值观运用到实际工作中去，能够约束自己的行为，有效地避免事故的发生。在交通行业，驾驶人有了正确的安全价值观，驾车时就会严格按照道路交通法律法规的要求，谨慎驾驶，安全行车，即使碰到有些车辆强超强占，也会采取恰当的方式给予解决。反之，有些驾驶人缺乏相应的安全意识和职业道德，违规开车，有的甚至不顾一车人的生命野蛮开车，结果造成重特大交通事故的发生。在企业的生产过程中也是一样，有些人员违章作业造成事故，不吸取事故教训，总结事故经验，反思自己的作业行为，而是认为自己倒霉，结果导致三天两头出事故，成了名副其实的事故大王。这就说明有什么样的安全价值观就会有什么样的行为，有什么样的行为就会导致什么样的结果。

(5) 保障安全是安全价值观的本质。谁都希望自己平平安安一辈子，不遭灾，不遭罪，可这一切必须是建立在正确安全价值观之上的，也就是说安全价值观的本质是保障自身安全。因为人的不安全行为都是在一定的心理活动下产生的，是心理活动的外在体现。根据有关部门的统计，现代工业生产中70%以上的事故与人的因素有关。这就要求在安全管理上，必须从强化制度、加强培训、从严管理等各方面入手，以人性化安全管理为依托，通过讲道理、摆事实，设身处地为职工着想，深化职工对安全生产重要性的认识，帮助职工克服麻痹侥幸心理，树立正确的安全价值观。

5. 大安全观

(1) 从生产安全到安全生产。狭义的生产安全仅仅指在生产过程中防止事故发生的行为和行动，而大安全观则由生产安全扩展到安全生产，不仅仅是生产过程中预防事故，而且包括驾驶过程的交通安全和生产作业时的防火安全。安全生产包括生产安全（含职业健康）、消防安全和交通安全。

(2) 从8小时到24小时。狭义的生产安全仅仅指生产过程的8小时，大安全观则不仅仅关注上班8小时，而把目光投射到作业人员离开单位的16小时，从上下班交通、居家、娱乐等方面全方位预防事故发生。

(3) 从人身伤害到灾害预防。狭义的生产安全仅仅关注到作业人员人身是否受到伤害或患上职业病，而大安全观则关注于自然灾害等灾害预防和灾害减损的工作。

（二）安全认识论

安全认识论从安全的属性、安全与事故的关系、事故的基本特征、事故影响因素、事故致因理论、事故预防原则对安全和事故做了充分说明。

1. 安全的属性

（1）安全的自然属性。它是指安全要素中那些与自然界物质及其运动规律相联系的现象和过程。人类生产（含生活）活动是人与自然界进行能量和物质变换的过程。人是生产的主体，也是自然界长期发展演化出来的产物。人在劳动活动中的体力、智力支出及其安全健康存在的条件受到生物学规律的支配。同样，人在生产过程中所使用的能量、设备、原材料和人工自然环境等物质因素所引发的物理、化学和生物学的运动变化以及由此带来的对人的不利影响和人们为控制危险因素所采取的物质技术措施，都遵循自然界物质运动规律。

（2）安全的社会属性。它是指安全要素中那些同人与人的社会结合关系及其运动规律相联系的现象和过程。人类生产从来不是个人的孤立行为，而是在人与人之间形成一定社会关系条件下进行的社会生产活动。作为社会主体的人，不仅是生物人，更是社会人，即一定劳动生产力的承担者、一定生产关系（首先是利益关系）的承载者、一定政治关系和意识形态的体现者。

2. 安全与事故的关系

安全与事故是对立统一、相互依存的关系，即有了事故发生的可能性，才需要安全；有了安全的保证，才可能避免事故的发生。安全性在特定条件下是安全的，但在其他条件下就不一定会是安全的，甚至可能很危险。绝对的安全，即100%的安全是安全性的最大值，这很难，甚至不可能达到，但却是社会和人们努力追求的目标。在实践中，人们或社会客观上自觉或不自觉地认可或接受某一安全性（水平）。当实际状况达到这一水平，人们就认为是安全的，低于这一水平，则认为是危险的。

安全与事故的表现特征包括安全的极限性（没有绝对的安全和事故）和安全的有限性（事故是可以避免的但不能完全避免）。

3. 事故的基本特征

（1）事故的因果性。因果性即各事物之间，一事物是另一事物发生的根据，是一种关联性。事故是许多因素互为因果连续发生的结果，一个因素是前一个因素的结果，而又是后一因素的原因。也就是说，因果关系有继承性，是多层次的。

（2）事故的偶然性、必然性和规律性。从本质上讲，事故属于在一定条件下可能发生，也可能不发生的随机事件。就某一特定事故而言，其发生的时间、地点、状况等均无法预测，它是由于客观存在的不安全因素，随着时间的推移，出现某些意外情况而发生的，而这些意外情况往往是难以预知的。因此，事故的偶然性是客观存在的，这与是否掌握事故的原因毫无关系。换言之，即使完全掌握了事故原因，也不能保证绝对不发生事故。事故的偶然性还表现在事故是否产生后果（人员伤亡，物质损失），以及后果的大小我们都是难以预测的，如反复发生的同类事故并不一定产生相同的后果。事故的偶然性决定了我们要完全杜绝事故的发生是很困难的，甚至是不可能的。事故的因果性决定了事故的必然性。事故是一系列因素互为因果、连续发生的结果。事故因素及其因果关系的存在决定了事故或迟或早必然要发生，其随机性仅表现在何时、何地、因什么意外事件触发产生而已。如果掌握了事故的因果关系，砍断事故因素的因果连锁，就可能消除事故发生的必然性，进而防止事故发生。事故的必然性中包含着规律性，我们通过深入探查、了解事故因素关系，就可以发现事故发生的客观规律，防止事故的发生。但由于事故或多或少都存在偶然的因素，我们要完全掌握它的规律是比较困难的。不过在一定范畴内，用一定的科学仪器或手段却可以找出它的近似规律。从偶然性中找出必然性，认识事故发生的规律性，变不安全条件为安全条件，把事故消除在萌芽阶段，这就是"防患于未然，预防为主"的科学根据。

（3）事故的潜在性、再现性和预测性。事故往往是突然发生的，然而导致事故发生的因素，即所谓隐患或潜在危险是早就存在的，只是未被发现或未受到重视而已。随着时间的推移，一旦条件成熟，这些因素就会显现并酿成事故，这就是事故的潜在性。事故一经发生，就成为过去，完全相同的事故不会再次出现。然而没有真正地了解事故发生的原因，并采取有效措施去消除这些原因，就会再次出现类似的事故。所以我们应当致力于消除这种事故的再现性，这是能够做到的。人们根据对过去事故所积累的经验和知识以及对事故规律的认识，使用科学的方法和手段，对未来可能发生的事故进行预测。事故预测就是在认识事故发生规律的基础上，充分了解、掌握各种可能导致事故发生的危险因素以及它们的因果关系，推断它们发展演变的状况和可能产生的后果。事故预测的目的在于识别和控制危险，预先采取对策，最大限度地减少事故发生的可能性。

4. 事故影响因素

（1）事故的定义及其分类。事故是人们在实现其目的的行动过程中，突然发生的、迫使其有目的的行动暂时或永远停止的一种意外事件。它分为生产事故和工伤事故两种。

①生产事故是指企业在生产过程中突然发生的，伤害人体、损坏财物、影响生产正常进行的意外事件。

②工伤事故又称因工伤亡事故。它是指企业的职工为了生产和工作，在生产时间和生产区域内，由于受生产过程中存在的危险因素影响，或虽然不在生产和工作岗位上，但由于企业的环境、设备和劳动条件等不良影响，致使身体受到伤害，暂时或长期丧失劳动能力的事故。

（2）事故的主要影响因素。一般指人为因素所导致的工伤事故。

第一种情况，人的原因：4种人，8种不安全行为，7个原因。

4种人包括操作工人、管理干部、事故现场的在场人员和其他有关人员。他们的不安全行为是事故的重要致因。

8种不安全行为：①未经许可进行操作，忽视安全，忽视警告；②冒险作业或高速操作；③人为的使安全装置失效；④使用不安全设备，用手代替工具进行操作或违章作业；⑤不安全的装载、堆放和组合物体；⑥采取不安全的作业姿势或方位；⑦在有危险的运转设备装置上或在移动的设备上进行工作，不停机，边工作边检修；⑧注意力分散、嬉闹、恐吓等。

7个原因：①缺乏安全知识和经验，或不知道有危险；②生理缺陷或生病、迟钝、忧伤、体力不足；③过度疲劳、睡眠不足；④注意力不集中，操作时心不在焉；⑤劳动态度不端正；⑥醉酒；⑦不懂装懂，满不在乎。

第二种情况，物的原因：7种物，7种不安全状态。

7种物包括原料、燃料、动力、设备、工具、成品和半成品。

7种不安全状态：①设备和装置的结构不良，材料强度不够，零部件磨损和老化；②存在危险物和有害物；③工作场所的面积狭小或有其他缺陷；④安全防护装置失灵；⑤缺乏防护用具和服装或防护用具存在缺陷；⑥物质的堆放、整理有缺陷；⑦工艺过程不合理，作业方法不安全。

第三种情况，管理的原因：6个方面的管理缺陷。

6个方面的管理缺陷：①技术缺陷。指工业建筑物及机械设备、仪器仪表等的设计、选材、安装、布置、维护维修有缺陷，或工艺流程、操作方法方面存在问题；②劳动组织不合理；③对现场工作缺乏检查指导，或检查指导失误；④没有安全操作规程或不健全，挪用安全措施费用，不认真实施事故防范措施，对安全隐患整改不力；⑤教育培训不够，工作人员不懂操作技术或经验不足，缺乏安全知识；⑥人员选择和使用不当，生理或身体有缺陷。

第四种情况，环境的原因：自然环境和生产环境两方面。

5. 事故致因理论（模式理论）

事故致因理论是人们对事故机理所做的逻辑抽象和数学抽象，是描述事故成因、经过和后果的理论，是研究人、物、环境、管理和事故处理这些基本因素如何作用而形成事故、造成损失的理论。国内外现有的事故致因理论有10多种，而适合我国情况的主要有四种：事故因果类型（连锁论）；多米诺骨牌理论；系统理论；轨迹交叉论。

（1）事故因果类型。事故因果类型主要包含三种：①连锁型，指一原因要素促成下一要素发生，最终导致因果连锁事故的发生；②集中型，指导致事故发生的几个原因各自独立，即多种原因在同一时序共同造成一个事故后果；③复合型，指既有连锁原因，又有集中原因，它们复合组成事故结果。

（2）多米诺骨牌理论。多米诺骨牌理论指在一个内部联系中，一个很小的初始能量就可能导致一连串的连锁反应。客观上，它是一种由点到面的运动过程，动作是连续发生，直到完成最后的终点动作。多米诺骨牌理论的不足之处在于它把事故致因的事件链过于绝对化了。事实上，各块骨牌之间的连锁不是绝对的，而是随机的。前面的牌倒下，后面的牌可能倒下，也可能不倒下。可见，这一理论对于全面的解释事故致因来说过于简单化。

（3）系统理论。系统理论认为，事故的发生是来自人的行为与机械特性失配和不协调，是多种因素互相作用的结果。系统理论把人、机和环境作为一个系统（整体），研究它们之间的相互作用、反馈和调整，从而找出事故致因、揭示预防途径。系统理论主要研究内容包括机械的运行情况和环境的状况如何，是否正常；人的特性（生理、心理、知识技能）如何，是否正常；人对系统中危险信号的感知，认识理解和行为响应如何；机械的特性与人的特性是否相配；人的行为响应时间与系统允许的响应时间是否相容等。其中特别关注人的特性研究，包括：人对机械和环境状态变化信息的感觉和察觉怎样；对这些信息的认识、理解怎样；采取适当响应行动的知识怎样；面临危险时的决策怎样；响应行动的速度和准确性怎样等。

系统理论典型的模型有两种：

①瑟利模型（Surry Model）。由两个阶段构成：危险的构成或出现；出现危险紧急时期（危险释放）。

②安德森模型。瑟利模型研究的是客观已经存在的潜在危险，没有探索何以产生潜在危险，没有涉及机械和周围环境的运行过程。安德森模型在瑟利模型的基础上增加了一组问

题，即危险的来源及可观察性，运行系统内的波动以及控制或减少这些波动使之与人的行为波动相一致。

（4）轨迹交叉论。轨迹交叉论认为伤害事故是许多互相关联的事件顺序发展的结果，这些事件包括人和物两个系列。它的主要观点为

①二者并不完全独立，大多数情况同时相关。

②人的失误占绝对地位。

③物的不安全状态和人的不安全行为是造成事故的表面的直接原因。

6. 事故预防原则

（1）技术原则：

①消除潜在危险原则。

②降低潜在危险严重度的原则。

③闭锁原则。

④能量屏蔽原则。

⑤距离保护原则。

⑥个体保护原则。

⑦警告、禁止信息原则。

（2）组织管理原则：

①系统整体性原则。

②计划性原则。

③效果性原则。

④党政工团协调安全工作原则。

⑤责任制原则。

（三）安全方法论

多少年来，人们，特别是安全工作者总想找到一些办法，能够事先预测到事故发生的可能性，掌握事故发生的规律，作出定性和定量的评价，以便能在设计、施工、运行，管理中对发生事故的危险性加以辨识，并且能够根据对危险性的评价结果，提出相应的安全措施，达到控制事故的发生与发展，提高安全水平的目的。目前，可采取的安全方法主要有本质安全化方法，人机匹配法，生产安全管理一体化方法，系统方法，安全教育方法，安全经济方法和高技术系统安全管理方法等。本节着重学习一下本质安全化方法。

控制事故应当采取的本质安全化方法，主要从物的方面考虑，包括降低事故发生概率和降低事故严重程度。

1. 降低事故发生概率的措施

影响事故发生概率的因素很多，如系统的可靠性、系统的抗灾能力、人为失误和违章等。在生产作业过程中，既存在自然的危险因素，也存在人为的生产技术方面的危险因素。这些因素能否导致事故发生，不但取决于组成系统各要素的可靠性，而且还受到企业管理水平和物质条件的限制；因此，降低系统事故的发生概率，最根本的措施是设法使系统达到本质安全化，使系统中的人、物、环境和管理安全化。一旦设备或系统发生故障时，能自动排除、切换或安全地停止运行；当人为操作失误时，设备，系统能自动保证人机安全。欲做到

系统的本质安全化，应采取以下综合措施：

1）提高设备的可靠性

要控制事故的发生概率，提高设备的可靠性是基础。为此，应采取以下措施：

（1）提高元件的可靠性

设备的可靠性取决于组成元件的可靠性，要提高设备的可靠性，必须加强对元件的质量控制和维修检查，一般可采取：

①使元件的结构和性能符合设计要求和技术条件，选用可靠性高的元件代替可靠性低的元件。

②合理规定元件的使用周期，严格检查维修，定期更换或重建。

（2）增加备用系统

在规定时间内，多台设备同时全部发生故障的概率等于每台设备单独发生故障的概率的乘积。因此，在一定条件下，增加备用系统（设备），使每台单元设备或系统都能完成同样的功能，一旦其中一台或几台设备发生故障时，系统仍能正常运转，不致中断正常运行，从而提高系统运行的可靠性，也有利于系统的抗灾救灾。例如，对企业中的一些关键性设备如供电线路、通风机、电动机、水泵等均配置定量的备用设备，以提高其抗灾能力。

（3）对处于恶劣环境下运行的设备采取安全保护措施

为了提高设备运行的可靠性，防止发生事故，对处于恶劣环境下运行的设备应当采取安全保护措施。如对处于有摩擦、腐蚀、浸蚀等条件下运行的设备，应采取相应的防护措施，对震动大的设备应加强防震、减震和隔震等措施；煤矿井下环境较差，应采取一切办法控制温度、湿度和风速，改善设备周围的环境条件。

（4）加强预防性维修

预防性维修是排除事故隐患、排除设备的潜在危险，提高设备可靠性的重要手段。为此，应制定相应的维修制度，并认真贯彻执行。

2）选用可靠的工艺技术，降低危险因素的感度

危险因素的存在是事故发生的必要条件。危险因素的感度是指危险因素转化成为事故的难易程度，虽然物质本身所具有的能量和发生性质不可改变，但危险因素的感度可以控制，关键是选用可靠的工艺技术。例如，在普通炸药中加入消焰剂等安全成分形成的安全炸药，放炮中使用水炮泥，井巷工程中采用湿式打眼，清扫巷道煤尘，洒布岩粉等，都是降低危险因素感度的措施。

3）提高系统抗灾能力

系统的抗灾能力是指当系统受到自然灾害和外界事物干扰时，自动抵抗而不发生事故的能力，或者指系统中出现某危险事件时，系统自动将事件控制在一定范围的能力。例如，为了提高煤矿生产系统的抗灾能力，应该建立健全的通风系统，实行采区独立通风，建立隔绝煤尘爆炸水棚，采用安全防护装置（如风电闭锁装置、漏电保护装置、提升保护装置、斜井防跑车装置、安全监测、监控装置等）；矿井主要设备实行双回路供电、选择备用设备等。

4）减少人为失误

由于人在生产过程中的可靠性远比机电设备差，很多事故是因人为失误造成的。欲降低系统事故发生概率，必须减少人的失误，主要方法有：

①对工人进行充分的安全知识、安全技能、安全态度等方面的教育和训练。

②以人为中心，改善工作环境，为工人提供安全性较高的劳动生产条件。

③提高矿井机械化程度、尽可能用机器操作代替人工操作，减少现场工作人员。

④注意用人机工程学原理进行系统设计，人机功能分配，并改善人机接口的安全状况。

5）加强监督检查

建立健全各种自动制约机制，加强专职与兼职、专管与群管相结合的安全检查工作。对系统中的人、事、物进行严格的监督检查，在各种劳动生产过程中是必不可少的。实践表明，只有加强安全检查工作，才能有效地保证企业的安全生产。

2. 降低事故严重度的措施

事故严重度是指因事故造成的财产损失和人员伤亡的严重程度。事故的发生是由于系统中的能量失控造成的，事故的严重度与系统中危险因素转化为事故时释放的能量有关，能量越高，事故的严重度越大。因此，降低事故严重度具有十分重要的作用。目前，一般可采取的措施有：

1）限制能量或分散风险

为了减少事故损失，必须对危险因素的能量进行限制。如各种油库、火药库的储存量的限制，各种限流、限压、限速等设备就是对危险因素的能量进行限制的措施。

分散风险的办法是把大的事故损失化为小的事故损失，如在煤矿把"一条龙"的串联通风方式改造成工作面或采区并联通风方式，每一矿井，采区和工作面均实行独立通风，可达到分散风险的效果。

2）防止能量逸散的措施

防止能量逸散就是设法把有毒、有害、有危险的能量源贮存在有限允许范围内，而不影响其他区域的安全，如防爆设备的外壳、密闭墙、密闭火区、放射性物质的密封装置等。

3）加装缓冲能量的装置

在生产中，设法使危险源能量释放的速度减慢，可大大降低事故的严重度，而使能量释放速度减慢的装置称为缓冲能量装置。在工业企业和生活中使用的缓冲能量装置较多。如汽车、轮船上装备的缓冲设备、缓冲阻车器，以及各种安全带、安全阀等。

4）避免人身伤亡的措施

避免人身伤亡的措施包括两个方面的内容，一是防止发生人身伤害；二是一旦发生人身伤害时采取相应的急救措施。采用遥控操作、提高机械化程度、使用整体或局部的人身个体防护都是避免人身伤害的措施。在生产过程中及时注意观察各种灾害的预兆，以便采取有效措施，防止事故发生。即使不能防止事故发生，也可及时撤离人员，避免人员伤亡。做好救护和工人自救准备工作，对降低事故的严重度有着十分重要的意义。

（四）安全社会原理

1. 安全文化的定义

安全文化的概念最先由国际核安全咨询组（INSAG）于1986年针对核电站的安全问题提出。1991年出版的《安全文化》（INSAG—4报告）给出了安全文化的定义：安全文化是存在于单位和个人中的种种素质和态度的总和。文化是人类精神财富和物质财富的总称。安全文化和其他文化一样，是人类文明的产物。企业安全文化为企业生产、生活、生存活动提供安全生产的保证。

2. 安全文化的本质

安全文化有广义和狭义之别，但从其产生和发展的历程来看，安全文化的深层次内涵，仍属于"安全教养"、"安全修养"或"安全素质"的范畴。也就是说，安全文化主要是通过"文之教化"的作用，将人培养成具有现代社会所要求的安全情感、安全价值观和安全行为表现的人。倡导安全文化的目的是在现有的技术和管理条件下，使人类生活、工作更加安全和健康。而安全和健康的实现离不开人们对安全健康的珍惜与重视，并使自己的一举一动，符合安全健康的行为规范要求。人们通过生产、生活实践中的安全文化的教养和熏陶，不断提高自身的安全素质，预防事故发生、保障生活质量，这就是被大多数人认可的安全文化的本质。

3. 安全文化模型

（1）EESCS。EESCS 是英文 Establishing an Enterprise Safety Culture System 的缩写，中文全称是"企业安全文化系统建设"。EESCS 是一套以人和人的可靠度为对象，切实可行的组织安全态度、安全行为和个人安全态度与安全行为的管理模式。EESCS 将安全文化建设分为四个阶段：第一阶段为原始无序阶段——自由自发式，第二阶段为被动依赖阶段——应付被迫式，第三阶段为独立主动阶段——自律表现式，第四阶段为安全文化阶段——能动互助式。

国内安全标准《企业安全文化建设评价准则》（AQ/T 9005—2008）将安全文化建设水平划分为六个阶段：第一阶段为本能反应阶段；第二阶段为被动管理阶段；第三阶段为主动管理阶段；第四阶段为员工参与阶段；第五阶段为团队互助阶段；第六阶段为持续改进阶段。

（2）杜邦模型。"本公司是世界上最安全的地方"，杜邦公司自成立以来就逐渐形成了这样一种独特的企业文化。杜邦认为安全是企业一切工作的首要条件，安全文化建设从初级到高级一般要经历四个阶段：第一，自然本能阶段；第二，严格监督阶段；第三，独立自主管理阶段；第四，互助团队管理阶段。

4. 安全文化的建设意义

安全文化建设作为提升企业安全管理水平、实现企业本质安全的重要途径，是一项惠及职工生命与健康安全的工程。国家制定的《安全文化建设"十二五"规划》中，提出了"着力加强企业安全文化建设，推动安全文化建设示范工程，加强安全文化阵地建设，创新形式，丰富内容，形成富有特色和推动力的安全文化，为实现我国安全生产状况根本好转创造良好的社会舆论氛围。"安全文化建设的重点内容是推进安全文化示范单位创建，完善评价体系，发挥示范单位的引领作用。

公司的安全文化建设，关键是要围绕"建设"做文章，靠有力的组织领导、有序的工作机制、有效的推动措施来保障。其保障措施是：根据不同单位的性质、特点、指导单位建立相应的安全文化建设模式，确立安全生产标准化创建体制，完善安全培训质量考核体系；加强安全文化建设的经费投入，健全安全文化组织队伍；发挥公司内部安全文化骨干单位和教育培训部门的引领作用，鼓励公司党政工团开展安全文化活动，形成多层次、全体员工参与的安全文化建设队伍。

安全文化建设，培养的是一种社会公德。它最终的作用是文化的长久浸润和积累，使企业领导都有和全体职工形成"安全第一"的意识、"生命高于一切"的道德价值观、遵纪守法的思维定势、遵守规章制度的习惯方式和自觉行动，使各单位形成预防为主的政治智慧、以人为本的责任意识、依靠科技支撑保障本质安全的科学眼光、沉着应变的应急指挥能力和素质积累。同时，也使安全生产的单位和个人受到尊重，使违法乱纪、制造事故者受到应有的惩罚，从而促进公司的持续、稳定和安全发展。

5. 安全文化的基本功能

安全文化具有规范人们行为的作用，其基本功能有：

（1）导向功能。企业安全文化，将通过潜移默化的作用使职工的注意力逐步转向企业所提倡、崇尚的内容，接受共同的价值观念，从而将职工个人目标引导到企业目标上来。

（2）凝聚功能。当一种企业安全文化的价值观被该企业成员认同之后，它就会成为一种黏合剂，从各方面把其成员团结起来，从而形成巨大的向心力和凝聚力，这就是文化的凝聚功能。

（3）激励功能。文化的激励功能指的是文化能使企业成员从内心产生一种情绪高昂、奋发进取的效应。通过发挥人的主动性、创造性、积极性、智慧能力，对其产生激励作用。

（4）约束功能。这是指文化对企业每个成员的思想和行为具有约束和规范作用。文化的约束功能，与传统的管理理论单纯强调制度的硬约束不同，它虽也有成文的硬制度约束，但更强调的是不成文的软约束。

6. 安全文化的社会效应

过去人们常常把安全文化等同于安全宣教活动，这是需要纠正的一种片面观点。安全教育和安全宣传仅仅是安全文化的一个部分，当然它是建设安全文化的重要方面。但是，安全文化的核心内容不在这里。安全文化是一个社会在长期生产和生存活动中，凝结起来的一种文化氛围，是人们的安全观念、安全意识、安全态度，是人们对生命安全与健康价值的理解和领导及个人所认同的安全原则和接受的行为方式。明确安全文化的这些主要内涵，需要大家取得共识。我们在建设安全文化过程中，主要是向着这些方面进行深化和拓展。对于一个企业，我们主张安全文化的建设要将企业安全理念和安全价值观表现在决策者和管理者的态度和行动中，落实在企业的管理制度中，将安全管理融入企业整个管理的实践中，将安全法规、制度落实在决策者、管理者和员工的行为方式中，将安全标准落实在生产的工艺、技术和过程中，由此构成一个良好的安全生产氛围。通过安全文化的建设，影响企业各级管理人员和员工的安全生产自觉性，以文化的力量保障企业安全生产和生产经济发展。

二、安全管理学

（一）安全管理的定义

在企业管理系统中，含有多个具有某种特定功能的子系统，安全管理就是其中的一个。这个子系统是由企业中有关部门的相应人员组成的。该子系统的主要目的就是通过管理的手段，实现控制事故、消除隐患、减少损失的目的，使整个企业达到最佳的安全水平，为劳动者创造一个安全舒适的工作环境。因而我们可以给安全管理下这样一个定义：

以安全为目的，进行有关决策、计划、组织和控制方面的活动。

控制事故可以说是安全管理工作的核心，而控制事故最好的方式就是实施事故预防，即通过管理和技术手段的结合，消除事故隐患，控制不安全行为，保障劳动者的安全，这也是

"预防为主"的本质所在。

但根据事故的特性可知,由于受技术水平、经济条件等各方面的限制,有些事故是不可能不发生的。因此,控制事故的第二种手段就是应急措施,即通过抢救、疏散、抑制等手段,在事故发生后控制事故的蔓延,把事故的损失减少到最小。

既然要有事故发生,必然要有经济损失。对于一个企业来说,一个重大事故在经济上的打击是相当沉重的,有时甚至是致命的。故而在实施事故预防和应急措施的基础上,通过购买财产、工伤、责任等保险,以保险补偿的方式,保证企业的经济平衡和在发生事故后恢复生产的基本能力,也是控制事故的手段之一。

所以,我们也可以说,安全管理就是利用管理的活动,将事故预防、应急措施与保险补偿三种手段有机地结合在一起,达到保障安全的目的。

在企业安全管理系统中,专业安全工作者起着非常重要的作用。他们既是企业内部上下沟通的纽带,更是企业领导者在安全方面的得力助手。在掌握充分资料的基础上,为企业安全生产实施日常监管工作,并向有关部门或领导提出安全改造、管理方面的建议。归纳起来,专业安全工作者的工作可分为4个部分。

(1) 分析。对事故与损失产生的条件进行判断和估计,并对事故的可能性和严重性进行评价,即进行危险分析与安全评价,这是事故预防的基础。

(2) 决策。确定事故预防和损失控制的方法、程序和规划,在分析的基础上制定出合理可行的事故预防、应急措施及保险补偿的总体方案,并向有关部门或领导提出建议。

(3) 信息管理。收集、管理并交流与事故和损失控制有关的资料、情报信息,并及时反馈给有关部门和领导,保证信息的及时交流和更新,为分析与决策提供依据。

(4) 测定。对事故和损失控制系统的效能进行测定和评价,并为取得最佳效果做出必要的改进。

(二) 安全管理的重要作用

安全管理在事故控制中起着极其重要的作用,这主要体现在以下3个方面。

(1) 据对事故的分析可知,绝大多数事故的发生都是由各种原因引起的,而这些原因中的85%左右都与管理紧密相关。也就是说,如果我们改进安全管理,就可以有效地控制85%左右的事故原因。举一个最简单的例子,某单位一员工在储藏室内登梯取物时因梯子断裂而受伤,经分析我们可以看出,其原因可能是由于没有要求对梯子进行常规检查(管理缺陷)、员工不知道该检查规则的存在(管理失误)、采购部门购买时未充分考虑梯子的用途和质量(管理失误)或财务部门没有提供足够的资金以购买合适的梯子(管理失误)等。上述任何一个原因都与管理者的疏忽、失误或管理系统的缺陷有关。

(2) 当今,"安全第一"的口号几乎已经响遍了世界各个角落,但几乎所有人,包括安全工作者都承认,对于一个企业来说,安全并不是也不可能是第一位的,经济效益、企业的发展、完成生产任务等永远是第一位的。安全之所以放在特殊的位置,正是由于其与效益的关系就像水与舟的关系,亦即"水能载舟,亦能覆舟"。只有良好的安全管理才能保证良好的工作效率,只有减少事故的发生才有可能保证经济效益。

(3) 从控制事故的效果讲,安全管理也是举足轻重的。一方面控制事故所采取的手段,包括技术手段和管理手段,是由管理部门选择并确定的,另一方面在有限的资金投入及有限的技术水平的条件下,通过管理手段控制事故无疑是最有效最经济的一种方式。诚然,控制事故的最佳手段是通过技术手段解决问题,这在很大程度上可避免人为的失误,但经济条件和现有的技术水平使这类方法受到很大程度的制约。当今,大多数企业之间设备安全水平差异有限,而事故率却大小有异,主要的问题就是管理问题。

随着世界经济一体化潮流的冲击和信息社会与知识经济的到来,我国的安全管理工作将不得不面对比以往更大的挑战,在新世纪中尽快解决包括安全管理在内的相关问题,尽快缩短我国在安全管理工作方面与发达国家的差距,无疑是安全科学界近年来最重要的工作之一。只有做到这一点,我国才能真正保持可持续发展,安全水平才能跃上新的台阶,接近世界先进水平,否则,就会影响国民经济的发展,甚至影响社会安定。

三、安全生产法律法规

"安全第一,预防为主"是我国安全生产工作的基本方针。这在《中华人民共和国安全生产法》(以下简称《安全生产法》)中有明确规定。

新中国成立之初,我国就明确提出实行劳动保护政策。即在实施增产节约的同时,必须注意职工的安全、健康和必不可少的福利事业。

1987年1月26日,劳动人事部在杭州召开会议,把"安全第一,预防为主"作为劳动保护工作方针,写进了我国第一部《劳动法(草案)》。2002年颁布施行的《安全生产法》明确规定:安全生产管理,坚持"安全第一,预防为主"的方针。

"安全第一,预防为主"的安全生产方针,是在长期工作实践中总结和提炼出来的,既是党和国家对安全生产工作的总要求,也是安全生产工作应遵循的最高准则。

(一)安全生产方针可以归纳为以下几方面的内容:

(1)方针突出了"以人为本"的思想。人的生命是最宝贵的,人的生命权是人的其他一切权利的基础。只有劳动者的安全得到充分的保障,生产才可能顺利进行。

(2)"安全第一",是相对于生产而言的,即当生产和安全发生矛盾时,必须先解决安全问题,使生产在确保安全的情况下进行。这就是人们常说的"生产必须安全,不安全不得生产"。这是人命关天的大事,劳动者要提高自我保护意识,不要冒险作业。

(3)在生产活动中,必须用辩证统一的观点去处理好安全与生产的关系。越是生产任务忙,越要重视安全,把安全工作搞好。否则就会引发事故,生产也无法正常进行,这是多年来生产实践证明了的一条重要经验。

(4)安全生产必须强调预防为主。如果我们能事先做好预防工作,防微杜渐,防患于未然,把事故隐患及时消灭在发生事故之前,这是最理想的。所以说,"预防为主"是落实"安全第一"的基础,离开了"预防为主","安全第一"只是一句空话。

(5)在事故发生后,要在事故调查的基础上,确定相关人员的责任。对不遵守安全生产法律、法规或玩忽职守、违章操作的有关责任人员,要依法追究行政责任、民事责任和刑事责任。

(二)安全生产主要法律法规

为了保障人民群众的生命财产安全,有效遏制生产安全事故的发生,我国颁布了以

《安全生产法》为代表的一系列法律法规，如安全生产监督管理制度、生产安全事故报告制度、事故应急救援与调查处理制度、事故责任追究制度等，从法律上保证了安全生产的顺利进行。

1.《安全生产法》相关知识

（1）根据《安全生产法》，从业人员享有五项权利：

①知情、建议权：

《安全生产法》第 45 条规定："生产经营单位的从业人员有权了解其作业场所和工作岗位存在的危险因素、防范措施及事故应急措施，有权对本单位的安全生产工作提出建议。"

②批评、检举、控告权：

《安全生产法》第 46 条规定："从业人员有权对本单位的安全生产工作中存在的问题提出批评、检举、控告；……生产经营单位不得因从业人员对本单位的安全生产工作提出批评、检举、控告……而降低其工资、福利等待遇或者解除与其订立的劳动合同。"

③合法拒绝权：

《安全生产法》第 46 条规定："从事人员……有权拒绝违章指挥和强令冒险作业。……生产经营单位不得因从业人员……拒绝违章指挥、强令冒险作业而降低其工资、福利等待遇或者解除与其订立的劳动合同。"

④遇险停、撤权：

《安全生产法》第 47 条规定："从业人员发现直接危及人身安全的紧急情况时，有权停止作业或者采取可能的应急措施后撤离作业场所。生产经营单位不得因从业人员在前款紧急情况下停止作业或者采取应急措施而降低其工资、福利等待遇或者解除与其订立的劳动合同。"

⑤保（险）外索赔权：

《安全生产法》第 48 条规定："因生产安全事故受到损害的从业人员，除依法享有工伤社会保险外，依照有关民事法律尚有获得赔偿的权利的，有权向本单位提出赔偿要求。"

（2）从业人员的义务：

①遵章作业的义务：

《安全生产法》第 49 条规定："从业人员在作业过程中，应当遵守本单位的安全生产规章制度和操作规程，服从管理……"

②佩戴和使用劳动防护用品的义务：

《安全生产法》第 49 条规定："从业人员在生产过程中，应当正确佩戴和使用劳动防护用品。"

③接受安全生产教育培训的义务：

《安全生产法》第 50 条规定："从业人员应当接受安全生产教育和培训，掌握本职工作所需的安全生产知识，提高安全生产技能，增强事故预防和应急处理能力。"

④安全隐患报告义务：

《安全生产法》第 50 条规定："从业人员发现事故隐患或者其他不安全因素，应当立即向现场安全生产管理人员或者本单位负责人报告；接到报告的人员应当及时予以处理。"

（3）对特种作业人员的规定：

《安全生产法》第 50 条规定："生产经营单位的特种作业人员必须按照国家有关规定经

专门的安全作业培训，取得特种作业操作资格证书，方可上岗作业。"

结合《中华人民共和国劳动法》（以下简称《劳动法》）的相关规定，特种作业人员必须取得两证才能上岗：一是特种作业资格证（技术等级证），二是特种作业操作资格证（即安全生产培训合格证）。两证缺一即可视为违法上岗或违法用工。

2. 《劳动法》相关知识

1994年7月5日第八届全国人民代表大会常务委员会第八次会议通过了《中华人民共和国劳动法》，并于1995年1月1日起施行。特种作业人员需要掌握的《劳动法》中的主要内容是：

（1）第54条："用人单位必须为劳动者提供符合国家规定的劳动安全卫生条件和必要的劳动保护用品，对从事有职业危害的劳动者应当定期进行健康检查。"

（2）第55条："从事特种作业的劳动者必须经过专门培训并取得特种作业资格。"

（3）第56条："劳动者在劳动过程中必须严格遵守安全操作规程。劳动者对用人单位管理人员违章指挥、强令冒险作业，有权拒绝执行；对危害生命安全和身体健康的行为，有权提出批评、检举和控告。"

3. 《中华人民共和国职业病防治法》（以下简称《职业病防治法》）相关知识

特种作业人员需要掌握《职业病防治法》中以下主要内容：

（1）《职业病防治法》第4条规定："用人单位应当为劳动者创造符合国家职业卫生标准和卫生要求的工作环境和条件，并采取措施保障劳动者获得职业卫生保护。"

（2）《职业病防治法》第7条规定："用人单位必须依法参加工伤保险。"

（3）《职业病防治法》第15条规定："产生职业病危害的用人单位的设立除应当符合法律、行政法规规定的设立条件外，其工作场所还应当符合下列职业卫生要求：

①职业病危害因素的强度或者浓度符合国家职业卫生标准；

②有与职业病危害防护相适应的设施；

③生产布局合理，符合有害与无害作业分开的原则；

④有配套的更衣间、洗浴间、孕妇休息间等卫生设施；

⑤设备、工具、用具等设施符合保护劳动者生理、心理健康的要求；

⑥法律、行政法规和国务院卫生行政部门、安全生产监督管理部门关于保护劳动者健康的其他要求。"

（4）《职业病防治法》第32条规定："任何单位和个人不得将产生职业病危害的作业转移给不具备职业病防护条件的单位和个人。不具备职业病防护条件的单位和个人不得接受产生职业病危害的作业。"

（5）《职业病防治法》第34条规定："用人单位与劳动者订立劳动合同（含聘用合同，下同）时，应当将工作过程中可能产生的职业病危害及其后果、职业病防护措施和待遇等如实告知劳动者，并在劳动合同中写明，不得隐瞒或者欺骗。"

（6）《职业病防治法》第36规定："对从事接触职业病危害的作业的劳动者，用人单位应当按照国务院安全生产监督管理部门、卫生行政部门的规定组织上岗前、在岗期间和离岗时的职业健康检查，并将检查结果书面告知劳动者。职业健康检查费用由用人单位承担。"

（7）《职业病防治法》第40条规定：

"劳动者享有下列职业卫生保护权利：

①获得职业卫生教育、培训；

②获得职业健康检查、职业病诊疗、康复等职业病防治服务；

③了解工作场所产生或者可能产生的职业病危害因素、危害后果和应当采取的职业病防护措施；

④要求用人单位提供符合防治职业病要求的职业病防护设施和个人使用的职业病防护用品，改善工作条件；

⑤对违反职业病防治法律、法规以及危及生命健康的行为提出批评、检举和控告；

⑥拒绝违章指挥和强令进行没有职业病防护措施的作业；

⑦参与用人单位职业卫生工作的民主管理，对职业病防治工作提出意见和建议。"

4.《工伤保险条例》相关知识

主要应当了解两条：

（1）第二条："中华人民共和国境内的各类企业、有雇工的个体工商户（以下称用人单位）应当依照本条例规定参加工伤保险，为本单位全部职工或者雇工（以下称职工）缴纳工伤保险费。

中华人民共和国境内的各类企业的职工和个体工商户的雇工，均有依照本条例的规定享受工伤保险待遇的权利。……"

（2）第四条："用人单位应当将参加工伤保险的有关情况在本单位内公示。

……

职工发生工伤时，用人单位应当采取措施使工伤职工得到及时救治。"

四、安全生产管理制度

安全生产管理制度是根据我国安全生产方针及有关政策和法规制定的，是企业和职工在生产活动中共同遵守的规范和准则。

（一）安全生产会议制度

为了加强各部门之间安全生产工作的沟通和推进安全管理，及时了解公司的安全状态，特制定安全会议制度。公司主要负责人负责召开本单位的安全会议；安全管理部门负责召开每季度末安全会议及年度总结、表彰大会。由总经理主持会议，宣读当次会议的主要内容，传达上级部门有关文件及会议精神，针对生产状况，学习有关安全规程和安全技术等。回顾、总结、分析各车间安全生产工作情况，总结和交流安全生产监督管理方面的工作经验，研究、部署、督促、检查全厂安全生产工作。

（二）安全生产资金投入及安全生产费用提取、管理和使用制度

为了建立公司安全生产投入长效机制，加强公司安全生产费用财务管理，维护企业、职工以及社会公共利益，根据有关法律和法规，结合公司具体情况，制定本制度。安全生产投入及费用的提取和使用按照"企业提取、政府监管、确保需要、规范使用"的原则进行财务管理，并纳入企业年度预算。安全生产投入及安全生产费用在当年度经费预算中，列入重点编制项目，并不得少于国家规定的比例。安全生产费用的使用范围：

（1）完善、改造和维护安全防护设备、设施支出。企业安全设备设施是指车间、库房

等作业场所的监控、监测、通风、防晒、调温、防火、灭火、防爆、泄压、防毒、消毒、中和、防潮、防雷、防静电、防腐、防渗漏、防护围堤或者隔离操作等设施设备。

（2）配备必要的应急救援器材、设备和现场作业人员安全防护物品支出。

（3）安全生产检查与评价支出。

（4）重大危险源、重大事故隐患的评估、整改、监控支出。

（5）安全技能培训及进行应急救援演练支出。

（6）其他与安全生产直接相关的支出。

（三）安全生产教育培训制度

安全教育是公司安全生产管理的重要组成部分，是提高公司负责人、生产管理人员和生产工人安全素质，防止不安全行为的重要途径，是预防事故和职业病、保护劳动者在生产过程中的安全与健康的重要措施，是公司安全生产管理的一项基础性工作。安全教育的内容：

1. 安全法制教育

安全法制教育是通过学习国家的安全生产方针、政策、法制和公司的各项安全生产规章制度，从而达到强化员工安全意识的目的。

2. 安全知识技能教育

安全知识技能教育是以提高员工安全技术素质为目标的。内容包括消防安全、防尘防毒、电气安全等，其中操作技能、如何防止事故的发生是主要内容。

通过墙报、标语、安全标志等方式宣传安全生产知识、先进经验以及事故教训，营造浓郁的安全生产氛围，起到感染和潜移默化的作用。公司通过组织诸如安全知识比赛、安全操作技能竞赛等活动，在班组或车间之间形成良好的安全生产氛围。在安全培训方面，公司主要通过在会议上讲授安全技术知识与管理知识，分析事故案例以及生产现场具体示范操作要求等途径，使员工较系统地掌握安全理论知识和安全实际操作能力。安全教育的具体形式：

（1）新员工入厂三级安全教育。实行新员工入厂三级安全教育，三级安全教育指的是厂、车间、班组安全教育。对新进公司的人员（包括临时工、副业工、外单位调入人员、培训实习人员、外单位在生产区域施工或长期作业人员）都必须进行三级安全教育，时间不得少于72学时，经考试合格后，方能上岗。厂级安全教育由总公司负责，侧重法制教育，以增强新员工遵章守纪的自觉性和安全意识；

车间安全教育由车间负责人组织实施，侧重与车间生产制度、生产工艺、安全防范知识、应急救援的程序和方法；班组安全教育由班组长组织实施，侧重与各个岗位具体相关的安全操作技能和安全职责。

（2）变换工种或离岗后复工的安全教育。员工变换工种调到新岗位工作，对新岗位而言还是新工人，并不了解新岗位有什么危害因素和安全操作要求，所以在上岗前还要接受安全教育，车间内跨班组调岗的要进行班组安全教育，时间不得少于10学时；跨车间调岗还要进行车间安全教育（时间不得少于20学时）和班组安全教育（时间不得少于10学时）；离岗（病假、产假等）时间较长，对原工作已生疏，复工前要进行班组安全教育，时间不得少于10学时。

（3）特种作业人员安全教育。公司的特种作业人员主要有锅炉工、压力容器操作工、电焊工、电工、行车工、氨站操作工、装载机司机等等，这些人员都是经过专门培训并取得特种作业资格的。但是仍需不断地通过安全教育来增强特种作业人员的安全意识和提高他们的安全技术水平。

（4）企业负责人和企业安全生产管理人员的安全教育。企业负责人是企业生产经营的决策者、组织者，也是企业安全生产的责任人，安全管理人员具体负责企业安全生产的各项管理工作。对此类人员每年至少要进行一次安全知识教育和考核工作，时间不得少于16学时。

（5）企业其他职能管理部门的安全教育。根据"管生产必须管安全，谁主管谁负责"的原则，职能部门和生产车间的负责人和班组长是本部门的安全生产责任人，所以他们都应接受包括安全生产法规、企业安全生产规章制度及本部门本岗位安全生产职责、安全管理和职业安全卫生知识、事故应急救援措施及有关事故案例在内的安全教育。对他们的安全教育由公司负责实施，每年学习时间不得少于24学时。

（四）安全生产检查制度

安全生产检查制度：安全检查是安全生产管理体系运行中的重要环节，是安全管理工作的重要内容，也是消除隐患、防止事故发生、改善劳动条件的重要手段。通过安全检查可以发现企业安全管理体系的运行情况，企业生产过程中的危险因素，以便有计划地制定纠正措施，保证企业的安全。

（1）安全检查可以分为定期性、经常性、季节性、专业性、综合性的安全检查。

①定期性检查。是企业或主管部门组织的定期全面的安全检查。检查周期一般为：主管部门每年组织一次，企业每季或每月组织一次，车间每月或每周一次，班组、岗位按一定周期进行检查。定期检查的面广，有深度，能及时发现并解决问题。

②经常性检查。由各级生产单位负责人或安全人员根据生产情况和各项安全生产规章制度的执行情况，进行的经常性检查。检查中要狠抓易发生和可能发生事故的主要因素，变事后处理为事前预防。

③季节性检查。由各级生产单位根据季节变化，按事故发生的规律对易发生的潜在危险，突出重点进行季节检查。如冬季防冻保温、防火、防煤气中毒；夏季防暑降温、防汛、防雷电等检查。这种检查可提前发现问题，及时整改，消除隐患，做到防患于未然。

④专业性检查。由各级生产部门组织，以各类专业技术人员为主，根据各专业特点，而进行的专业安全检查（如锅炉、压力容器、防火、防爆、电气等专项检查）。此类检查具有较强的针对性和专业要求，用于检查难度较大的项目。通过检查，发现潜在问题，研究整改对策，进行技术改造，及时消除隐患。

⑤综合性检查。一般由主管部门或行业主管组织，对下属各企业或生产单位进行的全面综合性检查。综合性检查能引起个职能部门的重视，整改措施能及时落实，必要时也可组织进行系统的安全性评价。

（2）安全检查的内容：

从面向被检查的对象来说，安全检查的内容，主要是查思想、查管理、查制度、查现场、查隐患、查事故处理。

①查现场、查隐患，是安全生产检查的主要内容。主要以查现场、查隐患为主，通过深入生产现场工地，检查企业的劳动条件、生产设备以及相应的安全卫生设施是否符合安全要求。

②查思想。在查隐患，努力发现不安全因素的同时，应注意检查企业领导的思想路线，检查他们对安全生产是否正确，是否把员工的安全健康放在了第一位；同时，检查企业领导和员工对事故预防工作的认识。

③查管理、查制度。安全生产检查也是对企业安全管理上的大检查，包括安全生产管理制度的落实情况和企业的安全教育制度的执行情况等。

④查事故处理。检查企业对工伤事故是否及时报告、认真调查、严肃处理；是否已采用有效措施，防止类似事故重复发生。

在开展安全检查工作中，各企业可根据各自的情况和季节特点，做到每次检查的内容有所侧重，突出重点，真正收到较好的效果。由于各企业的生产性质和特点不同，以及检查的目的、要求不同，安全检查的具体内容差别较大，应根据企业的实际情况来制定。这里仅以车间、班组和安全管理部门的安全检查重点内容为例，说明安全检查的具体内容构成。

（五）危险作业管理制度

危险作业是指当生产任务紧急特殊，不适于执行一般性的安全操作规程，安全可靠性差，容易发生人身伤亡或设备损坏，事故后果严重，需要采取特别控制措施的特殊作业。

危险作业包括：高空作业（高度在2 m以上，并有可能发生坠落的作业）；在易燃易爆部位的作业；爆炸或有爆炸危险的作业；起吊安装大重型设备的作业；带电作业；有急性中毒或窒息危险的作业；处理化学毒品、易燃易爆物资、放射性物质的作业；在轻质屋面（石棉瓦、玻璃瓦、木屑板等）上的作业；其他危险作业。

危险作业审批：

（1）报请审批的危险作业应属于生产中不常见，急需解决的作业。进行危险作业前，应由下达任务部门和具体执行部门（包括承包部门、个人）共同填写"危险作业申请单"，报公司安全管理部门批准。

（2）如情况特别紧急来不及办理审批手续时，实施单位必须经主管副总经理同意方可施工。主管副总经理应召集有关部门在现场共同审定安全防范措施和落实实施单位的现场指挥人。

（3）危险作业的单位应制定危险作业安全技术措施，报请公司主管部门审批；特别危险作业须经安全技术论证报请主管副总经理批准。

（4）作业人员由危险作业单位领导指定，有作业禁忌症人员、生理缺陷、劳动纪律差、喝酒及有不良心理状态等人员，不准从事危险作业。

危险作业的实施：

（1）危险作业申请批准后，必须由执行单位领导下达危险作业指令。操作者有权拒绝没有正式作业指令的危险作业。

（2）作业前，单位领导或危险作业负责人应根据作业内容和可能发生的事故，有针对性地对全体危险作业人员进行安全教育，落实安全措施。

（3）危险作业使用的设备、设施必须符合国家安全标准和规定，危险作业所使用的工具、原材料和劳动保护用品必须符合国家安全标准和规定。做到配备齐全、使用合理、安全可靠。

（4）危险作业现场必须符合安全生产现场管理要求。作业现场内应整洁，道路畅通，应有明显的警示标志。

（5）危险作业过程中实施单位负责人应指定一名工作认真负责、责任心强，有安全意识和丰富实践经验的人作为安全负责人，负责现场的安全监督检查。

（6）危险作业单位领导和作业负责人应对现场进行监督检查。

（7）对违章指挥，作业人员有权拒绝作业。作业人员违章作业时安全员或安全负责人有权停止作业。

（8）危险作业完工后，应对现场进行整理。

第二节　生产现场危险源辨识

一、危险源的识别与评价

在现代工业社会中，生产过程中的危险成为威胁人类安全和健康的主要因素之一。危险与安全是一对相互对立的概念，危险就是可能导致意外事件的一种已存在的或潜在的状态，它包括材料、物品、系统、工艺过程、设施等，当危险受到某种"激发"时，它将会从潜在的状态转化为引起系统损坏的事故。危险是一个泛指的概念，为了将生产过程中的危险具体明确下来，我们通过对某个系统存在的方方面面的危险进行识别，其结果形成系统中的危险源。

危险源是指系统中具有潜在能量和物质释放危险的，在一定触发因素作用下可能转化为事故的部位、区域、场所、空间、岗位、设备及其位置。这里所指的触发因素是危险源转化为事故的外因，它包括压力、温度、安全措施、环境、工艺等。危险源的辨识评价和控制是企业安全管理的主要内容，它对于明确企业安全管理的重点，控制事故的发生，以寻求最低事故率、最少的人员伤亡和经济损失起着重要的作用，同时，也是建立《职业健康安全管理体系》的重要内容。所以，对企业危险源的识别、评价和控制是预防和控制工伤事故和职业危害的必要手段。通过对系统的分析、界定出危险源，并评价其危险的性质、危害程度、存在状况、危险源能量与物质转化过程的规律、转化的条件、触发因素等，以便有效地控制能量和物质的转化、使危险源不至于转化为事故。

东风汽车有限公司载重车公司生产经营部，进行了机械加工企业的危险源识别与评价探索工作，我们首先在锻造厂，热电厂、材料供应部三个单位进行了试点，成立了"危险源识别与评价课题组"，主要分为五个步骤进行：即危险因素调查——危险源分析——危险评价——危险源分级——危险源控制。从目前反映的情况看取得了一定的效果。我们的做法如下。

（一）危险因素调查

危险因素的调查是明确危险源和进行评价的基础工作，所以，调查工作一定要全面、细致和科学。在开展调查工作之前，首先要确定所要调查的系统，这个系统可以是一个企业，也可以是具体的生产单元或工艺系统，例如，我们在热电厂试点过程中，就是以发电系统为调查对象。其次成立由设备、工艺、技术和安全的主管部门组成的调查小组。根据调查的内容编制危险因素调查表，调查内容主要有以下几个方面。

（1）生产工艺设备及材料情况，包括：工艺布置、设备名称、容积、温度、设备性能、本质化安全程度、工艺设备的固有缺陷，使用材料的种类、性质、危害、使用能量类型及强度等。

（2）作业环境情况，包括：安全通道、生产系统的结构、布局及作业空间布置等。

（3）操作情况，包括：操作过程中的危险及工人接触危险的频度等。

（4）事故情况，包括：过去事故情况及危险状况、事故处理应急方法，故障处理措施等。

（5）安全防护情况，包括：危险场所有无安全防护装置、安全标志使用有无安全措施等。

为了调查工作的简便和全面，我们根据机械行业的生产特点和危险因素存在的情况，主要采取以下几种方法进行调查：

（1）问卷调查法：即要求被调查系统内的所有作业人员，根据本岗位的设备情况、操作情况、自身素质情况、作业环境及操作规程的完善情况，提出本岗位的危险因素。我们根据调查的内容编制了调查表格。

（2）标准对照法：即依据国家有关法律、法规及机械工厂安全性评价标准，对系统内的安全管理、机械设备、电气设备、作业环境及人员状况进行检查评价，找出不符合项。

（3）事故频次法：即在总结系统内事故教训的基础上，对已发生事故的设施、事故的防范措施及再次发生事故的可能性进行调查。对事故频次较高（1次年）的情况进行统计。

（二）确定危险源

通过上面的调查，我们已经找出了系统中的危险因素，下一步工作就是确定危险源。危险源是指可能造成人员伤害、财产损失或环境破坏的根源，可以是一台设备，也可以是一个系统等，那么，具有一定危险因素的单元我们就可以确定它就是危险源，为了以后的分级工作，所以对每一处危险源要从以下几个方面进行分析。

（1）事故触发因素的分析，触发因素可分为人为因素和自然因素，这两个方面的因素主要包括以下内容。

①人为因素包括：操作失误、违章作业、管理不到位、指挥失误及设计错误等。

②自然因素包括：气候条件参数（气压、气温、湿度、风速）变化、雷电、雨雪、震动、地震等。

（2）一定数量的危险物有一定强度的能量，由于其存在的条件不同，所显现的危险性也不同，被触发转化为事故的可能性大小也不同，存在条件的分析主要包括：

①储存条件，如堆放方式、通风、其他物品情况等。

②物理状态参数，如温度、压力、强度等。

③设备状况，如完好程度、存在缺陷等。

④防护条件，如防护程度、故障处理措施、安全标志等。

⑤操作条件，如操作水平、操作失误率等。

⑥管理条件，如教育情况、操作规程完善情况等。

（3）危险源发生事故可能性的分析：

根据对危险因素的调查情况、触发因素及存在条件的分析，对危险源在正常情况下，发生事故的可能性作定性的分析，发生事故的可能性大小可按非常容易发生——容易发生——较难以发生划分为三个级别。

（4）事故后果严重程度分析：

事故后果是指事故发生后人员伤亡、建筑、环境及设备物质等财产的损失。在分析中要充分考虑到，即使是同类型的危险物质，在不同的环境和条件下，可能表现出不同的事故形态，或一种事故形态向另一种事故形态转变，如燃烧可引起爆炸，爆炸可能引起燃烧等，在分析中要充分考虑。事故后果分类可以简单分为对人的伤害、对环境的破坏和财产的损失三类。

（三）危险源的评价

危险源的评价对分级和事故的预防工作很重要，导致事故的基本原因可分为两类，一是由于不安全状态引起的，二是由于不安全行为引起的，所以，要对"人、机、环境"三个方面进行全面的评价。对已调查分析明确的危险源发生事故的可能性大小、发生事故严重程度、危险因素进行综合评价危险源分级的关键。评价主要采取定性评价的方式，它是根据经验对生产工艺、设备设施、环境、人员和管理等方面的安全状况进行定性的分析。

依据调查分析的结果，按照机械行业安全性评价标准，对安全管理、人员状况、设备设施和作业环境进行评价，按照评价的结果分为三级，即安全、临界和危险三级。

对事故发生后的严重程度也相对定性按表3.1分为三级：

表3.1　事故严重性分级

严重性分级	分级说明	事故后果
1级	重大	人员死亡，重大经济损失，对社会稳定造成一定影响
2级	严重	人员严重受伤，严重经济损失
3级	一般	人员受伤，一般经济损失

（四）危险源分级

根据以上评价结果，对危险源的危险程度进行分级。在危险源分级之前，还要明确划分危险单元，主要按以下原则进行划分。

（1）按设备系统、生产装置及设施划分。设备系统和生产装置及设施是指生产过程中在实体和功能上相互联系的机械、设备和建筑物等，如工频炉、电弧炉、铸造线等。

（2）按独立作业的单体设备划分，如起重设备、冲压设备等。

（3）按危险作业区域划分，如高处作业区等。

危险单元划分明确后，利用系统的设备设施平面布置图，找出危险源在系统中的位置。危险源分级是在对评价的基础上，根据危险源在触发因素作用下，转化为事故的可能性大小与发生事故后果严重程度等原则进行划分的，对于机械工厂来说，危险源的分级可按以下标准进行。

一级危险源：

（1）较难以发生事故，但是一旦有外界触发因素（人员违章作业、安全设施失灵等）

导致发生事故,可造成重大人员伤亡或经济损失在20万元以上的设备、设施或作业场所。

(2) 事故发生后造成的后果并不严重,但是事故发生的可能性非常大的部位。

二级危险源:

容易发生事故,一旦由于外界因素触发导致事故(人员素质较差、安全设施失灵、作业环境变化等),可能导致死亡或多人重伤和经济损失在10万元以上的设备、设施和作业场所。

三级危险源:

较容易发生事故,在外界因素触发下可导致事故(人员素质较差、安全设施失灵、作业环境变化等)可能导致重伤事故和经济损失在5万元以上的设备、设施及场所。

机械工厂危险源划分方法如表3.2所列。

表3.2 机械工厂危险源分级

一级危险源	二级危险源	三级危险源
锅炉房; 空压站; 油库; 液化气站; 开关所; 剧毒品库; 大型化工库; 厂内主要运输路口	油漆作业场所; 高温及腐蚀性 较强场所的起重设备; 气瓶库; 工业炉窑; 酸碱油槽	冲、剪压设备; 各种试验设备; 铁水浇注设备; 一般场所的起重设备; 电力变压器

(五) 危险源的控制与管理,使危险源发生事故后损失最小化

控制事故是安全系统工程地最终目的,系统危险的辨识预测、分析评价都是危险控制的基础。危险控制就是要在现有技术和管理水平上,以最少的消耗、达到最优的安全水平。其具体控制目标包括降低事故发生频率、减少事故严重程度和每次事故的经济损失。所以说,优化危险源的管理方案和制定事故发生后的应急方案,是危险源管理的重要组成部分。

对危险源控制我们主要遵循动态控制原则和分级控制原则。试点单位对每一个危险源都制定了相应的控制办法和反事故预案。控制办法主要体现对危险源日常安全检查的内容和对作业人员的安全要求,与公司开展的岗位标准化作业有机地结合起来,反事故预案重点是要制定危险源发生事故后所采取的对策,这对减少事故损失起到重要的作用。这就要求我们充分认识系统中的运动变化规律,制定和完善相应的安全检查表,将日常的安全检查与安全性评价工作有机地结合起来,适时正确地进行控制,才能收到预期的效果。将安全性评价工作中的"分级管理,分线负责"原则运用到危险源管理中来,根据系统的组织结构和危险源的分类规律,采取分级控制的原则,每一个危险源都明确了各级安全生产责任人,使得目标分解,责任分明,最终实现对危险源地有效控制。

各单位根据本企业危险源的状况,结合生产工艺特点和评价的结果,制定事故防范措施和事故应急方案,这其中的内容要详细、全面明确和适用。要突出两个手段,即技术措施和管理措施。

总之,危险源的辨识与评价工作是一项全新的管理模式,它使安全工作不再仅限于行政

命令和监察督促，使企业安全管理的重点更加突出，安全生产责任制落到了实处。

二、风险控制与管理

（一）风险的定义

根据系统安全工程的观点，风险是指系统中存在导致发生不期望后果的因素。

（二）风险的构成

它是事故发生的潜在原因，是造成损失的内在或间接原因。根据性质不同，风险因素在生产企业中可分为物质风险因素和行为风险因素。

（1）物质风险因素——设备设施的缺陷因素、作业环境的不良因素、工艺布局不符合安全要求、生产过程中的物料本质中存在的风险因素和生产中使用的能量失控因素等。

（2）行为风险因素——违章作业和违反操作规则作业等。

（三）风险的特点

风险具有普遍性、客观性、损失性和不确定性。

（四）风险的定量分析

风险度（Risk）＝事故发生概率×事故损失

安全管理的重点就是对企业存在的风险进行管理。风险主要由事故发生的概率与事故发生后的损失确定。风险的管理也是从这两个方面开始，但是两者中的重点又是事故发生概率的控制，因为在生产企业中事故的损失大小本身就是由企业的生产投资确定的。

事故发生的概率，需要对企业的生产过程进行危险源地识别并进行定性与定量评价确定。

（五）风险控制

1. 风险控制的措施

（1）根除风险：完全消除危害，如永久关闭一项操作或不再使用某些材料。

（2）采用风险小的因素代替风险较大的因素：采用危害性小的材料，如用次氯酸钠代替氯。

（3）采用降低能源、物质的拥有量来减少风险：减少储存、使用或产生的数量，如减少存货。

（4）消除或减少不利结果的方法：①工程控制——废除化学品、取消过程、代替、通风、隔离、保护；②管理控制——安全操作规程、倒班制、在较少员工工作时操作较危险工作；③个人防护设备——最后一道屏障，如呼吸保护、听力保护。

2. 选择适用的风险控制措施时的注意事项

（1）考虑所采用措施的可行性和可靠性，以避免带来新的风险或者无法实施。

（2）考虑风险控制措施的先进性和安全性。

（3）综合企业自身的经济情况，确定最佳的风险控制措施。

（4）确保风险控制措施的技术保证和后期的维保服务。

(六) 风险管理

1. 每年定期对企业存在的风险进行重新识别与评价，确定企业所有存在重要风险的场所并定期更新。如出现以下情况，企业必须重新对现场存在的风险进行识别。

（1）企业有新建、改建、扩建与技术改造项目。

（2）应用了新设备、新技术、新材料和新工艺。

2. 确定了企业存在重要风险的场所后，必须制订企业的风险控制计划与控制措施，定期跟进控制计划与措施的落实，同时落实相关的安全管理责任，确保厂区所有存在重要风险的场所有人负责、有规章管理。

3. 针对企业存在重要风险的场所，必须制定事故应急预案，定期进行演练，确保所有的应急物资有效、应急流程准确、应急方法有效。

4. 定期对接触重要风险场所的工作人员进行培训教育，落实异常事故的处理措施，学习重要风险的管理规定，预防事故的发生。

三、劳动防护用品

2002年6月中华人民共和国第九届全国人民代表大会常务委员会通过了《中华人民共和国安全生产法》，其中第三十七条规定："生产经营单位必须为从业人员提供符合国家标准或者行业标准的劳动防护用品，并监督、教育从业人员按照使用规则佩戴、使用。"

劳动防护用品是指由生产经营单位为从业人员配备的，使其在劳动过程中免遭或者减轻事故伤害及职业危害的劳动防护装备。现场生产中存在诸多危险因素，如果不按要求使用劳动保护用品，就会因防护不当造成不必要的伤害。

（一）劳动防护用品的分类

劳动防护用品的品种很多，由于使用单位对劳动防护用品要求不同，分类方法也不一样。我国对劳动防护用品以人体防护部位为法定分类标准，在《劳动防护用品分类与代码》（LD/T 75—1995）中将其分为九大类。

1. 头部防护用品

头部防护用品是为防御头部不受外来物体打击和其他因素危害而配备的个人防护装备。根据防护功能要求，主要有一般防护帽、防尘帽、防水帽、防寒帽、安全帽、防静电帽等。

安全帽属于特种防护用品，应有三证：生产许可证、产品合格证、安全标志证（安全鉴定证），并符合GB 2811—2007标准。

结构：由帽壳、帽衬、帽箍、下颌带等组成。

作用：防止物体打击伤害；防止高处坠落伤害头部；防止机械性损伤；防止污染毛发伤害。

使用注意事项：将安全帽戴正，拉紧下颌带，帽箍调到合适位置。

2. 呼吸器官防护用品

呼吸器官防护用品一般分为两类：一类是过滤式呼吸保护器，它通过将空气吸入过滤装置，去除污染而使空气净化；另一类是供气式呼吸保护器，它从一个未经过污染的外部气源，向佩戴者提供洁净的空气（如自备气源呼吸器）。

呼吸器官防护用品主要分为防尘口罩和防毒口罩（面具）两类，按功能又可分为过滤式和隔离式两类。

作用：为防御有害气体、蒸气、粉尘、烟、雾经呼吸道吸入体内，或直接向使用者供氧或清净空气，保证尘、毒污染或缺氧环境中作业人员正常呼吸。

使用注意事项：在使用过程中严禁随意拧开滤毒罐（盒）的盖子，并防止水或其他液体进入罐（盒）中；防毒呼吸用品应专人使用和保管，使用后应清洗和消毒。在清洗和消毒时，应注意温度，不可使橡胶等部件因受温度影响而发生质变受损。

3. 眼部和面部防护用品

眼部和面部防护用品是预防烟雾、尘粒、金属火花和飞屑、热、电磁辐射、激光、化学飞溅物等因素伤害眼睛或面部的个人防护用品。

眼部和面部防护用品种类很多，根据防护功能，大致可分为防尘、防水、防冲击、防高温、防电磁辐射等。目前我国普遍生产和使用的主要有焊接护目镜和面罩、炉窑护目镜和面罩以及防冲击眼护具等。

作用：在进行打磨、切割、钻孔等工作时必须佩戴防护眼罩，以防止眼睛被飞出的碎片割伤，防止飞溅物、碎屑和灰沙伤及眼睛及面部。

使用注意事项：防护眼罩必须符合劳动防护用品生产要求及相关标准。

4. 听觉器官防护用品

听觉器官防护用品可以防止过量的声能侵入耳道，使人耳避免噪声的过度刺激，减少听力损失，预防由噪声对人引起的不良影响的个体防护用品。听觉器官防护用品主要有耳塞、耳罩和防噪声通话头戴等。

作用：防止噪声使耳部受损（当噪声大于80dB时需佩戴），如空气动力噪声、机械噪声、电磁噪声等。

使用注意事项：先将耳廓向上提拉，使耳腔呈平直状态，然后手持耳塞柄，将耳塞帽体部分轻轻推向外耳道内，不要用力过猛，自我感觉舒适即可。

5. 手部防护用品

手部防护用品是具有保护手和手臂功能的个人防护用品，通常称为劳动防护手套。手部防护用品按照防护功能分为一般防护手套、防静电手套、防高温手套、防油手套、防振手套、防切割手套、绝缘手套等。每类手套按照材料又能分为许多种（注：操作回转机械或设备时禁用手套）。

作用：防止火与高温、低温的伤害；防止电磁与电离辐射的伤害；防止电、化学物质的伤害；防止撞击、切割、擦伤、微生物侵害以及感染。

使用注意事项：防水、耐酸碱手套使用前应仔细检查，观察表面是否有破损，简易的检查办法是向手套内吹口气，用手捏紧套口，观察是否漏气，漏气则不能使用。橡胶、塑料等类防护手套用后应冲洗干净、晾干，保存时避免高温，并在上面撒上滑石粉以防粘连。

6. 足部防护用品

足部防护用品是防止生产过程中有害物质和能量损伤足部的护具，通常称为劳动防护鞋。足部防护用品按照防护功能分为安全鞋、电工绝缘鞋、防滑鞋、消防靴、防酸碱鞋、防油鞋等，每类鞋根据材质不同又能分为许多种。

作用：防止物体坠落砸伤，防止滑跌，防止被尖锐物品刺伤等。

7. 躯干防护用品

躯干防护用品就是通常讲的防护服（工作服）。根据防护功能，防护服分为一般防护服、防水服、防寒服、防砸背心、防毒服、阻燃服等，每一类又可根据具体防护要求或材料分为不同品种。

作用：保护作业人员躯干免受环境有害因素的伤害。

使用注意事项：穿戴要"三紧"——领口紧，袖口紧，下摆紧。

8. 护肤用品

护肤用品用于防止皮肤（主要是面、手等外露部分）受化学、物理等因素危害的个体防护用品。

按照防护功能分为防毒、防腐、防射线、防油漆及其他类。

9. 高空作业，防坠落防护用品

高空作业是指《高处作业分级》（CB/T 3608—2008）标准中规定的凡是在坠落高度基准面2米以上（含2米）有可能坠落的高处的作业。

防坠落用品是防止高空作业人员从高处坠落的整体及个人防护用品。个人防护用品是通过安全绳或安全带，将高处作业者的身体系接于固定物体上，整体防护用品是在作业场所的边沿下方张网，以防不慎坠落，主要有安全网和安全带两种。

安全网是高处作业场所边侧立装或下方平张的防坠落用品，是用于防止和挡住人和物体坠落，使作业人员避免或减轻伤害的集体防护用品。

安全带按使用方式，分为围杆安全带和悬挂、攀登安全带等。

高空作业必须佩戴安全带或安全绳等防坠落装置。

作用：限制下坠的高度，并且帮助开展救援工作。

使用注意事项：安全带使用时应系紧在腰部，挂钩应扣在不低于作业者所处水平位置的固定牢靠处（高挂低用）。应注意经常检查安全带缝制的挂钩是否完好可靠，发现磨损要及时修理、更换；悬挂点必须是固定的且能够承担一定负荷的固定点。

（二）必须正确使用劳动防护用品

劳动防护用品是指在生产过程中为免遭或者减轻人身伤害和职业危害所配备的防护装备，所以正确使用劳动防护用品，是保障作业人员人身安全与健康的重要措施。按规定和要求佩戴和使用劳动防护用品，防止发生以下情况。

（1）从事高空作业的人员，不系好安全带发生坠落。

（2）从事电工作业（或手持电动工具）不穿绝缘鞋发生触电。

（3）在车间不按要求穿工作服，或虽穿工作服但穿着不整，敞着前襟，不系袖口等，造成机械缠绕。

（4）长发不盘入工作帽中，造成长发被机械卷入。

（5）不正确戴手套。有的该戴不戴，造成手的烫伤、刺破等伤害。有的不该戴而戴，造成卷住手套带进手去，甚至连胳膊也带进去的伤害事故。

（6）不及时佩戴适当的护目镜和面罩，使面部和眼睛受到飞溅物伤害或灼伤，或受强光刺激，造成视力伤害。

（7）不正确戴安全帽。当发生物体坠落或头部受撞击时，造成伤害事故。

(8) 在工作场所不按规定穿用劳保皮鞋,造成脚部伤害。

(9) 不能正确选择和使用各类口罩、面具,不会熟练使用防毒护品,造成中毒伤害。

在其他需要进行防护的场所,如噪声、振动、辐射等,也要正确佩戴和使用劳动防护用品,从而保护自己的人身安全和健康。

(三) 劳动防护用品使用注意事项

1. 劳动防护用品具有一定的有效期限

劳动防护用品的使用期限与作业场所环境、劳动防护用品使用频率、劳动防护用品自身性质等多方面因素有关,如安全帽有效期限为 2 年(或根据材质、说明书)。

2. 劳动防护用品需定期检查或维护

如安全带每 12 月检查一次,若 6 个月未使用,在使用之前需检查;呼吸面罩的滤盒及滤棉均需定期更换。

3. 劳动防护用品需经常清洁保养

如工作服、安全鞋、耳塞、呼吸面罩等要经常清洁。不得任意损坏、破坏劳动防护用品,使之失去原有功效,如安全帽不得随意打孔、喷漆及抛掷等。

第三节 生产过程中的危险源

汽车生产现场主要有冲压、焊接、涂装、总装四大车间组成。汽车生产工艺流程图如图 3.1 所示。

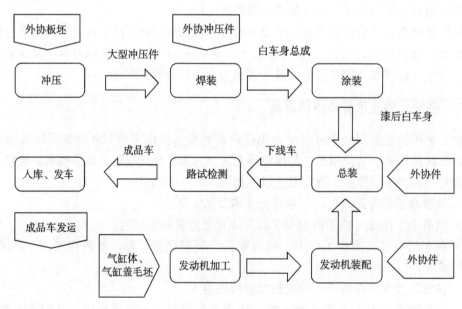

图 3.1 汽车生产工艺流程图

(1) 冲压车间。负责冲压毛坯材料的接收、清洗、存放,冲压件的拉伸、整形、修边、冲孔和翻边等,冲压件成品的检验及储存。

(2) 焊装车间。承担车身总成及其分总成的焊接装配生产任务。它包括如下总成:车身总成、左/右侧围总成、地板总成、发动机舱总成、中地板总成、后地板总成、左/右前车门总成、左/右后车门总成、行李箱盖总成和发动机盖总成。

（3）涂装车间。承担白车身的防锈机能及保证整车商品性。它具体包括工件的漆前处理、电泳底漆、焊缝密封、抗石击底涂、中涂、面涂、烘干、检查、返修等工序和涂料及产品涂层的检验工作。

（4）总装车间。负责完成轿车的物料准备、车身内饰、底盘装配、整车总装、部分部件装配、出厂检测和调整、返修等任务。

一、冲压工艺典型危险源

冲压工艺过程包括冲压毛坯材料的接收、清洗和存放，冲压件的拉深、整形、修边、冲孔和翻边等，冲压件成品的检验及储存。

冲压工艺应用的主要设备有冲压板坯清洗机、机械多连杆压力机、闭式四点单动压力机、机器人传送装置、皮带输送机、减振垫、模具研配压床、自动卸废料装置、主废料输送带、支废料输送带、电动叉车、电动牵引平车、电动双梁桥式起重机和大型模具（A级）。

冲压车间工艺流程图如图 3.2 所示。

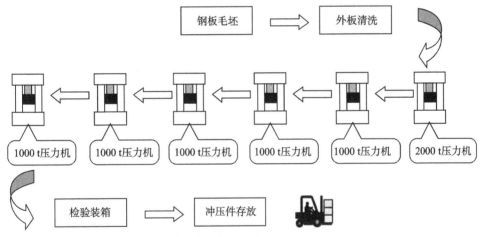

图 3.2　冲压车间工艺流程图

冲压车间开卷落料图解如图 3.3 所示。

图 3.3　冲压车间开卷落料图

冲压车间冲压线图解如图3.4所示。

图3.4　冲压车间冲压线图

冲压车间修模区图解如图3.5所示。

图3.5　冲压车间修模区图

（一）冲压作业的压力加工过程

压力加工过程是上模具安装在压力机滑块上并随之运动，被加工材料放于固定在压力机工作台的下模具上，通过上模具相对于下模具作垂直往复直线运动，完成对加工材料冲压的过程。滑块每上下往复运动一次，实现一个循环过程。当上行程时，滑块向上移动离开下模，操作者可以伸手进入模口区，进行出料、清理废料、送料、定料等作业；当下行程时，滑块向下运动进行冲压。如果在滑块下行程期间，人手尚未离开模口区，或是在即将冲压瞬间手伸入模口区，则随着冲模闭合手就会受到上模的挤压而发生冲压事故。

（二）冲压事故的机制分析

从安全角度分析冲压作业中的物的状态、人的行为以及人物关系可以看到，在冲压作业正常进行的一个工作循环中，滑块特殊的运动状态——垂直往复直线运动，决定了冲压作业的危险性。有关冲压事故的机制分析如下所述。

（1）危险因素：滑块的往复直线运动形式和上、下模具的相对位置及间距。

（2）危险空间：指在滑块上所安装的模具（包括附属装置）对工作面在行程方向上的

投影所包含的空间区域,即上、下模具之间形成的模口区。

(3) 危险时间:滑块的下行程。在上行程滑块向上运动离开下模时段是安全的。

(4) 危险事件:在特定时间(滑块的下行程),当人的手臂仍然处于危险空间(模口区)时,就容易发生挤压、剪切等机械伤害。

压力机设备的非正常状态是指设备存在着一定的缺陷或元件故障。例如,刚性离合器的转键、键柄和直键断裂,操纵器的杆件、销针和弹簧折断,牵引电磁铁的触点粘连不能释放,中间继电器的触点粘连不动作,行程开关失效,制动钢带断裂等故障,都会造成滑块运动失控形成连冲,从而引起人身伤害事故。

(三) 冲压生产现场的危险源辨识

1. 机械伤害

(1) 压力机、机械手都是自动化作业,在正常工作时人员在格栅外监护,但是设备调试、维修时,人员可能要进入压力机及其机械手工作区域,可能会造成伤害,压力机冲压后在清理过程中也可能会对作业人员造成伤害。

(2) 压力机、机械手在检修过程中,由于机械故障、误起动、违反操作规程等原因,可导致压力机、机械手伤人事故。

(3) 压力机在冲压薄板件的过程中,可能会产生少量的碎屑飞溅,如果作业人员距离防护栅栏太近或者防护不当,可能会造成人员伤害。

(4) 少量冲压件可能需要进行手工选料剪切,在剪切过程中,由于误操作或防护不当,易发生剪切设备伤人事故。

2. 触电伤害

压力机和机械手等电气设备在检修调试过程中,由于违章操作、防护不当可能发生触电事故;另外,冲压车间配电间、变电间也会导致触电事故。

3. 物体打击

在搬运和堆垛冲压件过程中,由于重心失稳或者防护不当,可能会造成物体打击伤害。

压力机及其机械手设备较大,在检修过程中可能会进行高空作业,由于防护不当会引发高处坠落。

4. 噪声、振动伤害

压力机在冲压过程中产生较大的噪声,如果作业人员未戴防护耳塞可能会引起听觉损伤;冲压过程中产生的振动也是巨大的,如果作业人员长期在振动环境下工作会产生职业病。

5. 其他伤害

冲压模具由于其自身的故障或其他缺陷,会引发压力机及其附属部件对人造成危害,因此模具对操作作业人员的安全也有一定影响。例如,模具的强度不够,在长年高压过程中断裂或破坏;模具材料及其热处理没有达到适当的要求,硬度太高容易引起模具脆裂;冲压模具的紧固件用量较多,主要有螺钉、螺母、弹簧、柱销、垫圈等,这些零件如果选用质量不佳,压力机长期工作使得紧固件松动,引起冲压事故。

另外,冲压件多为薄板,周边比较尖锐锋利,如果作业人员在搬运过程中,由于违章操作或者防护不当,可能会造成冲压件割伤事故。

二、焊接工艺典型危险源

焊装承担车身总成及其分总成的焊接装配生产任务。它具体包括车身总成、左/右侧围总成、地板总成、发动机舱总成、中地板总成、后地板总成、左/右前车门总成、左/右后车门总成、行李箱盖总成和发动机罩总成。

主要设备有电焊机（悬挂点焊机、手动螺柱焊机和自动螺柱焊机等）、焊钳、机器人、涂胶机、滚边系统、搬运及输送系统、焊装车间二氧化碳汇流排。

焊装车间在焊接过程中会产生焊接烟尘和有害气体。焊接烟尘中主要成分是铁、硅、锰等的氧化物，其中锰化物是主要毒物。有害气体主要是 CO。如果车间内通风设备布置不合理或失效，就会造成有害气体的积聚，造成人员中毒的危害。因此焊装车间存在的主要危险包括有害气体、火灾和爆炸、触电伤害、机械伤害、物体打击、车辆伤害和焊接烟尘等。

焊装车间工艺流程图如图 3.6 所示。

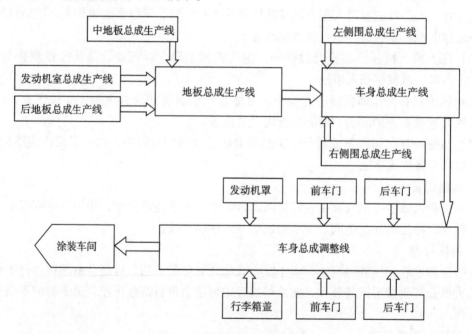

图 3.6　焊装车间工艺流程图

焊装生产现场的危险源辨识

1. 机械伤害

（1）焊接过程中，经常要移动焊机，有时候也使焊机倾斜一定角度，对准焊接部位，焊接件虽然停止不动，但焊工也可能误碰焊件造成板料划伤事故。焊钳挂钩未装保护套，使得焊钳脱出而对人造成撞击伤害；

（2）焊接夹具有许多的凸起部件和锐角部位，在上下夹具的过程中很容易造成夹伤、划伤、碰伤等伤害。

（3）机器人焊接作业区域一般为封闭式区域，周围装有安全网和安全连锁门，避免人员进入。当作业人员进行维修作业时，会进入机器人活动区域，此时一旦有人关闭安全门或者起动设备就可能造成人员伤害。

（4）滚床在运行过程中，如果人员靠近作业区域就可能产生撞击或擦伤事故。

2. 触电伤害

各类焊机、焊接机器人、电葫芦都是用电来驱动的，在作业人员接触这些设备时，由于防护不当、设备、线路故障或者作业人员的误操作，势必会导致触电事故的发生。具体危险因素有以下几项。

（1）身体的某一部位接触到电弧焊机的焊钳、焊条的导电部分时，身体的其他部位接触到大地或电焊机的二次绕组；人体的某一部位碰触到裸露而带电的接线头、接线柱、连接板和破损并裸露的电缆；小容量电焊机长期过载使用，一、二次绕组绝缘击穿，人体的某一部位碰触到无接地或接零的电焊机外壳；电焊机因受雨淋或受潮，绕组绝缘水平降低，电焊机外壳漏电，外壳又无接地或接零，人体的某部位碰触到电焊机外壳。

（2）悬点焊机都是通过变压器进行电压转换的，变压器一旦发生故障（如漏电等），就容易对电焊作业人员造成触电伤害。焊钳绝缘块在焊接过程中掉落也会造成触电伤害。

（3）焊接机器人工作中用的是高压动力电，维修人员在检修过程中，如果操作或者防护不当可能会发生触电或电击事故。

（4）焊机内冷却水泄露，导致焊机外壳带电，可能发生触电事故。

（5）另外，焊装车间配电间、车间变电间，也会发生触电事故。

3. 起重伤害

（1）电动葫芦长期起吊作业会使吊钩出现裂纹或断裂，如果对吊钩进行补焊，就很容易产生起吊伤害。

（2）钢丝绳捻距内断丝数超过总丝数的10%，如果日常检查检测不到位，存在事故隐患，容易使起吊过程中重物坠落造成伤害。

（3）起吊过程中由于物件捆扎不牢会造成重物坠落伤人事件。

（4）升降机起吊重物时，常有超载现象，钢丝绳因长期受到过载而发生断裂，造成事故。

4. 物体打击

焊装车间多为大型零件或不规则零件，作业人员在搬运各类物件时，由于重心失稳或者防护不当，可能会造成物体打击伤害；焊装车间同涂装车间一样有悬挂链系统，所以也会因为链条断裂而造成物体打击伤害。

5. 有毒有害职业危害

氩弧焊、手工电弧焊接时，产生大量有害烟尘，烟尘的主要成分有铁、锰、铝、铜、氧化锌、硅等，其中主要毒性物质是锰。如果防护不当，焊装作业人员长期吸入这些金属粉尘，将会引起尘肺、锰中毒等职业病。

6. 其他伤害

高温电弧使金属熔化、飞溅，如果防护不当，很容易使人受到灼烫伤害；焊接中为去除焊渣而敲击焊缝时，未全部冷却的焊渣很容易溅入眼睛；电弧辐射会灼伤眼睛；在清除焊缝熔渣时，由于碎渣飞溅会刺伤或烫伤眼睛；焊接工件放置不稳会造成砸伤；检修登高作业时不加强防护可能会造成高处坠落等。

由于作业人员违章操作也会在焊接过程中造成焊接伤害。如焊件悬吊在空中进行焊接，这样不仅易造成灼烫伤害，也容易发生焊件刮伤事故。

此外，焊装零件多为薄板，边缘锋利会造成割伤事故。

机器人焊接图如图3.7所示。

图3.7 机器人焊接图

三、涂装工艺典型危险源

涂装是承担白车身的防锈机能及保证整车商品性。它具体包括工件的漆前处理、电泳底漆、焊缝密封、抗石击底涂、中涂、面涂、烘干、检查、返修等工序和涂料及产品涂层的检验工作。

根据生产节拍的要求，涂装车间设计采用连续流水作业的生产方式。漆前处理、电泳底漆线采用空中牵引链连续输送，抗石击底涂采用空中滑橇输送，烘干采用地面反向单轨输送机（IMC）输送，其他工序采用地面滑橇输送系统输送。

涂装车间工艺流程图如图3.8所示。

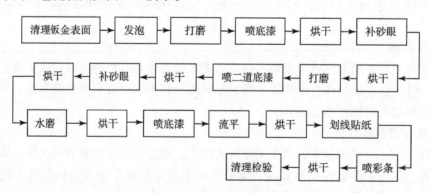

图3.8 涂装车间工艺流程图

涂装生产现场的危险源辨识

1. 触电伤害

涂装车间配电间、车间变电间可能导致触电事故。

2. 物体打击

涂装车间的悬挂链系统是由轨道、链条、导轮、驱动装置和吊具等组件构成的。如果其组件中有一个出现故障或缺陷，就可能会导致链条断裂而造成物体打击伤害。

3. 火灾爆炸

（1）由于喷涂用漆（有机溶剂二甲苯）为易燃易爆物质，这些物质一旦发生泄漏，遇到明火、热源、静电等激发能源，可能发生火灾甚至爆炸事故。

（2）调漆间生产时有甲苯及二甲苯等易燃易爆挥发性气体产生，这些气体一旦在车间内达到爆炸极限浓度后，遇到明火或由于静电产生的火花、金属物体撞击产生的火星，都会发生火灾甚至爆炸。

（3）如果烘干室涂料挥发气体没有及时充分排空，可能会导致爆炸、爆燃事故，爆炸事故往往是伴随着二次灾害——火灾。一般来说，导致烘干室内可燃气体积聚而燃爆的原因有很多，通风系统出现故障使室内爆炸性混合气体浓度达到爆炸极限、室内气体压力超过警戒值而报警系统未报警、泄压装置失效等。

（4）天然气调压站主要是将城市中压管网来的天然气调压后供应涂装车间使用，天然气为易燃易爆物质，一旦发生泄漏，遇热源、明火、火星、火花等，可能发生火灾甚至爆炸事故。

4. 毒物伤害

尽管整个调漆及喷涂过程为封闭过程，但由于油漆溶剂为易挥发物质，这些物质包括甲苯、二甲苯，如密闭装置发生泄漏或者车间通风不良，使这些有毒有害物质聚集，可能造成作业人员中毒伤害。

5. 酸碱腐蚀伤害

在车身的前处理过程中，涉及脱脂液（稀碱）、磷化液（稀酸）槽罐，这些酸碱物质具有一定的腐蚀性。当作业人员在换液、清洗槽等过程中，如果防护不当就可能导致酸碱腐蚀伤害。

6. 高温作业

烘干炉附近温度较高，作业人员长期在高温环境下工作可能会导致身体脱水，而出现其他职业性损伤。

涂装车间生产过程如图3.9所示。

图3.9 涂装车间生产过程图

四、总装工艺典型危险源

总装车间负责完成轿车的物料准备、车身内饰、底盘装配、整车总装、部分部件装配、出厂检测和调整、返修等任务。

(一) 主要设备

(1) 各类输送线。滑橇输送线、宽滑板输送线、摩擦输送线、宽平板输送线和滑板输送线等。

(2) 机械手。电动拧紧工具、车轮组合拧紧机、踏板力、手制动力、离合器行程调节和 ECU 检查等诊断设备。

(3) 加注设备。真空加注设备、制动液真空加注机、防冻液真空加注机、助力转向液加注机和空调液加注机。

(4) 玻璃涂胶系统。

(5) 油漆返修设备。

(二) 总装流程

总装流程为：车身由涂装线过来后拆卸车门——拆卸车门后的车身输送到装配线——安装线束——安装油箱——安装地板内饰——安装仪表台——安装操纵台——内饰安装完毕——准备安装前风窗玻璃——风窗玻璃涂密封胶——风窗玻璃安装到位——安装座椅——安装转向盘——车身内部安装完毕——进入底盘装配线——底盘到位——升底盘托架——底盘与车身定位——底盘与车身安装紧固——准备安装车轮——完成车轮安装——准备安装前后保险杠——完成安装前后保险杠——放下吊架——准备放下底盘托架——放下底盘托架——进入底盘调试——底盘检测调试——完成底盘检测调试——完成总装——下线测试与绿标放行。

(三) 总装生产现场的危险源辨识

1. 机械伤害

(1) 机械手在操作运转区域都有隔离栏杆及电气连锁防护装置，正常生产情况下，一般不易发生机械伤害事故，但作业人员误入机械手工作区域、连锁防护装置故障也会发生机械手伤人事故。此外，机械手在检修特别是在调试过程中，由于安全防护装置关闭，作业人员在工作过程中也可能发生机械伤害事故。

(2) 机械手会因供电系统断电或油路故障导致被抓取物体坠落，如果附近有作业人员，很容易造成伤害。

(3) 当机械手抓取玻璃时，由于吸盘抓取不牢固，玻璃坠落，可能导致周围作业人员受伤害。

(4) 压装机在工作过程中设有光栅保护装置，但保护装置一旦发生故障，作业人员向压装机用手续料时，由于手离工作危险区很近，一旦发生意外情况（手未完全离开，冲模便下落），作业人员的手就会被压伤。此外，压装机在检修调试过程中，由于安全防护装置关闭也可能发生机械伤害事故。

(5) 地面运输链转角交叉处、和人接触处、地沟等地方可能夹伤人体。

2. 触电伤害

机械手、压装机等电气设备在维修调试过程中，由于绝缘防护不当可能会产生触电事故；在车辆电气设备装配、检测过程中，由于防护不当也可能发生触电事故；总装车间配电间、车间变电间，由于作业人员误靠、接地装置失灵、外壳带电、在检查或者维修过程中防护不当，均可能发生触电事故。

3. 火灾爆炸

总装车间有柴油、汽油、变速器油及防冻液。由于柴油、汽油为易燃易爆化学品，油品在加装、输送过程中，一旦发生泄漏，遇到热源、明火、静电，就可能发生火灾甚至爆炸事故。此外，在返修区补漆间内存在油漆，油漆为易燃易爆化学品，油漆在加装、喷涂过程中，一旦发生泄漏就可能发生火灾甚至爆炸事故。

4. 毒物伤害

涂胶机器人所用的胶具有一定毒性，作业人员长期在此环境下工作，如果防护不当，就可能引起职业病伤害；总装车间补漆室在烘干过程中会产生少量的有机溶剂废气，其主要成分为甲苯、二甲苯，这些物质具有一定毒性，如果防护不当，也会危害作业人员健康；另外，车辆装配下线工段和试验调整工段，发动机会产生尾气，作业人员如果防护不当，长期在此环境中工作，健康就可能受到一定的损害。

总装车间生产过程如图3.10所示。

图 3.10 总装车间生产过程图

第四节 安全管理工作的实施

一、消防安全管理

汽车生产行业喷涂车间是属于消防安全管理的重点单位。喷涂车间存在的火灾危险主要是喷漆室与调漆间中油漆的使用，其次是汽油库、汽油加注站和天然气，另外总装车间内饰件、办公楼办公家具与文件档案也存在较大的火灾风险。

1. 消防安全责任与"三同时"

（1）建立消防管理的组织架构，明确各个管理部门的消防安全管理职责，确保所有的消防单元都有相应的负责人与管理人员。

（2）列明存在的防火设备并对所有的灭火设备进行日常检查与管理，确保所有防护设

备都处于有效的状态。

（3）加强各车间与生产区域的明火管理，禁止吸烟，如需要进行动火作业必须写动火申请，现场必须落实好动火防护措施。

（4）消防安全"三同时"管理。新建、扩建工程中的消防工程应按照《建筑防火设计规范》要求设计，并确保消防的设备设施与主体工程同时设计、同时施工、同时验收和投入生产使用。

（5）改建工程如涉及消防工程的变动（防火分区、厂房用途、消防供水设备和消防报警系统等）必须提前通知安全管理部门，重新安排消防设计与消防验收。

（6）消防工程中使用的消防产品必须符合国家标准；没有国家标准的，必须符合行业标准。禁止使用不合格的消防产品以及国家明令淘汰的消防产品。

（7）工程的建筑构件、建筑材料和室内装修、装饰材料的防火性能必须符合国家标准；没有国家标准的，必须符合行业标准。

2. 易燃易爆物品管理

（1）装卸化学危险物品必须轻拿轻放，严防振动、撞击、重压、摩擦和倒置，开启库内的排气扇减低可燃气体的浓度。

（2）进入易燃易爆物品仓库的机动车，必须装置防火罩或做好防火花安全措施，仓库应有专人负责监护。

（3）装运易燃易爆物品的车辆，随车人员不准在车上吸烟或有产生明火的行为。

（4）装卸、搬运化学危险物品必须分类装卸，容器应当牢固、密封，发现破损、残缺、变形和物品变质、分解等情况时应及时进行安全处理，严防"跑、冒、滴、漏"。

（5）凡领用、使用易燃易爆物品必须懂得该物品的防火安全规定，原材料火灾危险性，本岗位生产过程，预防措施和火灾扑救方法。

（6）汽油、天那水（香蕉水）、稀释剂、脱漆水、硝基油漆等闪点低的易燃液体，作业时必须注意周围环境安全情况，注意防止火种、火星、静电引燃；不准与可能产生火种、火星、热量、静电的工种同时在同一场所作业；不准擅自使用汽油清洗物件。

（7）作业时必须轻放，严防振动、撞击、重压、摩擦和倒置。如有渗漏、流出的易燃液体必须及时清理。

（8）仓库管理人员必须持证上岗，执行政府和公安部门有关仓库防火安全规定；熟悉物品性质、易燃程度、分类、保管、防火制度等专业知识；懂得消防器材放置、操作使用和灭火方法；甲、乙类物品和一般物品以及容易相互发生化学反应或者灭火方法不同的物品，必须分类、分间、分库储存，并在醒目处标明储存物品的名称。

（9）易自燃或遇水分解的物品，必须在温度较低、通风良好和空气干燥的场所储存；易燃易爆物品不准露天存放。

3. 电气消防安全管理

（1）用电设备必须由持证电工进行安装和维修，并遵守电气操作规程，认真做好装、拆、检、修四个环节。"装"即安装电气设备，线路要符合防火安全要求；"拆"即不用的电气设备、线路、开关要彻底拆除；"检"即对各种电气设备、电动工具做好定期和不定期的安全检查和检测工作；"修"即对不符合安全供电、用电等电气设备、线路、电动工具及时维修或更换。

(2) 电气线路的安全载流量必须与负载电流量相适应；新装的电线必须测量其绝缘强度，验收合格方能投入使用；电线应定期检查是否有松动和局部过热等现象；一切电气设备、工具、拖板、开关、插头、插座损坏或不安全应及时更换或维修。

(3) 易燃易爆危险场所的用电设备与照明必须符合相应等级的防爆要求，电气必须具有整体防爆能力，配电房中严禁堆放易燃易爆物品。

(4) 所有的电气设备应定期检测保养，清除内部的积尘、蜘蛛网和杂物等，配电箱、开关周围严禁堆放易燃易爆物品及杂物。

(5) 凡需使用一个月以上的电气设备、线路、照明要按规定铺设，不准使用临时线路，需设临时线路者，必须向工艺设备科和安全管理部门共同审批，不准乱拉乱接电源线和电源。

(6) 一般开关、保险不准用铜、铝线代替熔丝，严禁用导线裸端直插入电源插座上。

(7) 任何形式的用电设备不得安装在易燃结构物上。

(8) 加强用电管理，责任落实到人，下班时必须关断总电源。

(9) 每天检查和监控厂区供电主线路和配电房各电气元件负载时的温度，确认配电房处于良好的运行状态。

(10) 按照防雷的法规要求，定时对防雷系统进行检查，防止雷电火灾。

(11) 气、电焊工必须熟悉所有气、电焊设备的构造原理，严格遵守焊工防火安全规程，无证不准作业。

二、职业健康安全管理

职业健康安全管理旨在使一个组织能够控制职业健康安全风险并改进其绩效。企业应建立职业健康安全管理责任制，上岗人员必须持证上岗作业，法定代表人、管理者代表、管理人员及职业卫生管理人员应自觉遵守职业病防治法律、法规，接受职业卫生培训。

1. 职业健康管理与"三同时"

(1) 产生职业病危害项目应根据《职业病防治法》等法律、法规规定的要求向政府部门进行申报。

(2) 建设项目在可行性论证阶段应进行职业病危害预评价，建设项目的职业病危害预评价应由依法取得相应资质的职业卫生技术服务机构承担，并作为下阶段工程设计编制职业卫生专篇和职业病防护设施设计的依据。

(3) 建设项目职业病危害预评价的内容和要求按照《建设项目职业病危害分类管理办法》及有关要求执行。

(4) 根据《建设项目职业病危害分类管理办法》，职业病危害严重的建设项目在初步设计阶段，其职业病防护设施设计还应经辖区的卫生行政部门审查，职业病防护设施设计未经审查或审查不合格的不得施工。

(5) 建设项目的职业病防护设施应与主体工程同时设计、同时施工、同时投入生产和使用。

(6) 建设项目竣工后，应在试运行12个月内委托有资质的职业卫生技术服务机构对建设项目进行职业病危害控制效果评价。

(7) 建设项目竣工验收时，应向对本项目有管辖权的卫生行政部门申请职业病防护设

施卫生验收；建设项目未经卫生验收或验收不合格的，不得投入生产或使用。

（8）应选择有利于职业病防治和保护员工健康的新技术、新工艺和新材料，包括选择清洁无害的原材料，生产工艺密闭化、自动化，员工远距离操作、机械操作，体力劳动强度和紧张度较小，在整个生产工艺过程中产生的职业危害较小而且容易通过工程技术控制的措施。

（9）有毒、有害工作场所、职业病危害事故现场警示标识的设置按照 GBZ 158—2003《工作场所职业病危害警示标识》和 GBZ/T 225—2010《用人单位职业病防治指南》设定。生产、储藏和使用一般有毒物品的工作场所应用黄色的警戒线将其与其他区域分隔开；高毒工作场所和事故现场都设定红色警戒线。

（10）高毒作业应设置车间淋浴间，男女分别设置。淋浴间由更衣间、浴室和管理间组成。每年对工作场所进行一次职业病危害因素的检测，评价监测点的布置、监测项目、监测方法、监测频率、监测结果的处理等应按国家规定的有关标准执行。

2. 职业健康告知管理

（1）建立健全职业病防治的规章制度，在厂区的醒目位置以书面形式公布，包括职业卫生方针、目标、职业卫生管理制度等。

（2）在劳动合同中，将工作过程中可能产生的职业病危害的种类、危害程度及其后果告知员工，将职业病危害告知作为劳动合同的必备条款。劳动合同签订后，如变更工作岗位或工作内容，使员工接触原订立的劳动合同中没有告知的职业病危害因素时，应如实向员工告知并作说明。

（3）劳动合同中应载明职业病防护措施和待遇。劳动合同签订后，变更工作岗位或工作内容，应如实向员工告知新增职业病防护措施和待遇，并作说明。

（4）应通过公告栏、合同、书面通知或其他有效方式告知员工工作场所职业病危害因素监测及评价结果。

3. 职业健康体检管理与职业病管理

（1）对从事接触职业病危害作业的员工，应按照国务院卫生行政部门的规定组织上岗前、在岗期间、离岗前和应急时的职业健康检查，并将检查结果如实告知员工。

（2）依法组织员工进行上岗前、在岗、离岗、工作岗位变更的职业健康检查，所需费用由企业承担。检查发现职业禁忌症需要及时调岗，发现职业病需要及时治疗、调岗并安排职业病的申报，体检结果必须如实的告知作业者。

（3）对职业健康检查中发现的职业病或职业禁忌症应以适当方式及时告知员工本人。

（4）应为存在劳动关系的员工（含临时工）缴纳工伤保险费，还应通过公告栏、合同、书面通知或其他有效方式告知员工工伤范畴、工伤申报程序及工伤保险待遇等相关内容。

（5）建立职业病报告制度，当发现有职业病或疑似病人时，按照规定的时限和程序向当地卫生行政部门报告，不得虚报、漏报、拒报、迟报、伪造和篡改。

4. 职业健康防护设施管理

（1）应根据工艺特点、生产条件和工作场所存在的职业病危害因素性质选择相应的职业病防护设施。

（2）职业病防护设施应进行经常性维护、检修，定期检测其性能和效果，确保其处于正常状态，不得擅自拆除或者停止使用。

（3）应建立个人职业病防护用品管理制度，制订个人职业病防护用品配备计划，明确经费来源、防护用品的技术指标和更换周期等，根据工种台账按工种存在的职业病危害因素及水平配置相应的个人职业病防护用品。

（4）所使用的个人职业病防护用品应是由有生产个人职业病防护用品资质的厂家生产的符合国家或行业标准的产品。有关个人职业病防护用品的配备、选用标准参见有关国家标准，技术参数和防护效率应达到要求。

（5）在发放个人职业病防护用品时应做相应的记录，包括发放时间、工种、个人职业病防护用品名称、数量和领用人或代领人签字等内容。

（6）针对存在有严重危害的作业现场需要配置相关应急救援设施。

（7）应急救援设施应建立相应的管理制度，定期维护、检修，保证应急救援设施能正常运转。

（8）在发生事故使用个人职业病防护用品后，应及时维修。如果发生损坏时，应及时更换，防止发生意外事故。

（9）建立、健全职业病危害事故应急救援预案，应急救援预案中应明确责任人、组织机构、事故发生后的疏通线路、紧急集合点、技术方案、救援设施的维护、起动和医疗救护方案等内容。

5. 职业健康档案管理

建立健全档案管理制度，指定专人管理职业卫生档案，并设立专用的档案室，对职业健康档案采取终生保存，需要建立的档案包括：组织机构和规章制度档案；前期预防的档案（包括建设项目职业病危害预评价档案、建设项目卫生审查档案和建设项目竣工验收档案）；设备管理档案；危险化学品管理档案；工作场所生产布局平面布置、竖向布置图档案；合同档案；报警装置管理档案；工作场所职业病危害因素监测、评价档案；职业健康监护管理档案；职业病危害事故的应急救援档案；职业卫生培训档案；职业病诊断管理档案和群众监督档案（包括工会劳动保护监督检查网络、开展群众性劳动保护监督检查活动档案）。

三、危险化学品安全管理

危险化学品安全管理制度的目的在于加强危险化学品的管理，提高公司的安全生产管理水平，实现"安全第一、预防为主、综合管理"的安全生产方针。

1. 危险化学品的购买管理

（1）首次购买的化学品必须经过申请和评审，由使用部门负责主导化学品购买的申请和评审，确认该化学品导入的必要性。

（2）使用部门在同类型化学品的选择中，应选职业健康危害影响最小的化学品。

（3）化学品购买时应做好化学危险性评估和控制，落实各项化学品的储存、搬运、使用与应急措施。

（4）化学品使用与储存部门负责组织生产员工学习新材料的各项安全措施，并保留培训记录。

2. 危险化学品的储存管理

（1）各存放点要设置明显的标志牌，各种危险化学品储存和使用现场要贴统一的中文标签，并悬挂 MSDS（化学品安全说明书）。标志牌要写明存放点、存放品种、最高允许存

放量和保管责任人。危险化学品不得超量储存。

（2）危险化学品的储存应当遵守《仓库防火安全管理规则》。

（3）储存场所应根据储存物品的种类和性质设置相应的通风、防爆、防泄漏、防火、防雷、报警、灭火、防晒、调温和防静电等安全设施，指定专人监测以上设备的数据，并保持设备的正常运行，确保仓库相应的参数值正常。

（4）危险化学品的包装容器必须牢固、严密，按照国家颁发的《危险货物包装标志》的规定印贴专用标志和物品名称。易燃、易爆的危险化学品，必须将其理化、毒理性质等数据（闪点、熔点、自燃点和爆炸极限等），以及防火、防爆、灭火和安全运输等注意事项写在说明书上，否则严禁入库。

（5）危险化学品入库前，必须进行检查登记，容器破损、无化学品标签、无 MSDS 的化学品严禁入库，入库后应当定期检查。

（6）储存危险化学品的仓库内严禁烟火和使用明火。机动车辆不得进入仓库。非仓库工作人员未经许可不准入内。

（7）危险化学品应分类分项存放，堆垛之间的主要通道应当有安全距离，不得超量存放，容许堆叠化学品的堆叠高度不超过 1.5 m，重量不得超过 1 t。

（8）遇火、遇热、遇潮能引起燃烧、爆炸或发生化学反应，产生有毒气体的危险化学品不得在露天或在潮湿、积水的建筑物中储存。

（9）受日光照射能发生化学反应引起燃烧、爆炸、分解、化合或能产生有毒气体的危险化学品应储存在一级建筑物中，其包装应采取避光措施。

（10）爆炸物品不准和其他类物品同储，必须单独隔离限量储存。

（11）压缩气体和液化气体必须与爆炸物品、氧化剂、易燃物品、自燃物品、腐蚀性物品隔离储存。易燃气体不得与助燃气体、剧毒气体同储。氧气不得与油脂混合储存。盛装液化气体的容器属压力容器的，必须有压力表、溢流阀和紧急切断装置，并定期检查，不得超装。

（12）危险化学品一律不得在仓库内分装。分装要严格按《安全操作规程》进行，并根据物品的性质保证通风、防爆、防火、灭火和防静电设施的正常运行。国家对分装有特殊规定的危险化学品不得随便分装。

3. 危险化学品的转运

（1）压缩气体或液化气体禁止随意充装。特殊地点如液化站进行液化气的充装，应由有资质的单位进行。

（2）盛装腐蚀性物品的容器应认真选择。具有氧化性的酸类物品不能与易燃液体、易燃固体、自燃物品和遇湿燃烧物品混装。酸类物品严禁与氰化物相遇。

（3）盛装危险化学品的容器，在使用前后必须进行检查，清除隐患，防止发生火灾、爆炸、中毒等事故。

（4）包装容器不经过彻底洗刷干净，不得改作他用。

（5）危险化学品搬送人员，应按搬送的危险物品的性质佩戴相应的防护用品。搬送时必须轻拿轻放，严禁摔拖、重压、摩擦、撞击和倾倒，不得损毁包装容器，并注意标志，堆放稳妥。

（6）遇热遇潮容易引起燃烧、爆炸或产生有毒气体的危险化学品，在搬送时应采取隔热、防潮措施。

（7）搬送易爆、剧毒物品，易燃液体和可燃气体，必须使用符合安全要求的运输工具。

（8）禁止用叉车、铲车、翻斗车搬运易燃、易爆和液化气体等危险物品，禁止同一车运载相抵触的物料。

4. 危险化学品的使用管理

（1）化学物品的使用应依据 MSDS（化学品安全说明书）中的有关注意事项及相关的操作规定执行。

（2）使用车间需要建立每种化学品的安全操作规程与操作流程，新入职员工必须经过考核后再上岗作业，其他员工每半年进行一次复训。

（3）使用易燃化学品时，如稀释剂、汽油等，应避免明火，做好防火防爆的安全措施。

（4）车间工位放置的化学品，如稀释剂、油漆等，应分类放置整齐，避免过多堆叠。化学品操作和使用时，必须按规定佩戴防护用品。

（5）使用完的空化学品容器应及时转移到指定的存放地点。蘸有化学品的棉纱、布等，应丢入指定的垃圾桶，不能丢弃在现场。

5. 危险化学品的应急管理

（1）车间的化学品使用现场必须设置工业安全应急用水、张贴化学品的警示标志。

（2）使用现场必须设置降低危害的工程控制措施，尽量将空气中化学品的浓度降低到最低值，确保员工的使用安全。

（3）使用部门需要建立化学品泄漏应急处理方案并悬挂在使用现场，配备应急救援器材，每半年进行一次演习和培训。

（4）使用液体化学品的场所，必须设置防泄漏收集装置，并配备泄漏处理的应急器材。储存化学品的储罐区域必须设置防溢堤，防溢堤的容积不得少于储罐区域最大储罐容积的一半。

（5）气瓶泄漏时，仓管员必须马上关紧气瓶的阀门，通知采购科采购员进行处理。化学品发生泄漏时，必须及时处理，以防止化学品泄漏扩散。

（6）容器破损造成化学品泄漏时，应小心地将容器直接放入泄漏收集桶中（泄漏收集桶中须存有干沙）。

（7）化学品泄漏入防泄漏盘中时，应佩戴安全手套（若为有毒有害化学品，还应佩戴防毒口罩）将防泄漏盘中的泄漏物倒入废溶剂收集桶或废油收集桶中，化学性质冲突的不得混倒。

（8）发生小范围的化学品泄漏时，仓管员应先佩戴安全防护用品，然后用棉花、碎布等吸收材料进行泄漏物清理；对泄漏的化学品进行标志并通知采购部采购员进行处理。发生大范围的化学品泄漏时，仓管员应注意以下事项：①疏散无关人员到安全地带，用织带将泄漏区隔离并立即通知安全管理部门；②仓管员立即佩戴安全防护用品（安全手套，防毒口罩，安全鞋），用应急用吸油棉条吸附泄漏出来的化学物品，避免化学物品流入下水道；③如仍无法控制泄漏物进一步扩散，仓管员应立即通知安全管理部门报上级部门请求援助；④每次大范围的化学品泄漏事故发生后都必须书面报告安全管理部门；⑤所有沾有化学品的消防沙及棉花、碎布等按危险固体废弃物进行处理。

（9）化学品的使用现场和储存现场必须设置化学品应急事件的处理流程图。

（10）使用过程中出现紧急情况，如发生酸碱溶液等有害物品接触到皮肤、溅入眼睛，切勿慌张，按 MSDS（化学品安全说明书）要求采取相应的防护措施进行急救。

（11）各部门应就本部门使用或储存的危险化学品的理化性质、安全数据表、安全标签、安全技术说明书、应急处理方法和自救措施对员工进行培训。

6. 危险化学品的废弃管理

（1）剧毒物品用后的包装箱、袋、瓶、桶等必须严格管理，由安全管理部门指派有资质的人员或单位统一回收。危险化学品的销毁、处理，必须预先提出申请，制订周密的安全保障措施，安全管理部门咨询公安部门、环保部门经同意后方可进行。

（2）生产过程中产生的危险化学品废渣、使用后的废料、废容器和废包装等，回收到危险废物储存站，并联系有资质的单位回收处理，不得任意抛弃污染环境。

（3）凡拆除的容器、设备和管道内带有危险物品，必须先采用适当的方法清洗干净（经稀释后的清洗废液排入废水处理系统），经作业部门负责人组织人员验收合格后方可报废。

四、电气安全管理

电气安全管理制度旨在贯彻"安全第一"的方针，切实保证电气员工在工作中的安全和健康，落实各级工作人员的安全职责，保证电力系统和电气设备的安全运行。

1. 电气作业资格管理

（1）电气作业必须由经过专业培训、考核合格，持有电工作业操作证的人员担任，电气作业人员必须严格执行《电业安全工作规程》。

（2）电气作业现场要备有安全用具、防护器具和消防器材等，定期进行检查试验。

（3）电气作业人员上岗，应按规定使用劳动防护用品和符合安全要求的电气工具。

2. 变配电管理

（1）电气设备必须要有可靠的接地（接零）装置，防雷和防静电设施必须完好，每年定期检测。

（2）变、配电所必须制定符合现场情况的现场运行规程，并在其规程中明确规定值班人员职责。

（3）运行人员应严格执行操作票、工作票制度，工作许可证制度，工作监护制度，工作间断、转移和终结制度。

（4）高压设备无论带电与否，值班人员不得单人移开或越过遮栏进行工作，若必须移开遮栏时，必须有监护人在场，并符合设备安全距离。

（5）雷雨天气，需要巡视室外高压设备时，巡视人员应穿绝缘鞋，并不得靠近避雷装置。

（6）在高压设备和大容量低压总盘上倒闸操作及在带电设备附近工作时，必须由两人执行，并由技术熟练的人员担任监护。

（7）供电部门与用户联系，进行有关电气倒闸操作时，值班人员必须复诵，核对无误，并将联系内容、时间和联系人姓名记录在案。

（8）配电控制柜及高压整流油箱要接地，接地电阻小于 3Ω。

（9）高压整流油箱及附属高压设备应安装在专用单独配电间或金属网格内，每个控制柜分开设置，配电间应设门开关，打开配电间门，高压自动跳闸，以保安全。

（10）无特殊情况，高压整流油箱一般不要吊芯检查，但应定期进行测试检查。

（11）高压硅整流器不得在空载状态进行开关试验，如果要做，一定要将高压接入除雾（尘）器电场。单独试验控制柜（不接高压主整流油箱）输出端需接一些负载，再进行通电试验。

（12）油箱（高压整流器）高压测量输出端子（接地柱），应与测量表计和保险电阻接地，不允许在通电状态下断开此电路。

3. 电气检修管理

（1）根据实际情况和季节特点，做好预防工作和安全检查，发现问题及时消除。

（2）电气检修必须执行电气检修工作票制度。工作票由指定签发人签发，经工作许可人许可，办理工作许可手续后方可作业。非电工和无证者不得从事电气检修工作。电气检修作业必须两人以上同时进行。

（3）一般情况下，不应在电气设备、供电线路上带电作业。停电后应在电源开关处上锁和拆下熔断器，同时挂上"禁止合闸、有人工作"等醒目标示牌，工作未结束，严禁任何人拿掉标示牌或送电。

（4）因生产需要或其他特殊情况必须带电作业时，按照《电气安全工作规程》的带电作业规定办理。经主管电气的工程技术负责人批准，采取可靠的安全措施。作业人员和监护人员应由对带电作业有实践经验的人员担任。

（5）在停电线路和设备上装设接地线前，必须放电、验电，确认无电后，在工作地段两侧挂接地线。

（6）停电、放电、验电和检修作业，必须由负责人指挥有实践经验的人员担任监护，否则不准进行作业。

（7）外线、杆、塔、电缆检修，在作业前必须进行全面检查，确认符合规定后方可作业。

（8）变、配电所出入口处或线路中间某一段有两条以上线路邻近平行时，应验明检修的线路确已停电，并挂好接地线后，在停电线路的杆、塔下面作好标志，设专人监护，防止误登杆、塔。

（9）对有两个以上供电电源的线路检修时必须采取可靠的措施，防止误送电。

（10）对地下直埋或隧道电缆检修时，应切实避免伤及临近电缆。

（11）在带电设备附近动火，火焰距离 10 kV 及以下的带电部位 1.5 m 以上；10 kV 以上的 3 m 以上。

（12）更换熔断器，要严格按照规定选用合适的熔丝，不准用其他金属丝代替。

4. 临时用电管理

（1）架设临时线要严格遵守有关规定办理"临时接线装置审批单"。380 V 绝缘良好的橡皮临时线悬空架设与地面距离应达到：室内不小于 2.5 m，室外不小于 3.5 m。

（2）严禁乱接、乱拉临时电气线路，因生产急需架设、安装临时电气线路前，使用部门应填写"临时线路审批表"，报送动力科，经检查认为有架设必要，且符合安全规程时予以批准，并应在明确使用期限后方可派持有合格证的电工进行架设、安装。

（3）电工在安装临时线路前，必须查全"临时线路审批表"，方可进行架设、安装，否

则有权拒绝。

（4）临时用电时，不论每台电器设备本身有无控制开关，均应在靠近该设备的墙上或柱上加装控制开关及保障熔丝，其防护罩应完整无缺，在室外应有防水保护，开关不得放在地上，并禁止将动力线直接接在电源干线上。

（5）接用临时线使用期限为一个月（特殊情况经批准可延长至三个月），超过期限应安装正式线路。经批准安装使用不满一个月的临时线，在使用期满后需继续使用，必须期满前一天续办延长手续，报动力科批准，但前后时间相加不得超过一个月。

（6）临时线使用期满，使用部门必须在期满后的一天内拆除，动力科负责复查，如发现不拆除，动力科有权责令拆除。凡因未拆除临时线而由此发生事故，要追查使用部门责任。

（7）临时线接线装置如发生危险，并证明确系装置不良，应由承装人员负责。

（8）在易燃易爆车间、场所、仓库、罐区等和吊机旋转摆度范围内及附近不得架设临时电线。

（9）临时电线与设备、水管、蒸汽管和门窗等距离应在 3 m 以外（水平垂直距离），与道路交叉处离地不低于 6 m。

（10）临时电线应用绝缘良好的橡皮线，并禁止超负荷进行。线路装置要采取固定悬空架设或沿墙铺设，禁止在树上或脚手架上挂线，架设时户内离地高度不低于 2.5 m，户外不低于 3.5 m。临时线必须放在地面上的部分，应加可靠的防护，如用胶皮线、橡套电缆，在过路处设有硬质的套管防护。

（11）临时电线严禁采用"一地一线"制安装电器照明及其他用电设备。临时用电的电动机等金属外壳，必须接地或接零。使用单位不得擅自更改安装好的临时线。拆除临时线前应先切断电源。临时用电的设备和照明等拆除后，不应留有可能带电的导线。如必须保留导线，应将电源切断，用绝缘布带包裹线头。

（12）临时用电设施应有专人维护，定期检修和试验。

5. 移动电气设备管理

（1）移动电具必须有专人保管，专人维护保养。操作时应两人以上进行，一人操作、一人监护。

（2）使用的移动电具应具有双"回"字标记。

（3）工作前要检查开关、导线的绝缘是否良好，导线不应置于高温或热的物件上，要防止重物及尖锐物质损伤导线。

（4）使用超过安全电压的手持电动工具，必须按规定配备漏电保护器。

（5）在潮湿或含酸类物质的场所宜戴绝缘手套，应穿胶鞋或用绝缘垫板等措施。使用中发现外壳有漏电或其他故障时，应立即停止工作，修好后方能继续使用。

（6）工作完毕或停止工作时，应立即切断电源。

五、设备安全管理

设备安全管理制度旨在加强对设备的安全管理，提高设备运行的安全性和可靠性，确保设备安全、稳定、长期满负荷运行。

1. 设备采购申请

（1）设备使用部门在设备采购之前需要填写设备采购申请表，并组织设备采购前的评审会议，确认设备的供电、供水、通风、土建以及消防的影响。

（2）使用部门需要填写设备导入申请表交管理层审批并组织设备导入的评审会议，完成审批后交采购部购买。

（3）参与设备采购前的评审部门主要有：①设备申请与使用部门——负责设备性能要求与设备的功能；②设施管理科——负责设备布局规划、设备用电、水，废水废气处理等；③安全管理部门——负责消防安全、职业健康安全和劳动保护等；④采购部——负责设备采购相关的要求与参数；⑤其他受影响部门——如设备的安装、试运行、正常使用会影响到的部门。

（4）采购部门收到已审批设备导入申请表后，再组织设备的采购。在采购设备时禁止采购国家明令淘汰的设备以及高耗能、高污染设备。

（5）国内产品必须有中文厂名、中文厂址、电话、许可证号、产品标志、生产日期和中文产品说明书，如有必要还需要有限定性或提示性说明，凡是缺少的均视为不合格产品。上述要求缺少其中之一，均视为"三无产品"，禁止采购。采购大、中型设备与特种设备时必须要求供应商提供安全技术规范要求的设计文件、产品质量合格证明、安装及使用维修说明、监督检验证明等文件。

2. 设备的安装

（1）设备进厂安装时，设备安装的分包方必须签订《相关方安全生产、治安责任管理协议书》，现场指定专人负责设备安装的安全管理。

（2）设备申请部门现场要准备好设备的临时放置地点，准备好安装用的水、电和气的接驳点等，并做好全面防护措施。

（3）如果是特种设备或者大型生产设备的安装，项目安装单位必须提供以下相关资料给甲方备案：①中文使用说明书、产品合格证和型式试验报告；②项目施工单位的《特种设备安装改造维修保养资格证》（如安装的是特种设备）；③项目施工方案及其安全防护措施。

（4）如安装的设备是特种设备，并且涉及土建工程，必须有建设项目主管部门的审批报告，才允许施工。进厂安装的施工人员必须佩带符合要求的劳保用品，携带合格的安装设备和工具，按照规范要求施工。在安装过程中如需要改变厂房土建、消防、配电格局，则按照采购前的评审会议的决策进行。安装现场必须围闭，禁止非安装人员进入施工现场。安装过程中的动火作业、密闭空间作业和高空交叉作业必要时应提请申请并交底安装班组。在设备安装的过程中，当天产生的施工垃圾必须当天清理，保持施工现场的整洁。

3. 设备的试运行

（1）设备主体与设备的防护设施安装完成后，使用部门须申请设备的试运行与调试，安全管理委员会将组织对设备试运行前的初次检查和评审，并根据现场的情况给出试运行期间的安全建议与发放设备临时使用许可证。

（2）如经过检验和评审不符合试运行的要求时，设备制造单位必须整改，整改符合要求后再申请试运行。设备试运行前须指定设备责任人，建立健全设备安全档案，档案清单包括：各种相关人员的职责；操作人员守则；安全操作规程；配套安全防护设施清单；劳动保护用品配置详单；常规检查制度；维修保养制度；定期报检制度；作业人员及相关运营服务人员培训考核制度；意外事件和事故的紧急救援措施及紧急救援演习制度；技术档案管理制度。

（3）设备试运行前，配套消防设施、劳动保护措施、卫生设施和安全与职业病危害的警示标示等都需要落实到位。

（4）如新增设备的作业是特种作业，设备的操作人员必须提供特种设备操作资格证；如不是特种作业，必须经过设备制造单位培训合格后上岗作业。培训记录必须包括考核结果，被培训者签名以及培训者的确认签名。

（5）设备试运行期间设备使用部门必须监测安全防护设施的相关数据并保存记录。

（6）设备试运行期间产生的职业病危害因素，如废水废气，必须经过设备处理装置后请有资质的单位检测并提供有效的检测报告。

（7）如经过检测的职业病危害因素与安全防护设施的数据超标，设备使用部门必须采取有效的防护措施降低职业危害的风险，使之符合当地的法律法规要求。

（8）设备试运行的验收由设备使用部门完成并形成设备试运行的验收报告，验收报告中必须包含设备安全专篇。如果设备试运行验收不符合要求，需通知设备制造厂家整改，整改达标后再申请试运行验收。

4. 设备验收使用

（1）设备在试运行中正常连续运行已经超过 15 个工作日，并且满足生产需要时，最迟不能超过 20 个工作日，设备使用部门应当向安全管理委员会申请验收，安全管理委员会组织安全检查验收并发放设备使用许可证。申请验收的资料包括：①设备的设计文件、制造单位、产品质量合格证明和使用维护说明等文件以及安装技术文件和资料；②设备及其安全附件、安全保护装置、测量调控装置及有关附属仪器仪表的日常维护保养记录；③设备职业病危害因素检测报告；④设备安全档案。

（2）设备完成内部验收合格后，如果属于特种设备应到所属区的特种设备安全监督管理部门登记，登记标志应当置于或者附着于该特种设备的显著位置。如设备验收不符合要求，须通知制造厂家整改，整改完成后再申请验收，验收合格后再付工程验收款。

（3）如新进设备是进口设备，设备是否合格以申报时的海关审批文件为准。

六、应急与事故管理

1. 应急救援组织职责

（1）总指挥、副总指挥职责。负责抢险救灾、疏散的指挥工作。当总指挥不在时，由副总指挥负责。

（2）联络组职责。在总指挥领导下发布救灾、疏散命令，向相关部门报告，联系外部消防、医疗机构支援，组织新闻发布会，组织护卫人员维护好厂区的交通和治安秩序，安抚员工情绪。

（3）抢险救援组职责。在专业应急消防队到来前，在保障自身安全的前提下进行灾害的救援，搜救受伤和被困人员，必要时负责通知公安消防队到场参加救援工作。

（4）疏散救助组职责。熟悉疏散路线，负责组织员工有秩序地疏散到指定的避难处，进行伤员的救护和联系社会医疗机构，组织护卫人员维护好厂区的交通和治安秩序。

（5）设施保障组职责。保障消防系统、通信系统、广播系统、能源动力系统、疏散设施和电力正常运转。

（6）在专业消防队未到现场前，将人员安全疏散到避难处，并清点好人数，发现非正常缺员要弄清原因并报告总指挥。

（7）在救援过程中坚持"先救人，后救物"的原则，在确保人员安全的前提下，抢救财产。

2. 应急救援措施

1）火灾

（1）当灾害事故发生，发现者应立即按响就近消防报警器，一边招呼组织附近人员参与抢险，一边向安全管理员和所属科室科长报告灾情，严格保护事故现场，如火势较大应立即拨打119联系公安消防队支援。

（2）安全管理员立即向有关领导、安全管理委员会领导、应急救援组织机构总指挥和副总指挥报告，并立即启动应急预案。

（3）疏散救助组组长应迅速通知、组织人员（包括发生灾害范围内的所有人员）从工作岗位最近的安全通道和门口向外疏散到紧急集合点并清点人数，发现非正常缺员应立即报告总指挥。如有伤员需紧急抢救应组织参加过紧急抢救的人员实施急救。

（4）抢险救援组组长应立即组织员工在保障自身安全情况下参与救灾和搜救伤员。

（5）联络组组长应立即联系相关人员，并根据总指挥指示向上级报告事故情况以及拨打119联系公安消防队，如发现伤员应立即拨打120联系救护车（疏散救助组应派员于厂区门口引导）。

（6）设施保障组组长应立即关闭事故区域及电源，以防火灾造成短路并根据总指挥指示保障应急物资和设施。

2）化学品泄漏

（1）有毒和腐蚀化学品泄漏时，发现者应立即通知安全管理员和所属科室科长，安全管理员应立即报告安全管理委员会及应急组织机构总指挥，并马上到现场协助处理。应急人员佩戴泄漏化学品MSDS（化学品安全说明书）要求的防护用具，封堵泄漏口并按MSDS上泄漏处理程序处理。如果是少量泄漏，用砂土、干燥石灰或苏打灰混合，也可以用大量水冲洗，洗水稀释后放入废水系统；如果是大量泄漏，构筑围堤或挖坑收容，用泵转移至槽车或专用收集器内，回收或运至废物处理场所处置。

（2）易燃液体泄漏时，发现者应立即通知安全管理员和所属科室科长，安全管理员应立即报告安全管理委员会及应急组织机构总指挥，并马上到现场协助处理。应急人员佩戴泄漏化学品MSDS要求的防护用具，封堵泄漏口并按MSDS上泄漏处理程序处理。如果是小量泄漏，用砂土或其他不燃材料吸附或吸收，也可以用大量水冲洗，洗水稀释后放入废水系统；如果是大量泄漏，构筑围堤或挖坑收容，用泡沫覆盖，降低蒸汽灾害，用防爆泵转移至槽车或专用收集器内，回收或运至废物处理场所处置。

（3）易燃易爆气体泄漏时，发现者应立即通知安全管理员和所属科室科长，安全管理员应立即报告安全管理委员会及应急组织机构总指挥，并马上到现场协助处理。应急人员佩戴泄漏化学品MSDS要求的防护用具，封堵泄漏口并按MSDS上泄漏处理程序处理。应急处理人员戴自给正压式呼吸器，穿防静电工作服；尽可能切断泄漏源，合理通风，加速扩散；喷

雾状水稀释、溶解；构筑围堤或挖坑收容产生的大量废水。如有可能，将漏出气体用排风机送至空旷地方或装设适当喷头烧掉。漏气容器要妥善处理，修复、检验后再用。

3）自然灾害

（1）省、市人民政府发布自然灾害预报后或自然灾害突然发生时，应急预案立即启动，应急总指挥可根据省、市人民政府发布自然灾害预报暂时停止运转，交政府单位执行救援。

（2）地震、雷击、台风突然发生并造成人员伤害、建筑物和设备受损后，疏散救助组组长应组织人员（包括发生灾害范围内的所有人员）从工作岗位最近的安全通道和门口向外疏散到紧急集合点并清点人数，发现非正常缺员应立即报告总指挥。如有伤员需紧急抢救应组织参加过紧急抢救的人员实施急救。

（3）地震、雷击、台风突然发生并造成人员伤害、建筑物和设备受损后，抢险救助组组长应立即组织员工在保障自身安全情况下参与救灾和搜救伤员。

（4）地震、雷击、台风突然发生并造成人员伤害、建筑物和设备受损后，联络组组长应根据总指挥指示向上级报告事故情况，如发现伤员应立即拨打120联系救护车（疏散救助组应派员于厂区门口引导）。

（5）地震、雷击、台风突然发生并造成人员伤害、建筑物和设备受损后，设施保障组组长应立即关闭电源，以防火灾造成短路，并根据总指挥指示保障应急物资和设施。

（6）洪涝灾害发生前，设施保障组组长应保障沙袋、推土机等物资供应，将贵重设备移到二楼；联络组组长应随时注意政府部门天气报告，如有紧急情况应立即报告总指挥；抢险救援组组长应组织抢险救援队随时准备抢险；疏散救助组组长应随时保持与员工联系，确保每个员工不被困在洪水中。

4）交通事故

（1）厂区外交通事故发生后，应报告安全管理员、所属科室科长并直接联系交警处理，安全管理员应报告总指挥和安全管理委员会领导，并随时了解事故处理情形。

（2）厂区内发生交通事故，当事人应保护现场、通知安全管理员并将伤者送医院治疗，安全管理员报告领导后组织事故调查组调查事故原因。

5）设备事故

（1）设备发生爆炸、着火事故后，目击者应立即通知安全管理员、设施管理科及所属科室科长并保持现场，立即组织救火，安全管理员应立即报告总指挥，应急预案立即启动。

（2）疏散救助组组长根据总指挥指示疏散人员并抢救伤员。

（3）联络组组长应根据总指挥指示联系医院及向股东报告。

（4）抢险救援组组长应立即组织抢险队扑灭火势并救出伤者。

（5）设施保障组组长应立即组织通知供应商维修、调查并保障。

3. 灾后恢复总结

（1）发生灾害后，应尽快恢复运行。

（2）救援工作结束后，应急救援组织机构应当组织相关部门和人员，按照事故"四不放过"的原则，认真分析事故原因，总结、吸取事故的教训，及时进行整改。

（3）根据有关制度追究事故相关责任人的责任，对抢险救灾有功人员进行奖励。

4. 事故管理

（1）工伤事故报告应采取快报方式，逐级完成。事故现场负责人（或现场目击者）应在事故发生后，立即用电话、电报和电传等最快方式，向安全管理部门或公司领导进行报告。

（2）公司领导应在接到事故现场负责人的报告后，要求安全管理部门在规定的时间范围内（重伤事故的报告不超过 24 小时，死亡事故的报告不超过 4 小时）向当地主管部门报告。

（3）发生伤亡事故的单位应保护好事故现场，并迅速采取必要的抢救措施，抢救人员和财产，防止事故扩大。因抢救人员、疏导交通等原因必须移动现场物件时，必须做出标志、绘制现场简图、拍照或录像、写出详细书面记录，妥善保存现场重要痕迹、物证，方可移动现场物件，待调查组确认调查取证完毕并充分记录后，方可清理现场。

（4）不得对事故隐瞒不报，不得拒绝、阻碍、干涉事故调查工作，不得在事故调查中玩忽职守、徇私舞弊或打击报复。

（5）事故调查处理文件、图样、照片和录像等资料应长期完整保存，以便研究改进措施，进行安全教育，开展安全科学研究。

（6）对造成重大经济损失或不良社会影响，虽未造成人员伤亡的事故，按伤亡事故上报和查处，不得隐瞒不报。

（7）事故调查完毕，对事故调查组提出的处理意见和防范建议，由发生事故单位负责落实与处理。

第四章 生产管理

第一节 生产管理概述

一、生产管理的含义

生产管理对企业生产系统的设置和运行的各项管理工作的总称。又称生产控制。其内容包括：①生产组织工作。即选择厂址，布置工厂，组织生产线，实行劳动定额和劳动组织，设置生产管理系统等。②生产计划工作。即编制生产计划、生产技术准备计划和生产作业计划等。③生产控制工作。即控制生产进度、生产库存、生产质量和生产成本等。生产管理的任务有：通过生产组织工作，按照企业目标的要求，设置技术上可行、经济上合算、物质技术条件和环境条件允许的生产系统；通过生产计划工作，制定生产系统优化运行的方案；通过生产控制工作，及时有效地调节企业生产过程内外的各种关系，使生产系统的运行符合既定生产计划的要求，实现预期生产的品种、质量、产量、出产期限和生产成本的目标。生产管理的目的就在于，做到投入少、产出多，取得最佳经济效益。而采用生产管理软件的目的，则是提高企业生产管理的效率，有效管理生产过程的信息，从而提高企业的整体竞争力。

二、生产管理的原则

现代企业生产管理既要遵循市场经济的规律，又要符合现代科学技术发展的要求，因此必须遵循一定的原则，这些原则是：科学管理；以需定产，以产促销；提高经济效益；均衡生产；准时生产；安全和文明生产。

三、生产管理的任务

企业生产管理的基本任务是：在生产活动中，要求投入尽可能少的人力、物资和资金而产出尽可能多的社会需要的产品，并取得最佳的经济效益。解决好企业在生产技术活动中人力、物力和财力等资源的动态平衡，使投入生产过程的各种要素有效结合，形成有机体系。生产管理任务主要有以下几个方面：

（一）市场竞争导向

市场竞争导向是指根据社会需要、订货合同、市场需求预测、市场占有率来安排生产和组织生产活动，把市场作为生产的出发点和落脚点。这是市场经济的基本要求。市场竞争导向要求有强烈的市场意识，要了解市场、研究市场、适应市场，要根据市场容量、市场占有率、市场潜力、服务对象、市场需求安排生产计划和组织生产活动。

市场竞争导向要求不断提高生产管理对市场的适应能力，建立质量、成本、交货期等方面的竞争优势，要做好情报工作，及时掌握市场动态，开发新产品，建立雄厚的技术储备，采用弹性的生产组织方法等，以满足顾客的需要。

市场竞争导向还要求搞好产品结构调整，生产适销对路的产品，生产高附加值、高技术含量的产品。只有这样，企业才能有生机和活力。

（二）讲求经济效益

搞生产不能片面地追求产量、产值、速度，忽视品种、质量、成本，结果速度上去了，效益不理想，消耗指标上升了，利润下降了。企业只有讲求经济效益，才能增加积累，发展生产。经济效益是投入与产出之比。讲求经济效益是指以最少的劳动消耗和资金占用，生产出尽可能多和尽可能好的适销对路的产品，具体体现在生产管理的目标上，就是要做到数量多、质量好、交货及时、成本低等。

企业在生产管理中讲求经济效益，应该做到以下四点：①要树立效益的观念，要有盈利的观念，在正确的经营思想指导下，学会赚钱。②要讲求综合的经济效益，全面完成生产管理目标，做到质量好、数量足、交货及时、成本低等。企业要正确处理企业效益和社会效益的关系，不能只顾企业效益而忽视社会效益，更不能为了追求企业效益而损害社会效益，而应该在兼顾社会效益的前提下尽可能提高企业经济的效益；还要正确处理目前利益和长远利益的关系，要立足长远，兼顾当前，把两者正确地结合起来。③要全面地完成生产指标，可以制定正确的生产政策，可以有所侧重。④采用现代管理方法，例如，制订生产计划要进行计划指标的优化；可采用盈亏分析法、线性规划和C曲线法等；设计生产过程要运用程序研究、统筹法等；采用JIT生产方式；运用CIMS等。

（三）均衡生产

均衡生产是指企业各个生产环节（企业、车间、工段、班组、工作地），在每段相等的时间（旬、周、昼夜、轮班、小时）内，完成相等的或递增的数量任务，按计划均匀地进行生产和出产，保证完成计划任务，满足订货单位和市场的需要。

组织均衡生产是现代化大生产的客观要求，有利于建立正常的生产秩序和管理秩序，提高设备与工时利用率，保证产品质量，实现安全生产，减少资金占用，对于全面提高经济效益具有十分重要的作用。

（四）安全文明生产

文明生产指按现代工业生产的客观要求，建立合理的生产管理制度和良好的生产环境及生产习惯，科学地从事生产活动。文明生产包括建立一套科学管理生产的各项规章制度；工厂、车间和设备布局合理，工作场地合理布置，通道合理，在制品存放、工具箱要有固定位置；工作环境清洁卫生，厂区整齐，环境美化，厂区绿化，防污染，光线充足，温湿度适宜。实行文明生产有利于保证职工健康，创造良好的气氛，提高劳动效率，保证产品质量。

安全生产是指为预防生产过程中发生人身、设备事故，形成良好的劳动环境和工作秩序而采取的一系列措施。安全与生产是辩证统一的关系。生产必须安全，安全为了生产；生产必须安全，安全必将促进生产。企业要做到安全生产，必须把生产与安全统一起来，遵守劳动保护法规，采取各种安全技术和工业卫生方面的技术组织措施，加强劳动保护，开展群众性安全教育和安全检查活动，防止各种不安全因素的发生，保证生产过程顺利进行。

四、生产管理的基本业务

（一）制订生产计划

这里所说的生产计划主要是指月计划、周计划和日计划。原则上，生产部门要以营销部门的销售计划为基准来确定自己的生产计划，否则在实行时就很可能会出现产销脱节的问题——要么是生产出来的产品不能出货，要么是能出货的产品却没有生产，不管是哪一种情形，都会给企业带来浪费。当然，由于市场本身瞬息万变，所以营销部门有时也无法确定未来一段时期内的销售计划。这时，生产部门就要根据以往的出货及当前的库存情况去安排计划。最后还要记住，生产计划做出来后一定要传达给采购部门以及营销部门。

（二）把握材料的供给情况

虽然说材料的供给是采购部门的职责，但生产部门有必要随时把握生产所需的各种原材料的库存数量，目的是在材料发生短缺前能及时调整生产并通报营销部门，以便最大限度地减少材料不足所带来的损失。

（三）把握生产进度

为了完成事先制订的生产计划，生产管理者必须不断地确认生产的实际进度。起码要每天一次将生产实绩与计划作比较，以便及时发现差距并树立有效的补救措施。

（四）把握产品的品质状况

衡量产品品质的指标一般有两个：过程不良率及出货检查不良率。把握品质不仅仅要求生产管理者去了解关于不良的数据，而且更要对品质问题进行持续有效的改善和追踪。

（五）按计划出货

按照营销部门的出货计划安排出货，如果库存不足，应提前与营销部门联系以确定解决方法。

（六）对从业人员的管理

和单纯技术工作不同的是，生产管理者要对自己属下的广大从业人员负责，包括把握他们的工作、健康、安全及思想状况。对人员的管理能力是生产管理者业务能力的重要组成部分。

(七)职务教育

要对属下的各级人员实施持续的职务教育,目的在于不断提高他们的思想水平和工作能力,同时还可以预防某些问题的再发生。为了做到这一点,生产管理者要不断地提高自身的业务水准,因为他不可能完全聘请外部讲师来完成他的教育计划。

五、生产管理的三大手法

(一)标准化

所谓标准化,就是将企业里有各种各样的规范,如:规程、规定、规则、标准、要领等,形成文字化的东西,统称为标准(或称标准书);制定标准,而后依标准付诸行动则称之为标准化。那些认为编制或改定了标准即认为已完成标准化的观点是错误的,只有经过指导、训练才能算是实施了标准化。

管理水平的提升是没有止境的。虽然标准化在国内许多企业有体系、制度、意识上的障碍,但必须拿出"明知山有虎,偏向虎山行"的气魄,才能真正让"中国制造"成为高品质的代名词。

(二)目视管理

目视管理实施得如何,很大程度上反映了一个企业的现场管理水平。无论是在现场,还是在办公室,目视管理均大有用武之地。在领会其要点及水准的基础上,大量使用目视管理将会给企业内部管理带来巨大的好处。

所谓目视管理,就是通过视觉导致人的意识变化的一种管理方法。目视管理有三个要点:

(1)无论是谁都能判明是好是坏(异常);
(2)能迅速判断,精度高;
(3)判断结果不会因人而异。

在日常活动中,我们是通过"五感"(视觉、嗅觉、听觉、触摸、味觉)来感知事物的。其中,最常用的是"视觉"。据统计,人的行动的60%是从"视觉"的感知开始的。因此,在企业管理中,强调各种管理状态、管理方法清楚明了,达到"一目了然",从而容易明白、易于遵守,让员工自主地完全理解、接受、执行各项工作,这将会给管理带来极大的好处。

(三)管理看板

管理看板是管理可视化的一种表现形式,即对数据、情报等的状况一目了然地表现,主要是对于管理项目、特别是情报进行的透明化管理活动。它通过各种形式如标语/现况板/图表/电子屏等把文件上、脑子里或现场等隐藏的情报揭示出来,以便任何人都可以及时掌握管理现状和必要的情报,从而能够快速制定并实施应对措施。因此,管理看板是发现问题、解决问题的非常有效且直观的手段,是优秀的现场管理必不可少的工具之一。

管理看板是一种高效而又轻松的管理方法,有效地应用对于企业管理者来说是一种重要的管理手段。

管理看板一般有生产看板，异常看板等。

图4.1为目前比较领先的异常看板一种显示模式。异常管理看板的后台数据分析报表支持，具有异常呼叫时间点，异常开始处理时间点，异常处理结束时间点，统计异常处理时间，异常发生率，异常发生率趋势图标。数据支持现场管理是否有成效。

生产线	P001	P002	P003	P004	P005	P006
生产状况					缺料	缺料
品质状况			67.3%			
设备状况	维修中					
计划停止						
非计划停止						
缺料					25分钟	40分钟

图4.1　异常看板管理

六、生产管理的细节突破

（一）在生产技术及生产管理技术方面

企业要注意做好行业生产基础技术的积累和创新工作，在细节方面认真做好每一步骤。在生产管理技术方面就更需要深入到细节中，因为生产管理本身就是细节的管理，需要注意每一数据的变化情况，在生产计划、组织、指挥、协调、控制诸方面做到细致、细心、关注细节。

（二）在生产设备层面

注重设备功能在细节方面的改进和优化，注重前后流程间相关设备的对接和协同一致，在引进先进设备的同时也一定要注意设备维护和生产环境维护等工作。提高设备使用率，降低设备使用成本。

（三）在员工素质层面

要做到努力从点滴的操作规程、设备使用技巧、工艺技术等方面提高其工作能力，强化提升员工在市场中的细节意识，并明确其细节工作对于整个组织的意义和重要性，努力培育注重细节的工作氛围和车间生产环境等。充分提高员工素质以提高工作效率。

七、生产管理的考核指标

生产管理绩效是指生产部所有人员通过不断丰富自己的知识、提高自己的技能、改善自己的工作态度，努力创造良好的工作环境及工作机会，不断提高生产效率、提高产品质量、提高员工士气、降低成本以及保证交货期和安全生产的结果和行为。生产部门的职能就是根据企业的经营目标和经营计划，从产品品种、质量、数量、成本、交货期等市场需求出发，采取有效的方法和措施，对企业的人力、材料、设备、资金等资源进行计划、组织、指挥、协调和控制，生产出满足市场需求的产品。相应地，生产管理绩效主要分为以下六大主要方面。

1. 效率（P：Productivity）

效率是指在给定的资源下实现产出最大。也可理解为相对作业目的所采用的工具及方法，是否最适合并被充分利用。效率提高了，单位时间人均产量就会提高，生产成本就会降低。

2. 品质（Q：Quality）

品质，就是把顾客的要求分解，转化成具体的设计数据，形成预期的目标值，最终生产出成本低、性能稳定、质量可靠、物美价廉的产品。产品品质是一个企业生存的根本。对于生产主管来说，品质管理和控制的效果是评价其生产管理绩效的重要指标之一。所谓品质管理，就是为了充分满足客户要求，企业集合全体的智慧经验等各种管理手段，活用所有组织体系，实施所有管理及改善的全部，从而达到优良品质、短交货期、低成本、优质服务来满足客户的要求。

3. 成本（C：Cost）

成本是产品生产活动中所发生的各种费用。企业效益的好坏在很大程度上取决于相对成本的高低，如果成本所挤占的利润空间很大，那么相应的企业的净利润则相对降低。因此，生产主管在进行绩效管理时，必须将成本绩效管理作为其工作的主要内容之一。

4. 交货期（D：Delivery）

交货期是指及时送达所需数量的产品或服务。准时是在用户需要的时间，按用户需要的数量，提供所需的产品和服务。一个企业即便有先进的技术、先进的检测手段，能够确保所生产的产品质量，而且生产的产品成本低、价格便宜。但是没有良好的交货期管理体系，不能按照客户指定的交货期交货，直接影响客户的商业活动，客户也不会购买你的产品。因此交货期管理的好坏是直接影响客户进行商业活动的关键，不能严守交货期也就失去了生存权，这比品质、成本更为重要。

5. 安全（S：Safety）

安全生产管理就是为了保护员工的安全与健康，保护财产免遭损失，安全地进行生产，提高经济效益而进行的计划、组织、指挥、协调和控制的一系列活动。安全生产对于任何一个企业来说都是非常重要的，因为一旦出现工作事故，不仅会影响产品质量、生产效率、交货期，还会对员工个人、企业带来很大的损失，甚至对国家也产生很大的损失。

6. 士气（M：Morale）

员工士气主要表现在三个方面：离职率、出勤率、工作满意度。高昂的士气是企业活力的表现，是取之不尽、用之不竭的宝贵资源。只有不断提高员工士气，才能充分发挥人的积极性和创造性，让员工发挥最大的潜能，从而为公司的发展做出尽可能大的贡献，从而使公司尽可能地快速发展。

因此，要想考核生产管理绩效，就应该从以上六个方面进行全面地考核。

八、生产管理理论的发展

生产管理理论的发展大致经历了四个主要的阶段。

第一个阶段是 1911 年以前的时期。机械时钟的发明和制造要求人的活动必须精确地协调一致起来，人们还逐渐认识到了零件标准化和劳动分工的意义。

第二个阶段是以泰罗的科学管理理论为代表的管理理论。这些理论奠定了生产管理理论的基础。具体包括动作研究、工业心理研究、移动装配原理、数理统计理论在生产管理中的应用以及运筹学、系统论方法的应用等。

第三个阶段则主要以电子计算机的应用为根本特征。20 世纪 70 年代以后，美国和西欧开始推出专门解决生产和库存管理难题的管理软件包。这些软件包极大地提高了生产管理者处理相关问题的能力，产生了很好的效果，并迅速得到推广，从而使企业管理的状况和水平发生了根本性的改变。与此同时，成组技术和柔性制造系统在工厂里得到了应用，无人工厂开始出现。这些对于解决多品种、小批量生产与提高效率的矛盾起到了很好的作用。

第四个阶段则主要以供应链理论的应用为特点。生产管理的范围已经不再只局限于本企业内部效率提高、生产合理性的问题，而是要着眼于整个供应链管理，将本企业作为链上的一个环节考虑问题。

此外，在这个阶段，原来主要运用于制造业的生产管理理论也越来越多地应用于非制造业中。

九、信息化生产管理

随着信息化技术的发展及管理水平的不断提升，信息化生产管理成为制造企业生产管理的重要手段，如何掌握生产环节，掌握生产速度、质量及生产工人的工作绩效，通过信息化技术可以大大提升制造企业的生产管理水平。而且在生产现场应用更多的自动化设备和管理软件，可以大大提升生产效率，降低生产成本及保证产品质量稳定方面做出了巨大的贡献。

企业信息化管理软件种类繁多，但是，从生产现场管理的软件来说，没有一种比 MRP、MRPⅡ更伟大的。在 20 世纪 90 年代初，人们又提出 ERP，并被赋予了更深的内涵。它强调供应链管理，除了传统 MRPⅡ系统的制造、财务、销售等功能外，还增加了分销管理、人力资源管理、运输管理、仓库管理、质量管理、设备管理、决策支持等功能，支持集团化、跨地区、跨国界运行。但是，ERP 的核心仍旧是 MRP，这表现在 ERP 的基本构架和基本逻辑与 MRP 并无本质上的改变。

但是，人们对 ERP 的非议，问题就出在这里。

MRP/ERP 最初的研发和应用都基于流程型的工业企业。但是 ERP（企业资源计划）如同它的一样名字，将走一条普适性的道路。对企业来说，找不到不属于企业资源的内容。结果，ERP 的框架越做越大，什么都想管。最关键的是，ERP 的关于生产管理模块的基础架构、理论和数学工具根本无法支撑离散型制造业的应用，而 ERP 的供应商从来不去做这样的说明，强行进入离散型制造业的市场。其结果就是引出了"上 ERP 找死，不上 ERP 等死"的奇谈怪论。

就目前而言，在企业信息化领域，ERP 是无可替代的信息化工具，尤其是针对企业的上层管理者来说非常重要。ERP 对于企业信息的透明和信息的利用提供了强大的平台，这方面适用于所有的企业以及其他社会组织。遗憾就是，它对于离散型制造业生产现场的计划调度是十分无力的，尤其是对于企业产能并不是很富裕的情况下，ERP 简直就是"瞎指挥"。所以，对于一些离散型制造业企业（尤其是产能有限的）来说，ERP 的生产指挥系并不适用。

从一些网络文章和论坛中,关于企业信息化常常有人提出一些问题:ERP 与 SCM 到底有何区别?MES 与 APS 有什么区别?CRM 与 DRP 的区别?对于企业管理模式和方法,人们也会层出不穷地提出一些新的概念,搞的人们都糊涂了。比如:企业资源计划(ERP)、物料需求计划(MRP)、制造资源计划(MRPⅡ)、准时生产(JIT)、精益生产(LP)、按类个别生产(OKP)、优化生产技术(OPT)、供应链管理(SCM)、业务流程重组(BKR)、敏捷虚拟企业(AVE)、敏捷制造(AM)等。在自动化、OA、信息协同软件领域,更是百花齐放百家争鸣。

企业信息化技术和应用进展到今天,我们需要把过去受到当时理论和技术局限而形成的一些观点、概念和定义做一番梳理。

图 4.2 是传统的对生产管理信息系统的一个表述。ERP/MRP/MRPⅡ都是属于计划层的软件。

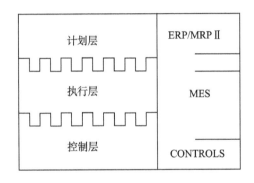

图 4.2 传统的三层信息化结构表述

在执行层,担负着企业整个供应链和生产现场的管理和控制,订单的计划下达以及生产计划调度都在这个层次完成,MES(制造执行系统)担负着这个重任。

在企业的操作层面,属于控制类的软件。比如刀具的控制,数控机床的控制以及工艺设计、辅助制造、数据管理、各种自动化控制等。

这种划分和定义缺乏完整生产信息系统的表征,存在层次的混乱和交叉。例如,计划和执行都是一种决策行为,仅仅决策内容对应时间有长短之别;控制本身就是执行的活动,无法分为两个层次;如果 MES 有计划调度的功能,那么计划层就是多余的。

按照系统科学和信息学,一个系统的分类必须根据系统的定义。生产管理系统实际上就是针对一组资源,通过控制和执行完成一组任务的系统。如同图 4.3,表述了一个普适性的

图 4.3 资源与任务

企业生产系统，就是说，企业有这么多资源，需要通过控制和实施，按照一定条件完成一组任务。广泛地说，任何一个企业、团体乃至一个人，每天应对的都是如何运用一定的资源去做好某个事情（任务）。

企业的生产管理信息化系统，就需要针对图4.3这样一个基本框架，运用信息获取技术、信息传递技术、信息处理技术和存取技术，以控制理论构建一个信息系统。有系统就有信息，有信息就有系统。按照生产管理的实际以及信息的属性及作用，我们可以构建如图4.4这样一个信息系统架构。

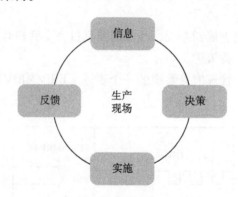

图4.4　生产现场管理的信息系统

图4.4是一个完整的企业生产现场管理信息化系统。其中：

"信息"层是对企业全部资源和全部任务的详尽描述。通常主要包括：订单信息、设备信息、工艺信息、BOM信息、人员信息、原材料信息、库存信息、工作日历、成本信息、质量控制信息等一切必要的信息。由于生产现场是动态的，那么这些信息也是随时间动态变化的。

"决策"层是信息系统的头脑。生产决策就是面对这么多资源和任务信息，决定怎么完成，用那些资源做哪些任务，谁（设备、人）来做，在什么时间做多少，先做什么，后做什么。简单说，就是为了完成一组任务去最佳地配备资源。事实上，任何决策系统都不会比人聪明。在决策系统所谓的人工智能就是把人的经验告诉系统并且让它学会，换句话说，是把人的经验量化，然后加到决策信息系统中。在现代计算机技术中，做得比较好的信息处理技术是信息的分类、识别、变换、计算、筛选、整理、排序、制表，而真正用到决策系统的信息分析、综合、抽象、演绎、证明，特别是复杂系统的优化，它做到的程度非常有限。

"实施"层是生产系统实施部分的信息处理。在离散型制造业，这部分信息是传递到作业人员，大部分是由人来控制实施的，除非生产现场拥有大量的自动化设备和控制软件，例如数控机床、加工中心、自动化下料等设备和软件。

"反馈"层是生产管理信息系统中不可或缺的部分。前面一章已经说过企业生产管理的三大不确定因素，即订单、采购和生产现场都是动态变化的，如果不能实时地反馈到"信息"源头，那么就会发生信息的紊乱、不对称，当然，在这种情形，信息系统处理的结果一定与实际大相径庭。生产反馈系统的技术已经非常成熟了，不论软件和硬件都基本可以做到实时反馈，并用这些反馈数据控制系统的运行。系统的效益、成本、和产品的质量都与反馈有关。

从图 4.4，我们看出这是一个完整的企业生产现场管理信息化系统应当也必须是一个完整的信息闭环系统。但是，遗憾的是，大部分企业的生产过程的控制如同图 4.5 那样，是一个顺馈系统。这是造成企业效率低下的主要原因。

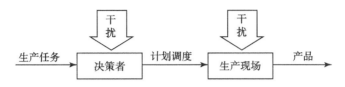

图 4.5　生产过程的顺馈系统

在图 4.4 中，四个层次都无法准确与现有的商业化软件直接一一对应。实际上，也根本没有必要做这样的对应。因为二十多年前信息技术的发展远远没有达到目前的水平，不可能去想到用信息技术去解决生产现场管理这样的复杂系统。ERP 基本包括了"信息"层中的内容，但是，没有能够涵盖"资源"和"任务"的详细描述。PDM、CAPP 等软件仅仅包括了一些要素的一部分，也没有能够详细描述。MES 具备了生产反馈的功能，但是又有很多属于其他方面的。就现有的成熟软件而言，基本没有能准确描述生产现场的。例如，工艺流程软件中没有包括运输、等待、检验，而生产实际这些事件是必须发生的。唯一的具有决策功能的软件 APS（高级计划排程），却被说成 MES（制造执行系统）的一个模块，而大部分 MES 提供商又不能提供这个模块。

第二节　生产过程组织

生产过程组织是指为提高生产效率，缩短生产周期，对生产过程的各个组成部分从时间和空间上进行合理安排，使它们能够相互衔接、密切配合的设计与组织工作的系统。生产过程组织包括空间组织和时间组织两项基本内容。生产过程组织的目标是要使产品内在生产过程中的行程最短，时间最省，占用和耗费最少，效率最高，能取得最大的生产成果和经济效益。在企业中，任何生产过程的组织形式都是生产过程的空间组织与时间组织的结合。企业必须根据其生产目的和条件，将生产过程空间组织与时间组织有机地结合，采用适合自己生产特点的生产组织形式。

一、生产过程的含义

生产过程是指从准备生产某种产品开始，直到把该产品生产出来为止的全部过程。生产过程是动态的，是每一个工业企业最基本的活动过程。

机械产品生产过程主要是人的劳动过程，即作为生产主要要素的劳动者，利用劳动工具，按照一定的方法和步骤，直接地或间接地作用于劳动对象，使之成为有用产品的过程。可见，人的劳动是生产过程得以存在的基础。在某些条件下，生产过程的进行，还要借助于自然力的作用，使劳动对象发生物理的或化学的变化。例如铸件、锻件、热处理件的自然冷却、时效过程，油漆的自然干燥过程等。因此，机械工业产品的生产过程，是相互关联的劳动过程与自然过程的结合。

生产过程有狭义和广义的理解。狭义的生产过程是指产品的生产过程，是对原材料进行加工，使之转化为成品的一系列生产活动的运行过程。广义的生产过程是指从生产准备开始，直到把产品加工出来为止的全部过程，即企业的生产过程。

（1）按人的劳动消耗的不同情况，可将产品的生产过程进一步分解为：

1）劳动过程

①工艺过程：是生产过程中最基本的过程。组成工艺过程的最基本的单位为工序，就是在一个工作地上，由一个或一组工人，对一个或一组劳动对象连续进行的那部分工艺过程。

②检验过程。

③运输过程。

2）自然过程

借助自然力完成的生产过程。例如：酿酒——发酵、香肠——风干。

3）等候过程

实际生产中，对劳动对象的加工并不总是不断地进行的，常常由于生产技术、生产管理上的原因，需要停下来等候下一步加工、检验、运输。

现代化机械工业产品的生产是建立在生产专业化与协作基础上的社会化的大生产。生产一种机械产品的全过程，不一定完全在一个机械工业企业内完成，有时要由几个甚至几十个企业共同协作来完成，一个企业只完成整个产品生产过程的一部分，其他部分则由另外一些企业承担。因此，产品的生产过程，可以是整个机械产品的生产过程，也可以是机械产品的某些组成部分——部件、零件或毛坯的生产过程。

（2）工业企业的生产过程按它所经过的各个阶段工作的作用来分，可分为生产技术准备过程、基本生产过程、辅助生产过程、生产服务过程和附属生产过程等，如图4.6所示。

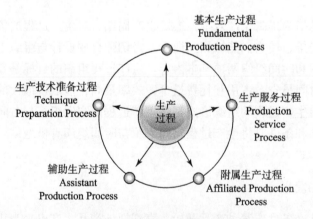

图4.6　企业生产过程的组成

①生产技术准备过程。生产技术准备过程是指产品投入生产前所进行的各种技术准备工作的过程，其具体工作包括产品开发、产品设计、工艺设计、工装设计与制造、标准化工作、物资定额和劳动定额的制定与修改、设备的布置与调整、劳动组织的优化组合以及新产品的试制与鉴定等工作。

②基本生产过程。基本生产过程是指直接把劳动对象变为企业基本产品的过程，即产品加工过程，如铸造、锻造、机械加工和汽车装配线等过程，是企业主要的生产活动。

③辅助生产过程。辅助生产过程是为保证生产过程的正常进行所必要的各种辅助产品的生产和劳动过程。如基本生产所需的，由本企业生产的压缩空气、模具、夹具、刃具的制造以及厂房、生产面积、设备的维修与备件生产等。

④生产服务过程。生产服务过程是为基本生产和辅助生产所进行的各种生产服务活动。如原材料、半成品和工具的保管、运输、供应等。

⑤附属生产过程。附属生产过程是指生产附属产品的过程，指企业有时生产一些不代表企业专业方向而满足市场需要的产品。

基本生产过程是企业生产过程中最主要的组成部分，基本生产过程和辅助生产过程都是由工艺过程和非工艺过程所组成的。工艺过程是直接改变加工对象的性质、尺寸、几何形状的过程。热处理工艺虽然不改变零件的尺寸和形状，但它能改变材料的内部组织结构，提高零件的性能、强度和使用寿命。经化学处理过的零件具有耐蚀、耐酸、耐磨等特点。非工艺过程不涉及加工对象的性质、尺寸、形状的改变，而是贯穿工艺过程之间的一些带有生产服务性的过程，如对加工对象的运输、检验、试验、包装等。工艺过程和非工艺过程都是生产过程不可分割的组成部分，工艺过程由工序组成，工序是工艺过程最基本的单位，再加上非工艺过程的作业，则称为全工序过程。

二、合理组织生产过程的基本要求

合理组织生产过程是对各个工艺阶段和各工序的工作进行合理安排，使劳动工具、劳动力和劳动对象达到最优的结合，产品在生产过程中行程最短、时间最省、效率最高、耗费最小。为了达到这个目的，必须努力做到下述基本要求：

（1）目标性。目标性是组织生产过程的根本依据。企业生产过程的目标通常是由一系列互相联系、相互制约的技术经济指标组成的。如产品品种指标、产量指标、质量指标、成本指标等，在组织生产过程前必须要明确。

（2）集合性。如果从要素组合结构上看，它是由车间、科室和仓库等生产单位组成。从生产过程运转的各阶段的作用和地位上看，它是由生产技术准备、基本生产、辅助生产和生产服务等部门所组成。通过集合性分析，可以找出生产过程有无多余的组成部分。

（3）连续性。是指产品在生产过程各个阶段，各工序之间流转，同工厂布置、生产技术水平和管理工作的水平有关，其优点是：

①可以缩短产品的生产周期，减少在制品的数量，加速流动资金周转；

②可以更好地利用物资、设备和生产面积，减少产品由于停放、等待所造成的损失；

③有利于改善产品质量。

（4）比例性。比例性是指生产过程的各阶段、各工序之间在生产能力上要保持适当的比例关系。生产过程的比例性是保证生产平衡进行、保证生产连续性的基础，也是充分利用生产能力、减少人员和设备等的浪费、提高劳动生产率和设备利用率的前提条件。

（5）平行性。平行性是指生产过程的各阶段、各工序可以平行作业。生产过程的平行性可充分利用时间和空间，大大缩短产品的生产周期，提高生产效率。汽车装配的生产过程如图4.7所示。

（6）均衡性。均衡性是指企业及其各个生产环节，在相等的时间间隔内，大致生产相

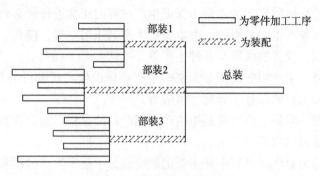

图 4.7　汽车装配的生产过程

等或递增数量的产品,不出现前松后紧、时松时紧的现象。具体表现在生产过程产品的投入、制造和出产阶段都有节奏地进行。

(7) 适应性。适应性是指企业生产系统对外界环境及其变化有适应性。具体表现在要有灵活的生产组织方式和现代的管理方法,提高竞争能力。

(8) 单项性。单项性是指产品在生产过程中的要转移向一个方向流动。

总之,目标性是组织生产过程的首要要求,明确了系统的功能。集合性是分析解决系统的组成及其合理性。连续性、比例性、平行性和均衡性是对组织生产过程的具体要求。适应性是解决生产系统与外部环境的协调问题。

三、生产类型

(一) 生产类型的概念

工业企业生产的产品千差万别,生产方法、设备条件、生产规模等方面都具有各自不同的特点。这些特点都直接影响企业生产过程的组织,因此需要按照一定标准,将企业划分为不同的生产类型,以便针对不同生产类型选择或建立相应的生产组织形式和计划方法。就机械工业企业而言,一般是按产品品种的多少、产量的大小和工作量等标准划分企业生产类型,具体反映在工作地专业化程度上。按工作地专业化程度高低,可将企业划分为大量生产类型企业、成批生产类型企业和单件小批生产类型企业。不同生产类型企业,对其技术、组织和经济产生不同的影响和要求。

(二) 各种生产类型的特点

(1) 生产类型这一概念是说明企业生产产品的单一程度,不同生产类型生产产品的单一程度不同,有高有低,各有特点:

①单件小批生产类型的特点。单件小批生产类型的特点是生产的产品品种多,每种产品的产量为单件或很少,除个别品种不定期重复生产外,其他品种一般只生产一次。单件生产时,每个工作地所负担的品种数和工序数都很多,一般使用万能性生产设备和工夹具,工作地专业化程度低,生产效率低,对工人的操作水平要求高。单件小批生产企业的生产单位(车间)一般按工艺专业化原则组织,车间设备布置多采用机群式排列。制品在生产过程中的移动线路长,生产的连续性和平行性都很差,产品的生产周期长,占用流动资金多、产品

成本高。属于单件生产类型的企业如汽轮机厂、重型机厂等。

②成批生产类型的特点。成批生产类型的特点是产品品种较少，每种产品都有一定的产量，工作地定期或不定期成批轮番生产不同品种，生产重复性较强。成批生产时，每个工作地固定担负若干道工序，工作地专业化程度比单件生产高。成批生产根据生产规模又可分为小批、中批和大批生产类型。小批生产接近单件生产；中批生产是典型的成批生产，集中地反映了成批生产的性质和特点；大批生产产品品种少、产量大，接近于大量生产。成批生产类型的企业较多，如机床行业的工厂都属于成批生产企业。

③大量生产类型的特点。大量生产类型的特点是产品固定，品种少产量大，生产重复高，每个工作地固定地完成一道或几道工序，工作地专业程度高。大量生产时，广泛地使用自动化、半自动化、专用设备和专用工艺装备。大量生产要求工人有较高操作熟练程度，多采用对象专业化原则组织生产单位，即流水生产方式，其生产过程的连续性、平行性、节奏性高，产品生产周期短，生产效率高，产品质量稳定，成本低。汽车制造企业就属于大量生产类型。

(2) 按接收生产任务的方式划分。

①订货生产方式。这类生产的生产任务是企业根据顾客订单确定的。产品和服务按用户的特殊要求设计，有明确的交货期。如火车、大型轮船、飞机等。产品一般是非标准化的，在市场无共同的需求。它的特点是先订货后生产，无须大量储存成品，没有销售风险；生产效率较低。

②备货生产方式。这类生产的生产任务是企业根据对市场需求的预测确定的，产品是面向广大用户的共同需要设计的，多是标准化产品，如电视机、电冰箱、自行车等，其生产数量是估计的。它的特点是生产效率较高；先生产后销售，易造成库存积压。

(3) 按生产工艺的特征划分。

①流程式生产（连续式）。这类生产过程一开始，被加工的材料就不停顿地按同样的顺序流过一系列固定的生产设备，直到变为成品为止。如化肥、汽油等。它的特点是工序没有间断，工艺过程封闭。

②装配式生产（离散式）。这类生产过程是从零件制造开始，经过部件组装，到整台（套）产品总装完成，如机电产品。它的特点是工序有间断，零部件的生产可以平行进行。

四、生产过程的空间组织和时间组织

如前所述，机械工业企业生产过程是从准备生产某种产品开始，直到产品最后生产出来为止的全部过程。任何一个产品的生产过程都需要在一定的空间内进行，即是需要在一定的场所组成的一定规模的生产单位（如车间、工段、班组等）中，同时还要消耗一定的时间，才能完成产品的生产。因此，生产过程的组织包含着相互独立又相互联系的两个方面，即生产过程的空间组织和生产过程的时间组织。

（一）生产过程的空间组织

生产过程的空间组织是根据企业的经营目标所提出来的产品品种、数量、交货期的要求，确定企业各产品的生产过程在空间上的运动形式，即生产过程各工艺阶段、各工序的分布和原材料、半成品的运输路线等。换言之，生产过程的空间组织就是对企业各个部门

(生产准备部门、基本生产部门、辅助生产部门、生产服务部门等)进行总体规划和工厂设计。其首要问题就是要建立起能够完成企业经营目标,且具有较好经济效益的较为合理的生产结构。确定企业内部要建立什么样的生产单位,各个生产单位以何种方式组织起来,以形成一个具有有机联系的、完整合理的生产制造系统。显然,这又与企业产品的生产特点、企业的生产类型以及专业化、协作化的水平有着直接关系。

企业的基本生产单位是车间,它是完成企业生产过程中某一部分或某一工艺阶段的场所。在机械工业企业内,根据生产类型和生产规模不同,生产单位(车间)一般可按以下三种原则划分和建立:

(1) 工艺专业化原则。简称工艺原则,即是把同类型的机器设备集中起来,按照工艺过程中各个工艺阶段建立起工艺专业化的生产单位。它集中了相同类型的机器和同工种的工人,对全厂所有该工艺特点的工序的各种产品进行加工。如图4.8所示。

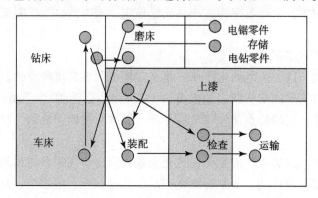

图4.8　工艺专业化示意图

按工艺原则布置生产单位有以下优点:①企业产品的变换,或是产品制造工艺的改变,都有很强的适应能力,不需要重新布置生产单位。②由于同种设备集中在一起,若遇到某设备故障,人员的病、事假等,可以很方便地调整生产任务,而不致使生产中断。③由于同种设备集中在一起,便于同工种工人技术交流,有利于工人技术熟练程度的提高,车间内部的技术管理工作也较方便。

但是,由于各生产单位是按工艺原则组织起来的,所以各生产单位都不能独立完成产品的全部或大部分加工工序,也就是每件产品要通过若干生产单位才能加工出来,因此它存在以下缺点:①产品加工路线较长,消耗在运输原材料和半成品上面的辅助劳动量大。②增加产品在生产过程中的停放时间,在制品的数量大,生产周期长,因此占用流动资金也多。③各生产单位之间的协作关系和各项管理工作,如计划工作、在制品管理、质量管理工作等,都比较复杂。

(2) 对象专业化原则。简称对象原则,就是把加工对象的全部或大部分工艺过程集中在组成以产品或是零件为对象的生产单位,这样组成的车间叫做对象专业化车间,又称为封闭车间。这种生产车间集中了不同类型的机器设备和不同工种的工人,对同类加工对象进行不同的工艺加工。也就是说,加工对象是一定的,工艺方法是多种多样的。例如,底盘车间、发动机车间等,如图4.9所示。

对象专业化车间可以克服工艺专业化车间的缺点,从而提高生产的经济效益。它有以下

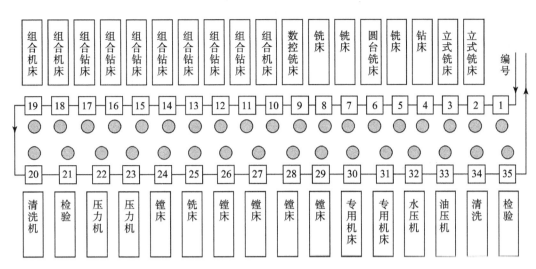

图 4.9 某微型汽车制造公司发动机汽缸生产线设施布置

优点：①可以缩短产品加工路线，减少原材料、半成品的运输量，节约辅助劳动量。②可以采用先进的流水生产组织形式，减少生产过程、等待时间，缩短生产周期，减少在制品和流动资金的占用数量。③能够简化生产单位间的协作关系，简化和加强计划管理、在制品管理、质量管理等。

但是，这种布置有以下缺点：①生产单位对企业生产产品的变换、制造工艺的改进、革新的适应能力很差。②不易进行工种专业化的技术管理工作。③就整个生产单位而言，它的各种设备负荷往往是不平衡的，不能充分发挥设备的生产能力。

（3）综合原则。就是根据企业的实际情况综合运用工艺专业化和对象专业化的原则来建立企业的生产单位。即对一部分的生产单位采用工艺专业化的原则来建立，对另一部分生产单位按对象专业化原则来建立。目的是要建立一种既能灵活适应产品或工艺的改变，又能充分发挥各设备生产能力，缩短产品加工路线，减少运输量、辅助劳动量等要求的生产单位。

（二）生产过程的时间组织

生产过程的时间组织是研究产品生产过程各环节在时间上的衔接和结合的方式。生产过程各环节之间时间衔接越紧密，就越能缩短生产周期，从而提高生产效率，降低生产成本。

产品生产过程各环节在时间上的衔接程度，主要表现在劳动对象在生产过程中的移动方式。劳动对象的移动方式，与一次投入生产的劳动数量有关。单个工件投入生产时，工件只能顺序地经过各道工序，不可能同时在不同的工序上进行加工。如果当一次投产的工件有两个或两个以上时，工序间就有不同的移动方式。一批工件在工序间存在着三种移动方式，这就是顺序移动、平行移动、平行顺序移动。

（1）顺序移动方式。顺序移动方式指一批零件在前一道工序全部加工完毕后，整批转移到下一道工序进行加工的移动方式。其特点是：一道工序在工作，其他工序都在等待。

（2）平行移动方式。平行移动方式指一批零件中的每个零件在每道工序完毕以后，立即转移到后道工序加工的移动方式。其特点是：一批零件同时在不同工序上平行加工，缩短了生产周期。

（3）平行顺序移动方式。平行顺序移动吸收了上述两种移动方式的优点，避开了其短处，但组织和计划工作比较复杂。平行顺序移动的特点是：当一批制件在前道工序上尚未全部加工完毕，就将已加工的部分制件转到下道工序进行加工，并使下道工序能够连续地、全部地加工完该批制件。为了达到这一要求，要按下面规则运送零件：当前一道工序时间少于后道工序的时间时，前一道工序完成后的零件立即转送下道工序；当前道工序时间多于后道工序时间时，则要等待前一道工序完成的零件数足以保证后道工序连续加工时，才将完工的零件转送后道工序。这样就可将人力及设备的零散时间集中使用。

表 4.1 是三种移动方式的特点比较。

表 4.1 三种移动方式对比表

方式 特点	顺序	平行	平行顺序
优点	①工序内加工过程连续； ②设备利用率高； ③整批加工，整批运送，管理与运输方便	同时对一批零件进行加工，生产周期最短	既保证工序内连续加工（工序内连续），又保证多道工序能同时对一批零件进行加工（不同工序尽量平行）加工周期居中
缺点	加工周期最长	若单件工序时间不等，会出现加工中断现象	每次向下工序转移零件数量和时间不同，管理复杂
适用范围	批量小，单件工序时间短，重量轻	批量大，单件工序时间长，重量较大的零件	批量大，单件工序时间长

（三）生产线组织

1. 生产线概述

生产线是产品生产过程所经过的路线，即从原料进入生产现场开始，经过加工、运送、装配、检验等一系列生产活动所构成的路线。狭义的生产线定义是指按对象专业化原则组织起来的多品种生产组织形式。生产线的优点是可组织多种产品的生产，不要求连续进行，因而生产线灵活性较大，特别适用于品种、规格复杂多样的情况，具有很强的实用价值。

2. 生产线的种类

（1）按范围大小分：产品生产线、零部件生产线；
（2）按节奏快慢分：流水生产线、非流水生产线；
（3）按自动化程度分：自动生产线、非自动生产线。

3. 流水生产线

流水线（又称为流水作业）是指劳动对象按照一定的工艺过程，顺序地、一件接一件地通过各个工作地，并按照统一的生产速度和路线，完成工序作业的生产过程组织形式。它将对象专业化的空间组织方式和平行移动的时间组织方式有机结合，是一种先进的生产组织形式。

（1）流水线具有如下特点：

①专业性。流水线上各个工作地的专业化程度很高，即流水线上固定地生产一种或几种制品，固定地完成一道或几道工序。

②连续性。流水线上的制品在各工序之间须用平行或平行顺序移动，最大限度地减少制品的延误时间。

③节奏性。流水线生产都必须按统一节拍或节奏进行。所谓节拍，是指流水线上连续出产两件制品的时间间隔。

④封闭性。生产工艺过程是封闭的，各工作地按照制品的加工顺序排列，制品在流水线上作单向顺序移动，完成工艺过程的全部或大部分加工。

⑤比例性。流水线上各工序之间的生产能力相对平衡，尽量保证生产过程的比例性和平行性。

（2）流水线的分类：

机械工业企业中的流水线有很多种，可按不同的标准进行分类。

①按生产对象是否移动，可分为固定流水线和移动流水线。固定流水线是指生产对象固定，工人携带工具围绕着生产对象移动作业。固定流水线主要用于不便运输的大型产品。移动流水线是生产对象按工艺顺序移动，工人固定在工作地上操作。

②按流水线固定的生产对象数目，可分为单一对象流水线和多对象流水线。按流水线上加工对象的轮换要求，又可分为不变流水线、可变流水线和成组流水线。单一对象流水线只固定生产一种产品或零件，也叫不变流水线。多对象流水线是固定生产几种结构和工艺相同的产品或零件。多对象流水线又分为可变流水线和成组流水线。可变流水线是轮番地在流水线上固定生产几个生产对象。成组流水线是按相似件分类成组地在流水线上生产。成组流水线又分两种，一种是顺序加工的成组流水线，另一种是平行加工的成组流水线。

③按流水线的连续程度，可分为连续流水线和间断流水线。连续流水线是生产对象在流水线上连续不断地进行加工，没有等待和间断时间，是一种较完善的流水线形式。在连续流水线上的所有工序时间等于节拍或成整数倍。如果受工艺条件的限制，使工序时间难以调整得与节拍相等或成整数倍，则可组织间断流水线。在间断流水线上，因为各工序能力不平衡，所以工序间不能连续生产，有间断时间。

④按流水线的节奏性程度，可分为强制节拍流水线、自由节拍流水线及粗略节拍流水线。强制节拍流水线是指严格按照节拍的要求进行加工或装配，一般是由传送带控制。自由节拍流水线不要求严格按节拍出产产品，节拍主要是靠工人的熟练操作来保证。粗略节拍流水线是各工序的加工时间与节拍相差很大，如果按节拍组织生产，就会使设备和工人处于工作时断时续的状态，为了充分利用人力和设备，工作地可以在一段时间内连续进行生产，各工作地经过不等的时间达到相同的产量。因此，可以规定一个合理的时间间隔（如半个班），并按它组织各工作地的连续生产，这个时间就是粗略节拍。

⑤按流水线的机械化程度，可分为手工流水线和机械化流水线。手工流水线多用于装配，机械化流水线应用最为广泛。

图 4.10 为流水线的分类应用。

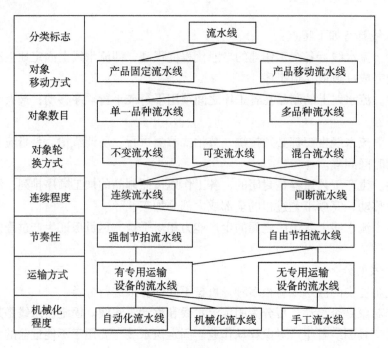

图 4.10 流水线的分类

(3) 组织流水生产的条件：

组织流水生产线必须具备一定条件，主要是：

①产品结构方面：设计的产品结构要稳定，要基本定型，并有良好的工艺性，工序能细分，便于在组织流水线时进行同期化工作。

②工艺方面：工艺方法要先进，工艺规程要稳定，能确保产品质量。

③产品产量方面：制品要有足够的产量，以确保流水线各工作地有正常的负荷，能发挥流水线的效能。

④空间面积方面：厂房建筑和生产面积要适合于布置流水线的设备和传送带。

4. 自动生产线

自动化流水线是流水线的高级形式，它依靠自动化机械体系实现产品的加工过程，是一种高度连续的，完全自动化的生产组织。同一般流水线相比，自动流水线减少了工人需要量，消除了繁重的体力劳动，生产效率更高，产品质量更容易保证。但投资较大，维修和管理要求较高。

1) 自动生产线的特点

自动生产线具有两个明显的特点：

(1) 自动线的生产过程具有高度的连续性。自动线上所有机床设备都是按统一的速度有节奏地进行工作的，出产节拍是固定不变的。

(2) 自动线的生产过程完全是自动进行的。在流水线上，基本工序是由工人完成的，而在自动线上，所有的基本工序以及上下料、检验、运输等操作全由机器设备自动完成。工人的职能则由操作转变为监视和调整设备。

这种生产组织形式的优点是：能消除笨重体力劳动，减少工人数量，缩短生产周期，提高生产效率,稳定产品质量,降低产品成本,其经济效益是非常明显的。其缺点是:投资较大,回收期长,自动线上出现小故障都会造成整条生产线停产。

2) 自动生产线的形式

自动线的形式繁多,可从不同角度进行分类。

(1) 按零件移动方式分类,有脉动式自动线和连续自动线。

(2) 按传送装置的性质分类,有分配式自动线和工作式自动线。

(3) 按连接方式分类,有硬连接自动线、软连接自动线、混合连接自动线和转子连接自动线。

3) 组织自动生产线的条件

组织自动线除了应具备组织流水线的所有条件外,还有以下四个方面的要求:

(1) 加工对象方面:零件的标准化、通用化程度应当很高,以保证加工对象的相对稳定;零件结构必须适应自动化生产的特点,便于运输、装夹和自动加工;毛坯精度要高。

(2) 工艺方面:采用的设备、工艺方法及工艺装备要先进,自动化程度要高。工序的同期化程度要很高,劳动量较大的工序要划分成几个工步,并进行间期化。工艺规程应保证能最大限度地减少重新安装和夹紧工件的次数。这是自动线设计中很关键的问题。

(3) 劳动组织方面:要求在自动线上工作的工人具有比一般工人更高的文化技术知识和调整设备、排除故障的技能。劳动力的组成和工种性质与流水线不同,取消了直接操作加工工人,增加了自动线调整、维护修理工人和保证工具供应的辅助工人。

(4) 管理方面:自动生产线虽然简化了生产管理,但生产准备工作(包括对材料、毛坯、半成品的供应)却要求更严,必须完全按质、按量、按时保证供应。对设备的保养维修和刀具的更换,也要严格按计划进行。

(四) 其他生产过程的组织形式

1. 成组技术与成组加工单元

成组技术的基本思想是:用大批量的生产技术和专业化方法组织多品种生产,提高多品种下批量的生产效率。成组技术以零部件的相似性(主要指零件的材质结构、工艺等方面)和零件类型分布的稳定性、规律性为基础,对其进行分类、归并成组并组织生产。在成组技术应用中,出现了一具多用的成组夹具,一组成组夹具一般可用于几种甚至几十种零件的加工。成组技术根本改变了传统的生产组织方法,它不以单一产品为生产对象,而是以"零件组"为对象编制成组工艺过程和成组作业计划。

成组加工单元,就是使用成组技术,以"组"为对象,按照对象专业化布局方式,在一个生产单元内配备不同类型的加工设备,完成一组或几组零件的全部工艺的组织。采用成组加工单元,加工顺序可在组内灵活安排,多品种小批量生产可获得接近于大量流水生产的效率和效益。目前,成组技术主要应用于机械、电子、兵器等制造领域。它还可应用于具有相似性的众多领域,如产品设计和制造、生产管理等。

2. 柔性生产单元

柔性制造单元,即以数控机床或数控加工中心为主体,依靠有效的成组作业计划,利用机器人和自动运输小车实现工件和刀具的传递、装卸及加工过程的全部自动化和一体化的生产组织。它是成组加工系统实现加工合理化的高级形式。它具有机床利用率高、加工制造与

研制周期缩短、在制品及零件库存量低的优点。柔性制造单元与自动化立体仓库、自动装卸站、自动牵引车等结合，由中央计算机控制进行自动加工，就形成柔性制造系统。柔性制造单元与计算机辅助设计等功能的结合，则成为计算机一体化制造系统。

第三节 生产计划与控制

企业生产计划和控制工作涉及的范围很广，包括企业内部的各个部门和各种职能，如营销产品开发、供应、配送、人事、设备维修、动力等，还包括企业外部的客户、经销商、供应商和合作企业等。企业的高、中层和基层的管理人员都在不同程度上参与生产规划和计划控制工作的决策、设计和运作过程。生产规划和计划控制虽在制造部门中付诸实施，但局限在制造部门范围内则无法掌握此项工作全貌。现从制造部门的两部分活动即"生产过程规划"和"生产过程"出发，分析在规划和生产过程运作中涉及哪些问题的决策。

按照葛泽尔（Norman Gaither）的经验，涉及生产过程规划和实施的决策可归类为三个层次：战略决策、运作决策和控制决策。

战略决策：这类决策发生在长期阶段，涉及企业产品、生产过程和设施的方向性问题。需要生产、人事、设计、营销和财务等各方人员汇聚一起做出决策。这类决策主要有：启动一项新产品开发方案；新产品的生产过程流程设计；生产技术选择、稀缺原材料、生产能力或人力的分配方案。

运作决策：这类决策发生在综合规划和主生产计划以及生产作业计划和控制系统设计阶段。所做出的决策围绕着以适当的成本生产出客户满意的产品并使企业有利可图，主要的运作决策包括：每种产品的成品和在制品库存水平；月生产产品品种及数量；生产能力的调整和外协以及原材料采购等。

控制决策：这类决策发生在生产计划和控制系统设计阶段，处理日常的各种应变问题。其内容主要包括制订达到目标成本的措施；产品设计修改后的质量标准的制定；决定关键机器设备维修间隔。生产现场管理者的日常工作大部分是用来处理有关工人操作、产品质量和机器设备在生产过程中出现的问题。

一、生产作业计划

生产作业计划是企业生产计划的具体执行计划。这种具体化表现在将生产计划规定的产品任务在规格、空间、时间等方面进行分解，即在产品方面具体规定到品种、质量、数量在作业单位方面规定到车间、工段、班组乃至设备；在时间上细化到月、旬、日、时，以保证企业生产计划得到切实可行的落实。因此，生产作业计划的任务是按照产品生产计划的时、量、期及产品的工艺要求，将生产资源最适当地配置给各产品任务，形成各作业单位在时间周期的进度日程计划。这样，既完成（品种、质量、数量、期限）生产计划，又使资源得到充分均衡利用。为此，生产作业计划的主要工作内容应是明确企业各级生产单位所拥有的生产资源即生产能力、分配任务负荷、平衡负荷与生产能力、编制日历进度计划、监督检查各种生产准备工作（技术、供应）以及生产作业控制调度。在编制生产作业计划过程中的主要决策问题包括：确定不同产品的生产顺序；确定某一产品的生产批量以及确定生产进度日程。相应的决策目标包括：计划完成率、生产周期、设备利用率、生产成本等。

二、生产计划工作的内容

生产计划工作的主要内容包括:
(1) 调查和预测社会对产品的需求。
(2) 核定企业的生产能力。
(3) 确定企业经营目标,制定经营策略。
(4) 选择制订计划的方法,正确制订生产计划、库存计划、生产进度计划、计划工作程序以及计划的实施与控制工作。

三、生产计划的指标体系

生产计划指标是企业生产计划的重要内容之一。企业生产计划的主要指标有:产品品种、产品质量、产品产量和产值。企业生产计划的主要指标从不同的侧面反映了企业生产产品的要求。

1. 产品品种指标

产品品种指标包含两方面的内容:
(1) 企业在计划期内生产的产品名称、规格等方面的规定性。
(2) 企业在计划期内生产的不同品种、规格产品的数量。

品种指标能够在一定程度上反映企业适应市场的能力。一般来说,品种越多,越能满足不同的需求,但是,过多的品种会分散企业的生产能力,难以形成规模优势。因此,企业应综合考虑,合理确定产品品种,加快产品的更新换代,努力开发新产品。

2. 产品质量指标

产品质量指标是指企业在计划期内生产的产品应该达到的质量标准,包括内在质量与外在质量两个方面。内在质量是指产品的性能、使用寿命、工作精度、安全性、可靠性和可维修性等因素;外在质量是指产品的颜色、式样、包装等因素。在中国,产品的质量标准分为国家标准、行业标准和企业标准三个层次。产品的质量标准是衡量一个企业的产品满足社会需要程度的重要标志,是企业赢得市场竞争的关键因素。

3. 产品产量指标

产品产量指标是指企业在计划期内应当生产的合格的工业品实物数量或应当提供的合格的工业性劳务数量。产品的产量指标常用实物指标或假定实物指标表示,如汽车用"辆"表示,钢铁用"吨"表示等。产品产量指标是表明企业生产成果的一个重要指标,它直接来源于企业的销售量指标,也是企业制定其他物量指标和消耗量指标的重要依据。

4. 产品产值指标

产品产值指标是指用货币表示的企业生产产品的数量,它解决了企业生产多种产品时不同产品产量之间不能相加的问题。企业的产品产值指标有商品产值、总产值和净产值三种表现形式。

(1) 商品产值:企业在计划期内生产的可供销售的产品或工业劳务的价值。其内容包括用自备原材料生产的可供销售的成品和半成品的价值,用订货者来料生产的产品的加工价值,对外完成的工业性劳务价值。

商品产值=自备原材料生产的成品价值+外销半成品价值+来料加工的加工价值+对外

承做的工业性劳务价值

（2）总产值：用货币表现的企业在计划期内应该完成的产品和劳务总量。它反映企业在计划期内生产的总规模和总水平，其内容包括商品产值，订货者来料的价值，在制品、半成品、自制工具的期末期初差额价值，它是计算企业生产发展速度和劳动生产率的依据。

总产值 = 商品产值 +（期末在制品价值 − 期初在制品价值）+ 来料加工的来料价值

（3）净产值：企业在计划期内新创造的价值。净产值的计算方法有两种，一种是生产法，即从工业总产值中扣除物质消耗价值的办法。

净产值 = 工业总产值 − 全部物资消耗价值

另一种是分配法，这种方法从国民收入初次分配的角度出发，将构成净产值的各要素直接相加求得净产值，这些要素主要包括工资、员工福利基金、税金、利润、利息、差旅费、罚金等。

净产值 = 工资 + 税金 + 利润 + 企业经营费

在实践中，商品产值和净产值一般用现行价格计算，总产值则要求用不变价格计算。

四、生产能力的核定

核算和平衡生产能力，是编制生产作业计划必不可少的一项重要工作。未经过核算和平衡生产能力编制出的生产作业计划是没有科学依据的。正确地核算和平衡生产能力，有利于找出生产过程中的薄弱环节，采取措施，挖掘潜力，更合理地利用现有的生产能力，完成生产作业计划，满足客户和市场需求。

1. 企业生产能力的概念

企业的生产能力是指一定时期内，企业的全部生产性固定资产，在一定的组织技术条件下，所能生产一定种类和一定质量的产品的最大数量，或者能够加工处理一定原材料的最大数量。它是反映企业生产可能性的一项重要指标。

企业的生产性固定资产是指参加企业产品生产过程或直接服务于企业产品生产过程的各种厂房、建筑物、机器设备等固定资产。

2. 企业生产能力的种类

企业的生产能力根据其应用上的不同要求，有以下几种：

（1）设计能力。设计能力是指企业新建、扩建或进行重大技术改造后，在设计任务书或有关技术文件中规定的生产能力。企业在新建、扩建后的一段时间里，实际的生产能力一般都达不到设计能力，需要经过一段时间熟悉和掌握生产技术后才能达到规定的设计能力。

（2）查定能力。当企业有了新的发展，如产品方案、生产工艺和技术组织条件等发生了重大变化时，原定的设计能力已不符合企业的实际情况，此时需要重新调查核定企业的生产能力，重新核定的生产能力称为查定能力。

（3）计划能力。计划能力是企业在编制生产计划时所用的能力，一般是根据企业当时的实际生产条件和考虑将要采取的各种技术组织措施的效果，预期在计划期内可能实现的生产能力。

国外又把生产能力分为固定能力（Fixed Capacity）和可调能力（Adjustable Capacity）两种。固定能力是指主要由生产性固定资产决定的能力，它是生产能力的上限。可调能力是指在考虑安排劳动力的数量、每天的工作时间和班次等因素后可灵活调整的生产能力。

3. 影响生产能力的因素

核定生产能力就是通过对生产中固定资产的数量、固定资产的工作时间、固定资产的生产效率等因素的调查，在查清现状的基础上，将这些因素加以确定，从而计算出企业的查定能力。

企业生产能力的大小取决于各种因素，从生产能力核定的角度，可以分为以下三大因素：

（1）生产中固定资产的数量。是指企业在查定时间内所拥有的全部能够用于工业生产的机器设备、厂房和其他生产性建筑物的面积。

（2）固定资产的工作时间。是指机器设备的全部有效工作时间和生产面积的全部利用时间。

（3）固定资产的生产效率。对于机器设备来说，是指单位机器设备的产量定额或单位产品的台时定额；对于生产面积来说，是指单位产品占用生产面积的大小和时间的长短。

4. 企业核定查定能力的方法

企业查定能力的核定应该从基层开始，可以分为两个阶段：

（1）查定班组、工段、车间等各个生产环节的生产能力，计算同类设备组合的生产能力的公式如下：

设备生产能力＝设备数量×单位设备有效工时×单位时间产量定额

设备生产能力＝设备数量×单位设备有效工时÷单位产品时间定额

生产面积生产能力＝生产面积数量×生产面积利用的延续时间×单位时间单位面积的生产定额

（2）在综合平衡各个生产环节的生产能力的基础上核定企业的生产能力时，先将各生产环节的生产能力综合平衡，进而确定企业的生产能力。综合平衡有两方面的工作：其一，基本生产车间之间的能力的平衡；其二，辅助生产车间生产能力与基本生产车间生产能力的平衡。若各生产环节的能力不一致，则应按主导环节来确定企业的生产能力。

五、生产任务的综合平衡

企业在编制年度、季度和月度生产作业计划时，都需要核算现有生产能力（计划能力），通常并不需要在计算出各个生产环节的能力后再去综合成企业的生产能力，只需要计算出各个生产环节和各个设备组的生产能力，并与完成生产任务所需的各类设备需要能力进行平衡。目的是为了发现生产任务和生产能力之间的不平衡状况，便于有计划地采取措施，保证计划任务的落实和生产能力的有效利用。

制订生产计划时，要做到三大平衡，即生产任务与生产能力的平衡，生产任务与生产技术准备、劳动力、物资供应的平衡，生产任务与资金、成本、利润之间的平衡。

产品生产进度的安排是把年度计划产量指标分解落实到各个月份，根据市场对企业产品需求的特点在不同月份安排不同产量，要求掌握大量大批生产、成批生产和单件小批生产三种类型的产品出产进度安排。

六、生产计划的编制及期量标准

编制生产计划一定要根据企业经营目标的要求，遵循以销定产的原则，合理安排企业在

年度计划内生产的产品品种、质量、产量、产值和产品的出产期限等指标。下面我们分别介绍不同生产类型中所涉及的生产作业计划的编制方法。

（一）大量流水生产

1. 大量流水生产的特点

大量生产的主要生产组织方式为流水生产，其基础是由设备、工作地和传送装置构成的设施系统，即流水生产线。最典型的流水生产线是汽车装配生产线。流水生产线是为特定的产品和预定的生产大纲所设计的。生产作业计划的主要决策问题在流水生产线的设计阶段中就已经做出规定。因此，大量流水生产的生产作业计划的关键在于合理地设计好流水线。达包括确定流水线的生产节拍、给流水线上的各工作地分配负荷、确定产品的生产顺序等。

2. 大量流水生产的生产作业计划编制

大量生产类型的厂级月度生产作业计划，是根据企业的季度生产计划编制的。编制时，先要确定合理的计划单位，然后再安排各车间的生产任务和进度，以保证车间之间在品种、数量和期限方面的衔接。

安排各车间的生产任务和进度的方法，主要取决于车间的专业组织形式。如果车间为产品对象专业化，则只需要将季度生产计划按照各个车间的分工、生产能力和其他生产条件，分配给各个车间即可。如果各个车间之间是依次加工半成品的关系，则为保证各车间生产之间的衔接，通常采用反工艺过程的顺序，逐个计算车间的投入和出产任务。在制品定额法即为此类方法。

（二）成批生产

1. 成批生产的特点

从生产作业计划的角度考虑，成批生产方式具有以下特点。

（1）从产品的角度分析。企业所生产的产品的品种较多，且多为系列化的定型产品；产品的结构与工艺有较好的相似性，因而可组织成批生产；各品种的产量不大；在同一计划期内，有多种产品在各个生产单位内成批轮番生产。

（2）从生产工艺的角度分析。各产品的工艺路线不尽相同，可有多种安排产品的工艺路线，加工设备既有专用设备又有通用设备；生产单位按照对象原则（如组成生产单元）或工艺原则组建。

（3）从需求的角度分析。生产任务来自用户订货或依据市场预测；一般对交货期有较严的要求；一般有一定的成品、半成品和原材料库存。

（4）从组织生产的角度分析。在同一时段内，存在生产任务在利用生产能力时发生冲突的现象，特别是在关键设备上；由于品种变换较多，导致设备准备时间占用有效工作时间比重较大；生产作业计划的编制在较大量生产情况时具有较大的灵活性，因而具有较大的复杂性和难度。

2. 成批生产的期量标准

生产作业计划的一项重要任务就是研究生产过程中期与量的关系标准。同大量生产不同，后者主要将生产作业计划的重点放在了量上，而成批生产作业计划所要解决的主要问题是如何在时间上安排不同品种、不同数量的产品轮番生产，这里既有期又有量。成批生产的期量标准有批量与生产间隔期、生产周期、生产提前期、在制品定额等。

所谓生产批量是指在消耗一次准备结束时间的条件下，连续生产一批相同制品的数量。批量的大小对生产的技术经济效果有很大影响。批量大，有利于提高工人的熟练程度和劳动生产效率，有利于保证产品质量。由于在相同时间内，设备调整次数减少，设备利用率提高，会使生产成本降低；但是另一方面，批量增大，会延长生产周期，使生产过程中的在制品增多，增加流动资金的占用，这会增加生产成本，同时也难以适应变化多端的市场需求。批量小，能使生产的安排比较灵活，易于保证及时交货，生产周期较短使得在制品占用量变小；但由于产品品种变动频繁，使得生产效率与设备利用率降低。因此，需要综合考虑批量对生产绩效的影响，做出适当的选择。

（三）单件小批生产

1. 单件小批生产的特点

在单件小批生产条件下，企业所生产的产品的品种多，每个品种的产量很小，基本上是按照用户的订货需要组织生产；产品的结构与工艺有较大的差异；生产的稳定性和专业化程度很低。生产设备采用通用设备，按照工艺原则组织生产单位。每个工作中心承担多种生产任务的加工。产品的生产过程间断时间、工艺路线和生产周期均长。但是，单件小批生产方式具有生产灵活，对外部市场环境较好的适应性等优点。

基于上述特点，单件小批生产的生产作业计划要解决的主要问题是，如何控制好产品的生产流程，使得整个生产环节达到均衡负荷，最大限度地缩短生产周期，按订货要求的交货期完成生产任务。

2. 单件小批生产的期量标准

单件小批生产的期量标准有生产周期和总日历进度计划。

生产周期是单件小批生产的基本期量标准。其构成同成批生产条件下产品的生产周期相同。由于产品品种多，所以通常只确定企业的主要产品和代表产品的生产周期，而其他产品可根据代表产品的生产周期加以比较，按其复杂程度确定。生产周期的确定方法可采用产品生产周期图表编制。编制过程中，按照产品的结构、工艺特点，主要考虑产品零件中的主要件和关键件在工艺上的逻辑衔接关系，确定产品的生产周期。在产品的零件繁多、工序衔接复杂的情况下，可以采用网络计划技术确定生产周期。

七、生产过程控制

企业生产过程控制主要是指对企业基本生产过程的作业活动进行有效调节，对作业活动和产品生产的数量与进度等所进行的控制。通过各种有效的协调措施和调控方法，预防或制止生产过程中可能发生的或已经发生的脱离计划及目标的偏差，保证作业活动和产品生产按计划所预定的目标顺利完成。

（一）生产过程控制的任务

生产过程控制是在生产计划和生产实施这两个职能之间进行调整，通过对生产过程的实时监控，使生产计划的各项指标得到落实，以保证生产系统的总体效率与效益。生产过程控制的内容涉及生产过程中的人、机、物等各个方面。它包括生产进度控制、在制品控制、库存控制，以及生产成本控制、生产质量控制、生产率控制和设备控制等。在实际操作中各企业可根据自身情况，在不同的时期选择不同的重点控制对象。

（二）生产过程控制业务的实施程序

尽管生产过程控制的内容有多种多样，各自的控制方法也有所不同，但生产过程控制业务的实施程序一般应包括以下4个步骤。

1. 现状调查

根据生产进行情况和完成时刻的报告或现场调查的数据，将执行计划的实际结果整理成有关产量、时间、质量、成本等指标，为评价计划和实际成果的差距及对生产进度、现有物品、加工余力进行管理提供必要的资料。

2. 比较判定

通过生产计划与实施的比较，判定两者的偏差程度，研究产生偏差的根本原因，为调整、处理偏差做好准备。

3. 调整或修正

在计划与实际出现差异时，按照偏差的大小及发生原因，采取以下处理方法：①利用富裕的生产能力、外协、加班和库存等方面的措施消除偏差，使生产尽快恢复到计划要求的状态；②将偏差向生产计划系统反馈，以便修改出现偏差后的本期或下期生产计划。

4. 实施执行

这是控制程序中最后一项工作，由一系列的具体操作组成。控制措施贯彻执行得如何，直接影响控制效果，如果执行不力，则整个控制业务将功亏一篑。所以在执行中要有专人负责，及时监督检查。

八、生产调度

生产调度机构的指挥与指令中心，主要任务有：①检查生产作业计划执行情况，掌握生产动态，掌握在制品在各工艺阶段的投入和产出进度，及时解决生产中出现的各种问题；②检查、督促和协助有关部门及时做好各项生产作业准备工作；③根据生产需要合理调配各种生产要素；④检查在制品储备情况，严格执行定额标准，防止过量与不足；⑤对各期生产计划进行统计分析；⑥组织好厂级、车间调度会议，及时传达指令，限期解决生产中的问题。

生产调度对企业日常生产活动进行控制和调节。对生产作业计划执行过程中已出现和可能出现的偏差及时了解、掌握、预防和处理，保证整个生产活动协调地进行。它是组织实现生产作业计划的一种主要手段。现代工业企业环节多，协作关系多，连续性强，情况变化快，若某一环节发生故障或某一措施没有按期实现，往往影响整个生产过程。加强生产调度，可以迅速解决已经发生的问题，并能把可能发生的偏离因素消灭于萌芽状态。

（一）生产调度工作的内容

生产调度工作的内容主要包括：控制生产进度和在制品流转；督促有关部门做好生产准备和生产服务，检查生产过程的物资供应；监督设备的运转合理调配劳动力；调整厂内运输；组织厂部和车间的生产调度会议，并监督有关部门贯彻执行调度决议；做好生产完成情况的检查、记录、统计分析工作。

(二) 生产调度工作的原则

在保证全面地、均衡地完成生产作业计划的前提下，生产调度应遵循下列原则：①计划性。以生产作业计划为依据，保证实现计划规定的任务和进度。对实际与计划之间的偏差，采取克服措施，必要时可对原计划进行调整和补充。②统一性。各级调度部门应根据领导人员的指示按照生产作业计划和临时生产任务的要求，行使调度权力，发布调度命令，下一级生产单位和同级的有关职能部门必须坚决执行。如有不同意见，应在贯彻执行的同时，请示领导解决，以保证生产活动的集中统一指挥。③全面性。抓重点，抓薄弱环节，抓全过程。④预见性。对生产作业计划执行过程中可能发生的偏差和障碍，积极采取措施加以防止或缩小它的影响范围，抓准备、保投入，抓投入、保出产，抓出产、保计划。⑤及时性。生产调度部门对问题的处理要迅速果断，并督促有关方面迅速执行。

(三) 生产调度机构的设置

生产调度机构的设置要贯彻集中领导、统一调度、分组管理、归口负责的原则，做到机构设置合理，分工明确，职责清楚，管理有效。一般大、中型企业可设置厂部、车间、工段三级调度机构；小型企业可设厂部和车间两级调度机构。在轮班生产条件下，厂部和车间要设值班调度，负责每班的调度工作。

厂部可设总调度室，在生产副厂长或生产科长的领导下，作为全厂调度网的中心，统一指挥全厂日常生产活动的调度工作。

厂部总调度室配备调度人员根据具体情况可采取3种分工形式：①按"条"分工，即调度人员按产品对象分工，对每种产品从准备投料直到最后制成品都有专人负责。这种分工有利于及早发现新产品投产后的问题，确保任务的按期完成。但是，不利于在同一车间全面协调所有产品的生产。②按"块"分工，即调度人员按车间分工，对车间所属产品负责。这种分工，能够全面了解产品在该车间的情况，便于统筹兼顾。但是，不利于了解和掌握产品的全部生产过程。③条块结合，是以上两种形式的结合。它既可以保证调度业务的集中统一，又具有统筹兼顾的优点，可以根据企业的生产特点和生产需要，采取"条块结合，以条为主"或者"条块结合，以块为主"的形式。此外，企业可根据实际需要，在工具、设备、劳动、供应、运输、仓库等部门设立调度组，也可指定专人负责调度工作。

车间内部的调度机构，一般不单独设立调度组，而是同生产作业计划编制工作结合在一起，设立计划调度组。调度工作的组织形式主要有两种：①车间设调度员，分工负责一个工段或几个工段的调度工作。工段不设调度员。这种形式适用于工艺专业化组织工段的车间。②车间、工段都设调度员，车间计划调度组配备少量分工主管几个工段的计划调度员，同时在工段领导下配备工段调度员。各车间和科室的调度组或调度员，一方面接受车间主任或科长的领导，另一方面在业务上归总调度室领导。这样，使生产调度工作上下左右密切结合起来，形成一个集中统一的生产调度系统。

(四) 生产调度机构的职权

各级调度机构的职权是不同的：①厂部总调度室，负责保证按照产量、品种和期限完成全厂的作业计划。厂部调度员要掌握各半成品库的储备情况，做好各车间之间的配合；监督各基本生产车间班计划和日计划完成情况,也要监督辅助车间以及生产准备工作的情况。发现问题或接到车间调度员报告时,应迅速处理。遇有重大问题应请示生产副厂长后处理。为了保证厂部调度命令的统一,生产作业方面的命令集中由调度机构发出。②车间调度组,根据生产作业计划的要求进行调度,保证各工段之间的衔接配合。监督车间作业计划的执行,发现问题和偏差时应迅速处理,重大问题应向车间主任请示后处理。车间调度员应经常向车间主任和厂总调度室报告情况,特别是车间无法解决的问题,应及时向厂总调度室报告。③工段调度员,根据作业计划具体地分配各个工作地、各轮班的任务,并及时做好各项准备和供应工作。工段调度员要经常掌握各工作地完成任务和产生废品、停工等情况,发现后应立即处理。重大问题要请示工长。工段调度员应经常向工长和车间调度组报告情况,对工段无法解决的问题,应向车间调度组报告。

(五) 生产调度的工作方法

1. 基本方法

基本方法包括以下几方面:①调查研究。调度人员深入生产实际,掌握情况,分析研究,找出关键问题,预见发展趋势。出现问题,迅速采取有效措施加以解决。②召开各级调度会议。③加强日常检查。为了保证作业计划的实现,要对出产量和各工序完工情况进行核算和监督,调度员可以利用台账和各种形式的图表来核算实际完成情况;对车间在制品积存量和半成品储备量进行核算监督;对生产准备工作进行核算监控;运用生产进度控制、在制品占用量控制等方法进行有效控制。

2. 调度工作制度

调度工作制度包括以下几方面:①调度会议制度。调度会议制度是企业在组织和指挥生产的过程中,上下沟通、横向联系,由调度部门召开的例会。它是一种发扬民主、集思广益、统一调度和指挥生产的良好形式。采取这种形式,可以及时检查、协调生产进度,了解存在的问题,针对生产中的薄弱环节,制定有效措施,加以解决。调度会议一般分为厂部和车间两级,厂部调度会的主要内容是:检查上次调度会议决议的执行情况,对于实现生产作业计划所存在的问题进行充分研究和讨论,并根据新的情况做出新的决议,由有关部门贯彻执行。车间调度会主要是检查车间生产作业计划的完成情况,重点是检查生产作业准备情况,并做出决议,由有关人员贯彻执行。每次调度会议前要摸清情况,通知会议内容,以便有关部门做好准备;议题要突出重点,集中力量解决生产中急需解决的关键问题,不要把大小问题都在调度会上讨论,也不要停留在只是了解情况、听取汇报上;会议主持人要集中大家意见做出决定,形成会议纪要,并责成有关部门贯彻执行,由生产调度部门进行督促检查。②调度值班制度。厂部、车间的调度机构应当做到只要有生产,就有调度值班。调度在值班期间,要经常检查、及时处理生产中发生的问题,填好调度值班记录,严格实行交接班制度;③调度报告制度。为使各级调度机构和领导及时掌握生产情况,企业各级调度机构要把每日值班调度的情况报上级调度部门和有关领导。各工段每班都应把本班执行情况报车间调度组,车间调度组应把车间生产作业计划执行情况报总调度室,总调度室要把每日生产、库存、产品配套、出产进度以及生产中存在的关键问题等,写成生产日报,报领导并发至有关科室和车间。④现场调度制度。领导人员下现场,协同调度人员、技术人员、工人三结合解决生产中出现的问题。⑤班前、班后小组会议制度。班前小组会布置任务,调度生产进度；班后小组会检查生产作业计划完成情况，总结本班生产的经验和教训。

第四节　生产现场管理

生产现场管理就是指用科学的管理制度、标准和方法对生产现场各生产要素，包括人（工人和管理人员）、机（设备、工具、工位器具、工装夹具）、料（原材料、辅料）、法（加工、检测方法）、环（环境）、资（资金）、能（能源）、信（信息）等进行合理有效的计划、组织、协调、控制和检测，使其处于良好的结合状态，达到优质、高效、低耗、均衡、安全、文明生产的目的。

一、生产现场管理的含义

生产系统中的现场是指从事产品生产、制造或提供生产服务的场所。它既包括生产前方各基本生产单位，也包括后方各辅助部门的作业场所，如库房、试验室等。

现场管理就是运用科学的管理方法和管理手段，对生产的基本要素（人、机、料、法、环、资、能、信等）进行合理配置和优化组合，提高生产系统的效率，以保证生产系统目标的顺利实现。可见，现场管理的特征与其他管理一样，也要对生产要素进行合理配置，提高投入、产出的效益。

二、生产现场管理的内容

生产现场管理的内容包括现场生产的组织管理工作和落实到现场的各项专业管理、基础管理工作，主要内容有以下四点：

（1）工作要素管理。对现场工序所使用的人力、设备和原材料等进行管理。
（2）产品要素管理。对产品品种、质量、数量、交货期和成本等进行管理。
（3）现场物流管理。对从物料进入现场到转化为成品的流程进行管理。
（4）现场环境管理。对生产现场和生活现场的环境进行管理。

三、生产现场管理的特点

生产现场管理的主要特点有以下三点：

（1）生产组织的现场性。人、财、物，产、供、销等都是在生产现场进行的，因此，生产组织具有现场性的特点。
（2）生产任务的紧迫性。生产车间必须在规定的时间内，保质保量地完成生产任务。
（3）人际关系的直接性。现场管理者直接面对作业人员，因此，必须直接面对各类生产问题，并要迅速解决。

四、生产现场管理的目标

生产现场管理的目标概括起来主要有以下五个方面：

（1）全面培养作业人员的技能。现场管理者要致力于对作业人员进行"五会"培养，即会操作、会调整设备、会维护设备工具、会检查质量和会多工种操作。
（2）开展全面质量管理。包括对作业人员的技能，设备、工具、检具的精度，毛坯的尺寸以及加工方法、环境条件等各方面的质量管理。

（3）安全生产。包括改善通风照明条件，设置防尘、防毒、消除噪音和防火设施，安装设备防护装置，禁止疲劳作业等。

（4）降低生产成本。在生产过程中控制各种消耗，杜绝浪费，做到人尽其才、物尽其用。

（5）建立正常生产秩序，实现均衡生产。讲究科学管理，前后工序要保持同步，产品品种、数量、工时负荷要全面均衡，确保以最少的生产储备实现生产的连续性和均衡性。

五、生产现场管理制度

（一）定置管理

（1）安置摆放、工件按区域按类放置，合理使用工位器具。

（2）及时运转、勤检查、勤转序、勤清理，标志变化应立即转序，不拖不积，稳吊轻放，保证产品外观完好。

（3）做到单物相符，工序小票，传递记录与工件数量相符，手续齐全。

（4）加强不合格品管理，有记录，标识明显，处理及时。

（5）安全通道内不得摆放任何物品，不得阻碍。

（6）消防器材定置摆放，不得随意挪作他用，保持清洁卫生，周围不得有障碍物。

（二）工艺管理

（1）严格贯彻执行工艺规程。

（2）对新工人和工种变动人员进行岗位技能培训，经考试合格并有师傅指导方可上岗操作，生产技术部不定期检查工艺纪律执行情况。

（3）严格贯彻执行按标准、按工艺、按图纸生产，对图纸和工艺文件规定的工艺参数、技术要求应严格遵守、认真执行，按规定进行检查，做好记录。

（4）对原材料、半成品、零配件、进入车间后要进行自检，符合标准或有上步接收手续方可投产，否则不得投入生产。

（5）严格执行标准、图纸、工艺配方，如需修改或变更，应提出申请，并经试验鉴定，报请生产技术部审批后方可用于生产。

（6）合理化建议、技术改进、新材料应用必须进行试验、鉴定、审批后纳入有关技术、工艺文件方可用于生产。

（7）新制作的工装应进行检查和试验，判定无异常且首件产品合格方可投入生产。

（8）在用工装应保持完好。

（9）生产部门应建立库存工装台账，按规定办理领出、维修、报废手续，做好各项记录。

（10）合理使用设备、量具、工位器具，保持精度和良好的技术状态。

（三）质量管理

（1）各车间应严格执行《程序文件》中关于"各级各类人员的质量职责"的规定，履行自己的职责、协调工作。

（2）对关键过程按《程序文件》的规定严格控制，对出现的异常情况，要查明原因，及时排除，使质量始终处于稳定的受控状态。

（3）认真执行"三检"制度，操作人员对自己生产的产品要做到自检，检查合格后，方能转入下工序，下工序对上工序的产品进行检查，不合格产品有权拒绝接收。如发现质量事故时做到责任者查不清不放过、事故原因不排除不放过，预防措施不制定不放过。

（4）车间要对所生产的产品质量负责，做到不合格的材料不投产、不合格的半品不转序。

（5）严格划分"三品"（合格品、返修品、废品）隔离区，做到标识明显、数量准确、处理及时。

（四）设备管理

（1）车间设备指定专人管理。

（2）严格执行《设备使用、维护、保养、管理制度》，认真执行设备保养制度，严格遵守操作规程。

（3）做到设备管理"三步法"，坚持"日清扫、周维护、月保养"，每天上班后检查设备的操纵控制系统、安全装置、润滑油路畅通油线、油毡清洁、油压油位标准、并按润滑图表注油，油质合格，待检查无问题方可正式工作。

（4）设备台账卡片、交接班记录、运转记录齐全、完整、账卡相符、填写及时、准确、整洁。

（5）实行重点设备凭证上岗操作，做到证机相符。

（6）严格设备事故报告制度，一般事故3天内，重大事故24小时内报设备主管或主管领导。

（五）工具管理

（1）各种工具量具刃具应按规定使用，严禁违章使用或挪作他用。

（2）精密、贵重工具、量具应严格按规定保管和使用。

（3）严禁磕、碰、划伤、锈蚀、受压变形。

（4）车间不得使用不合格的或已损坏的工具、量具、刃具。

（六）计量管理

（1）使用人员要努力做到计量完好、准确、清洁并及时送检。

①量具必须保持完好无损，零件、附件无丢失，出现上述情况之一者，必须及时送质量部门以便检查、修理、鉴定。

②禁止使用过期或不合格量具，做到正确使用、轻拿轻放、严禁碰撞，使用后擦拭干净，较长时间不使用时要涂油，正确放置。

③所有在用计量器具必须按合格证书填写的有效期或质量部检测中心的通知自觉及时送检。

(2) 凡自制或新购计量器具均送质量部检测中心检查，合格后办理入库、领出手续。

(3) 严禁用精密度较高的计量工具测量粗糙工件，更不准作为他用，不得使用非法计量单位的量具。文件、报表、记录等不得采用非计量单位。

(4) 凡须报废的计量器具，应提出申请报质量部。

（七）生产管理

1. 文明生产

(1) 车间清洁整齐，各图表美观大方，设计合理，填写及时，准确清晰，原始记录、台账、生产小票齐全、完整、按规定填写。

(2) 应准确填写交接班记录、交接内容包括设备、工装、工具、卫生、安全等。

(3) 室内外经常保持清洁，不准堆放垃圾。

(4) 生产区域严禁吸烟、烟头不得随地乱扔。

(5) 车间地面不得有积水、积油。

(6) 车间内管路线路设置合理、安装整齐、严禁跑、冒、滴、漏。

(7) 车间内管沟、盖板完整无缺，沟内无杂物，及时清理，严禁堵塞。

(8) 车间内工位器具、设备附件、更衣柜、工作台、工具箱、产品架各种搬运小车等均应指定摆放，做到清洁有序。

(9) 车间合理照明，严禁长明灯，长流水。

(10) 坚持现场管理文明生产、文明运转、文明操作、根治磕碰、划伤、锈蚀等现象，每天下班要做到：设备不擦洗保养好不走，工件不按规定放好不走，工具不清点摆放好不走，原始记录不记好不走，工作场地不打扫干净不走。

(11) 边角料及废料等分类放到指定地点保管。

2. 安全生产

(1) 严格执行各项安全操作规程。

(2) 经常开展安全活动，开好班前会，不定期进行认真整改、清除隐患。

(3) 按规定穿戴好劳保用品，认真执行安全生产。

(4) 特殊工种作业应持特殊作业操作证上岗。

(5) 学徒工、实习生及其他学员上岗操作应有师傅带领指导，不得独立操作。

(6) 交接班记录，班后认真检查，清理现场，关好门窗，对重要材料要严加管理以免丢失。

(7) 非本工种人员或非本机人员不准操作设备。

(8) 重点设备，要专人管理，卫生清洁、严禁损坏。

(9) 消防器材要确保灵敏可靠，定期检查更换（器材、药品），有效期限标志明显。

(10) 加强事故管理，坚持对重大未遂事故不放过，要有事故原始记录及时处理报告，记录要准确，上报要及时。

(11) 发生事故按有关规定及程序及时上报。

（八）能源管理

(1) 积极履行节能职责，认真考核。

(2) 开展能源消耗统计核算工作。
(3) 认真执行公司下达的能源消耗定额。
(4) 随时检查耗能设备运行情况，杜绝跑、冒、滴、漏，消除长流水现象，严格掌握控制设备预热时间，杜绝空车运行。
(5) 未经允许不得私接耗能设备、设施、器具。

（九）车间管理

(1) 车间可根据公司制度，具体制定管理细则，报主管领导批准后实施。
(2) 车间做到奖罚分明，账目齐全，分配公开、公正。
(3) 严格现场管理，要做到生产任务过硬、技术质量过硬、管理工作过硬、劳动纪律过硬、思想工作过硬。
(4) 经常不定期开展内部工艺、纪律产品质量自检自纠工作。
(5) 积极参加技术培训，大力开展岗位练兵，努力达到岗位技能要求。
(6) 认真填写各项记录、工票、台账、做到及时、准确、清晰、完整、规范。

六、生产现场管理的方法

（一）现场 OJT

现场 OJT（On the Job Training）指的是现场指导。"师徒制"、"导师制"都是现场指导的有效机制，其核心的技巧在于清楚地理解现场 OJT 的培训职责，科学运用 OJT 的四个阶段与七个步骤。

可口可乐与宝洁的工厂都非常重视现场 OJT，新进的员工将由一个师傅级的员工带领，直到他熟练掌握本岗位的全部操作要领。现场 OJT 是为了快速培养熟练员工，在此基础上进行岗位轮换，则可以造就多技能员工。"一专多能"的员工可以提高生产效率，增加生产管理的灵活性，这是每一个现场管理者所追求的一线员工管理目标。

（二）6S 管理

6S 指的是整理、整顿、清扫、清洁、素养、安全，在 6S 里面最强调素养，所谓"始于素养，归于素养"。现场的整理、整顿、清扫与清洁相对容易做，尤其在生产的现场与办公的现场，有各级干部在监督执行，总经理通常不担心做不好。难度最大的是素养的形成。

广州本田汽车的工厂实施 5S 成效卓著，可谓我们身边活生生的例子，其心得在于管好工厂的"两张口"，一个是"入口"，一个是"出口"，即工厂的员工餐厅与洗手间，这两个地方最能反映员工的素养。

如果有机会到广州本田工厂，你可以见到那里的员工餐厅明亮整洁，一尘不染，但没有专职的清洁工。员工就餐前餐厅是什么样，就餐结束后员工会自觉将它保持原样，就餐中如有汤水、残羹洒落，员工会立即清扫，保持清洁，所以员工就餐完毕离开后，餐厅立即就重现之前的整洁状态。洗手间也保持得十分清洁，甚至有些艺术的装饰，可以说不亚于五星级酒店的标准。

（三）现场改善

现场改善最基本的做法是通过有效的流程分析，找出生产现场的损失与浪费，并努力将其衡量出来；然后遵循 PDCA 的管理循环，制定并实施改善方案，持续地追求现场价值的最大化。

国外最经典的案例是丰田汽车的工厂，在生产现场大力推行个别改善提案制度，实施现场改善，使得其制造过程的增值比高达 30%，远远大于同业竞争对手。

（四）现场问题解决方法

现场问题解决方法按照 PDCA 的管理循环展开，具体包括 8 个基本步骤，也有人将其归纳为现场问题解决的 8D 法，这符合问题解决的逻辑顺序。8D 法有利于群策群力，快速解决现场问题。

福特汽车是全力推行 8D 法的领先企业，通用电气以及其他许许多多的企业也通过在现场推行这一方法，全面调动了员工参与的积极性，提高了工厂的质量水平，降低了生产成本，确保了准时交货，并为客户提供了更加全面周到的服务。

七、生产现场管理的三大工具

（一）标准化

所谓标准化，就是将企业里有各种各样的规范，如：规程、规定、规则、标准、要领等，形成文字化的东西，统称为标准（或称标准书）；制定标准，而后依标准付诸行动则称之为标准化。那些认为编制或改定了标准即认为已完成标准化的观点是错误的，只有经过指导、训练才能算是实施了标准化。

创新改善与标准化是企业提升管理水平的两大轮子。改善创新是使企业管理水平不断提升的驱动力，而标准化则是防止企业管理水平下滑的制动力。没有标准化，企业不可能维持在较高的管理水平。

在工厂里，所谓制造就是以规定的成本、规定的工时，生产出品质均匀，符合规格的产品。要达到上述目的，如果制造现场之作业如工序的前后次序随意变更，或作业方法或作业条件随人而异有所改变的话，一定无法生产出符合上述目的的产品。因此必须对作业流程、作业方法、作业条件加以规定并贯彻执行，使之标准化。标准化有以下四大目的：技术储备；提高效率；防止再发；教育训练。

（二）目视管理

目视管理是利用形象直观而又色彩适宜的各种视觉感知信息来组织现场生产活动，达到提高劳动生产率的一种管理手段，也是一种利用视觉来进行管理的科学方法。

所以目视管理是一种以公开化和视觉显示为特征的管理方式。综合运用管理学、生理学、心理学、社会学等多学科的研究成果。

目视管理通常分为五大类：

1. 目视管理的物品管理

日常工作中,需要对工夹具、计量仪器、设备的备用零件、消耗品、材料、在制品、完成品等各种各样的物品进行管理。

2. 目视管理的作业管理

工厂中的工作是通过各种各样的工序及人组合而成的。各工序的作业是否是按计划进行?是否是按决定的那样正确地实施呢?在作业管理中,能很容易地明白各作业及各工序的进行状况及是否有异常发生等情况是非常重要的。

3. 目视管理的设备管理

目视管理的设备管理是以能够正确地、高效率地实施清扫、点检、加油、紧固等日常保养工作为目的。

4. 目视管理的品质管理

目视管理能有效防止许多"人的失误"的产生,从而减少品质问题发生。

5. 目视管理的安全管理

目视管理的安全管理是要将危险的事、物予以"显露化",刺激人的"视觉",唤醒人们的安全意识,防止事故、灾难的发生。

(三) 管理看板

管理看板是发现问题、解决问题的非常有效且直观的手段,尤其是优秀的现场管理必不可少的工具之一。

管理看板是管理可视化的一种表现形式。因此,管理看板是发现问题、解决问题的非常有效且直观的手段,是优秀的现场管理必不可少的工具之一。

管理看板作用:

(1) 展示改善的过程,让大家都能学到好的方法及技巧。

(2) 展示改善成绩,让参与者有成就感、自豪感。

(3) 营造竞争的氛围。

(4) 营造现场活力的强有力手段。

(5) 明确管理状况,营造有形及无形的压力,有利于工作的推进。

(6) 树立良好的企业形象。(让客户或其他人员由衷地赞叹公司的管理水平)

第五章 技术管理

第一节 技术管理概述

用于计划、开发和实现技术能力,完成组织战略和运营目标。技术管理通常是指在技术行业当中所作的管理工作,管理者一般具有较高的技术水平,同时带领着自己所管理的团队完成某项技术任务。技术管理的实际操作当中,强调的是管理者对所领导的团队的技术分配,技术指向和技术监察。管理者用自己所掌握的技术知识和能力来提高整个团队的效率,继而完成技术任务。技术管理是技术和管理的融合,是需要较高知识容量的职业。

一、技术管理的含义

技术通常指根据生产实践经验和自然科学原理总结发展起来的各种工艺操作方法与技能。现代企业技术管理就是依据科学技术工作规律,对企业的科学研究和全部技术活动进行的计划、协调、控制和激励等方面的管理工作。

企业技术管理是整个企业管理系统的一个子系统,是对企业的技术开发、产品开发、技术改造、技术合作以及技术转让等进行计划、组织、指挥、协调和控制等一系列管理活动的总称。企业技术管理的目的,是按照科学技术工作的规律性,建立科学的工作程序,有计划地、合理地利用企业技术力量和资源,把最新的科技成果尽快地转化为现实的生产力,以推动企业技术进步和经济效益的实现。

企业技术管理系统的建立,是根据技术管理的基本理论,以促进企业技术进步为目的,对企业的技术开发、产品开发、技术改造、技术合作和技术转让等工作进行分析和评价,提出改善方案并指导实施的一种智力服务活动。

通过技术管理系统的建立,能够对技术管理的成效进行评价,帮助企业分析技术管理不善的原因,制定改进措施,提高企业技术管理水平,促进企业进步,增强企业的竞争能力。

二、技术管理的内容

企业技术管理的内容主要有:
(1) 进行科学技术预测,制定规划并组织实施;
(2) 改进产品设计,试制新产品;
(3) 制订和执行技术标准,进行产品质量的监督检验;
(4) 组织信息交流;

（5）建立健全技术操作规程；
（6）技术改造、技术引进和设备更新；
（7）做好生产技术准备和日常技术管理；
（8）做好技术经济的论证工作。

三、技术管理的相关概念

1. 工艺规程

工艺规程是企业根据原料质量情况和产品质量标准，在国家技术政策指导下，根据自身的生产技术条件所制定的工艺性技术文件。企业工艺规程主要包括：

（1）工艺流程，就是将一系列的机器、设备和工序组合起来，对原、辅材料按一定的产品质量标准进行加工、处理的生产工艺过程。

（2）各种作业机械的生产技术数据，是指各种不同性能的作业机械，在加工不同原、辅材料品质的情况下，为达到预定的产品质量标准而规定的生产技术参数。

2. 技术测定

企业的技术测定就是对本企业产品生产过程中各个作业机的处理（加工）量与其质量以及它们的相互关系进行系统地检查、检测和分析研究。

测定内容主要有物料流量测定、成品与半成品的质量测定、机械设备的工作参数测定三个方面。

3. 科学研究

科学研究一般是指利用科学手段与装备对客观的自然现象的奥秘进行探索以获取对自然现象的科学知识，并揭示它们之间的内在联系，为创造发明新的技术提供理论依据。科学研究通常分为基础研究、应用研究和发展研究三类。

4. 技术革新

技术革新通常是指生产技术上的局部改进，如设备结构的改进，生产工艺和操作方法的改进、原材料的节约等。技术革新一般仅是局部工艺、个别设备的改进。

5. 技术引进

技术引进是一个国家为了发展本国的经济科学技术水平，通过各种方式，从国外取得先进的技术成果，包括各种工艺、设备制造的技术资料、关键设备或成套设备。

6. 技术改造

技术改造是指在坚持技术进步前提下，把科学技术成果应用于企业生产的各个领域（产品，设备，工艺），用先进技术改造落后技术，用先进工艺和设备代替落后工艺和设备，达到提高产品质量、节约能耗，全面提高企业经济效益的目的。

7. 技术档案管理

技术档案是企业在生产、建设和科学研究活动中所形成的具有保存价值的并保存起来以备查考的图纸（产品图纸、工艺图纸、基建图纸）、各类说明书、实验记录和专题、研究论文、有关的照片、影片录像、录音带等技术文件材料。技术档案管理指对技术档案的收集、整理、分类、保管、鉴定、统计和服务等一系列活动的管理过程。

四、技术管理的任务

企业技术管理的任务主要是推动科学技术进步，不断提高企业的劳动生产力和经济效益。

1. 正确贯彻执行国家的技术政策

技术政策是国家根据现代企业生产的发展和客观需要，根据科学技术原理制定的，是指导企业各种技术工作的方针政策。企业许多技术问题和经济问题的解决都离不开国家的有关技术政策。我国现代企业的技术政策很多，主要包括产品质量标准、工艺规程、技术操作规程、检验制度等，其中，产品的质量标准是最重要的。

2. 建立良好的生产技术秩序，保证企业生产的顺利进行

良好的生产技术秩序，是保证企业生产顺利进行的必要前提。企业要通过技术管理，使各种机器设备和工具经常保持良好的技术状况，为生产提供先进合理的工艺规程，并要严格执行生产技术责任制和质量检验制度，及时解决生产中的技术问题，从而保证企业的生产顺利进行。

3. 提高企业的技术水平

现代企业要通过各种方式和手段，提高工人和技术人员的技术素质，对生产设备、工艺流程、操作方法等不断进行挖潜、革新和改造，推广行之有效的生产技术经验；努力学习和采用新工艺、新技术，充分发挥技术人员和工人的作用，全面提高所有生产人员的科学文化水平和技术水平，以加速企业的现代化进程。

4. 保证安全生产

操作工人和机器设备的安全是现代企业生产顺利进行的基本保证，也是社会主义制度的一个基本要求。如果企业不能确保生产的安全，工人的人身安全和健康就不能得到保证，国家的财产就会遭受损失，企业的生产经营活动也会受到极大影响，所以说，安全就是效益。企业生产的安全应靠企业上下各方面的共同努力，从技术上采取有力措施，制定和贯彻安全技术操作规程，从而保证生产安全。

5. 广泛开展科研活动，努力开发新产品

在市场经济中，现代企业必须及时生产出符合社会需求的产品，才能取得相应的经济效益。这就要求企业必须发动广大技术人员和工人，广泛开展科学研究活动，努力钻研技术，积极开发新产品，不断满足需求，开拓新市场。

6. 日常技术管理工作

日常技术管理是指在生产过程中对技术的应用和维护，主要通过：技术标准化管理、技术档案管理、环境管理三个方面来实现。

技术标准是产品设计、研制、应用环节所遵守的统一指标和要求，是在生产和科研过程中总结形成，经主管机关批准，并以特定形式加以公布的各类标准。技术标准化管理是指制定、发布和贯彻实施技术标准的一系列活动，可以分为：工业标准化、企业标准化。工业标准化是指为统一产品规格、质量、性能，由国家主管单位制定和实施的一系列规范；企业标准化包括企业作业标准化和产品技术标准化。作业标准化是生产操作的相关规范性要求和标准。产品技术标准化是对企业产品性能、规格及检验方法作出的相关规定。推行技术标准化可以使社会实现协作化生产，增强社会组织间生产的互换性、通用性，促进社会组织生产的专业化，降低耗费，同时有利于对技术实现统一的监督和管理。企业标准化管理要求：设立专门的技术管理组织；按国家标准建立企业技术标准和制度；加强员工技术标准培训；定期技术指导、检查、考评；实现科研、运用环节的技术标准管理两结合。

技术档案包括产品设计资料、工艺规程及原始记录等技术文件，是企业开展技术活动的依据和历史资料。技术档案管理要求：设立专门的档案室或档案柜，委派责任人分类建档；技术档案的借阅、销毁应界定权限，并作好记录；定期对技术资料进行整理和核查；遗失的技术资料应及时弥补等。

生产过程是物质形态的转变过程，无法避免会产生一些废水、废气、废渣等废弃物，同时还会产生噪音、粉尘及放射性物质，对自然环境造成损害。环境管理要求企业严格执行国家的环保标准，从污染源头抓起，引进达标的污染处理技术与设备，严格控制污染排放数量，尽量选择环保的原料和能源等。

五、技术管理负责人的职责

总工程师、主任工程师或技术负责人应在厂长（经理）的直接领导下具体负责本企业的技术管理工作，对厂长（经理）负责。其岗位职责是：

（1）执行上级颁布的技术管理制度，制定本企业各级技术管理部门及技术人员的技术责任制度。

（2）编制并实施本企业的科技发展规划和年度技术措施计划（包括企业设备购置和维修计划），搞好本企业的技术改造和技术革新工作；推广新技术、新工艺、新材料、新设备；开发新产品。

（3）解决本企业生产经营管理中的疑难技术问题和质量问题，努力提高产品质量，并努力降低产品成本。

（4）切实做好本企业技术管理的各项基础工作；参与制订并实施本企业技术经济定额。

（5）领导并组织本企业的科技工作和技术培训工作，做好本企业技术职务的评定和聘任。

第二节 工艺管理概述

车辆的生产是按一定的生产路线和流程进行的，一旦工艺路线确定之后，希望生产过程能保持良好的工况条件，实现高产、优质、低消耗、安全平稳、无环境污染、在市场中实现产品的自身价值，那么在所有的要素中工艺管理就是决定的因素。由此可见，所谓"生产工艺"就是指列入生产计划、使用各种原材料及辅助材料、能源资源在一定的生产工况条件下将其转化为可用于销售的成品整车的方法和技术。而指导、维持产品生产流水线全过程、各环节、各要素能有一个良好运转工况条件和正常的生产秩序的管理；就属于生产工艺管理的范畴。

一、工艺管理的任务

生产工艺管理的任务是：认真贯彻执行国家的技术工作方针、政策；搞好企业工艺技术管理工作，实施企业技术进步和技术改造规划，努力使产品的各项技术经济指标达到先进水

平，不断提高企业的经济效益；努力实现产品高产、优质、低消耗、安全平稳、无环境污染，确保生产任务的全面完成。实际上从各类装配零件的质量把关、生产设备的选型、生产能力的调整、工艺参数及中间过程的控制、中间体及产品的质量把握直至为用户的服务、产品使用过程中的信息反馈乃至进一步进行新产品的开发及工艺改进等无不属于工艺管理的职责之列。

二、工艺管理的内容

（1）制订或修订以"产品工艺规程、岗位操作法"为中心内容的五项技术文件，包括产品工艺卡片、产品质量标准和产品分析规程等。

（2）中间工艺控制指标和操作控制点的管理，包括二级或三级中控工艺台账的建立、检查、考核与评比。

（3）工艺纪律和操作纪律的管理。（包括技术培训）

（4）根据"产品单耗管理条例实施细则"进行产品原材料、能源资源消耗定额管理。

（5）制订、贯彻执行原始记录管理制度及组织原始记录考核评比。

（6）组织关键工序（尤其是瓶颈部位）的工艺查定。

（7）收集、了解国内外与本企业产品有关的工艺技术资料和技术进步等信息，组织和参与各类工艺技术交流。

（8）制订生产工艺管理计划及按时进行月度、季度及年度的总结。制订或完善各项工艺技术管理制度。

（9）组织二级或三级工艺巡回检查、考核及评比。

（10）生产设备确定工艺条件及选型。

三、工艺管理的组织形式

按照国家有关技术管理工作的文件精神和规定，汽车生产企业的工艺管理按企业规模采取二级或三级管理的组织形式；并设置二级或三级工艺管理网络。

1. 厂级管理

厂级工艺管理由企业或公司总工程师或技术负责人领导，由企业专业常设机构和专业工艺管理人员具体负责日常工艺技术管理工作。

2. 车间级管理

车间级工艺管理由车间技术主管负责，由各生产工序和各生产产品的专业工艺管理员或分厂、分公司的技术部门具体负责日常工艺技术管理工作。

3. 工段级管理

工段级工艺技术管理由工段领导（如：工段长，分厂或分公司的车间技术主任等）负责，由工段领导或工段兼职工艺员完成各类技术经济台账及月报等工艺技术资料的统计和核算工作；落实和实施各类工艺管理工作。

4. 工艺管理的机构设置

工艺管理的机构设置应按企业的管理实际情况而定，对设置的人员数目、资质的要求、工作面及工作量的要求等均设有十分明确的规定，因位、因需而定。原则是："产品的工艺管理必须纵向到底、横向到边；工艺管理的各要素均要涉及而不留空白。"

四、工艺管理的基本要素

(一) 生产工艺技术文件管理

生产工艺技术文件的管理是企业工艺管理工作的基础管理内容之一。也是对生产过程实施全过程控制的有效手段,工艺技术文件管理旨在使各产品在生产过程、操作中的所有工艺技术文件贴近生产实际,符合生产需要,能有效地指导生产实践;使工艺技术文件保持权威作用、法规制约作用和生产智囊作用。由此可见,确保工艺技术文件的有效性是工艺技术文件管理最为重要的基石和确保生产工况条件有序控制的根本所在。

1. "产品工艺规程"的制订或修订

工艺技术文件的制订或修订是工艺管理中最基本的要素,是件十分严肃、认真的事情,必须十分重视。要求工艺技术文件"语言文字规范、表达内容准确、用词达意易懂";工艺技术文件充分体现生产过程的真实性、控制的可操作性、工艺技术的先进性。

1) "产品工艺规程"的编写或修改

"产品工艺规程"是产品生产工艺的指导性文件,应由企业主管工艺管理的部门组织制订或修订。"产品工艺规程"原则上是由产品所在的生产车间部门、分厂或分公司的技术部门负责编写,也可以由熟悉该产品的工程技术人员起草撰写;其格式和内容必须按照规定的"工艺规程内容"执行。

2) "产品工艺规程"的审批和实施

"产品工艺规程"撰写或修订完成后必须有"产品工艺规程批准书",经企业相关的职能部门审阅和企业主管工艺管理的领导最终批准后才能生效、才能付诸实施。"产品工艺规程"经批准生效后,由产品所在的生产车间部门、分厂或分公司的技术部门负责人贯彻执行和组织实施。

3) "产品工艺规程"的更改

由于生产工况运行条件的变更,而使处在有效期内的"产品工艺规程"不适应生产秩序需要进行变更和改动的话,可由产品所在的生产车间部门、分厂或分公司的技术部门负责人按照"技术文件、中控指标"修改申请单的要求提出修改申请,经相关职能部门审核及企业主管工艺管理的领导批准同意后,进行单列归档(作为以后到期修订的依据)。

4) 责任划分

"产品工艺规程"的制订或修订工作由企业主管该产品的厂级工艺管理人员、产品所在的生产车间部门、分厂或分公司的技术部门负责人具体负责。如果"产品工艺规程"处于失效期制订或修订不及时、文件不符合审批程序、相关规定不符合生产实际等,该二级工艺管理人员均必须承担责任。

对每年企业"产品工艺规程"的制订或修订情况均应在年终由企业主管工艺管理的常设机构发文公布和登记在册。

2. "岗位操作法"的制订或修订

1) "岗位操作法"的编写或修改

"岗位操作法"是产品生产操作的依据,是根据"产品工艺规程"的原则而制订或修订的技术文件,由生产车间部门、分厂或分公司的技术部门负责组织制订或修订。"岗位操法"可由该产品所在车间部门、分厂或分公司的技术部门负责该产品的工艺员或熟悉该产品操作的技师进行编写。

2)"岗位操作法"的审批和实施

"岗位操作法"撰写或修订完成后必须经企业相关的职能部门审阅和企业主管工艺管理的领导最终批准后才能生效、付诸实施。"岗位操作法"经批准生效后,由产品所在的生产工序负责人(如工段长)贯彻执行和组织实施。

3)"岗位操作法"的更改

由于生产工况运行条件的变更,而使处在有效期内的"岗位操作法"不适应生产秩序和生产活动的需要进行变更和改动的话,可由产品所在的生产车间部门、分厂或分公司的技术部门负责该产品的工艺员提出修改申请,经相关职能部门审核及企业主管工艺管理的常设机构负责人批准同意后,进行单列归档(作为以后到期修订的依据)。

4)责任划分

"岗位操作法"的制订或修订工作由企业主管该产品的厂级工艺管理人员、产品所在的生产车间部门、分厂或分公司的技术部门负责人具体负责。如果"岗位操作法"处于失效期制订或修订不及时、文件不符合审批程序、相关规定不符合生产实际等,该二级工艺管理人员均必须承担责任。

对每年企业"岗位操作法"的制订或修订情况,均应在年终由企业主管工艺管理的常设机构发文公布和登记在册。

3. "产品工艺卡片"的制订或修订

"产品工艺卡片"实质是产品的技术概况,根据工艺管理和技术经济管理的需要而制订或修订的,旨在对照国内外同行业同类产品与本企业生产技术水准,以达到努力赶超先进水平的目的。它包括:产品名称、产品概况、质量控制、工艺过程(工艺路线、工艺流程、工艺控制)主要设备、主要原料(消耗定额)、主要用途等内容;国外先进技术概况。

"产品工艺卡片"必须有翔实的国内、国外技术资料作为制订或修订的依据;由企业的主管工艺管理常设机构的工艺管理员在广泛调研的基础上负责进行编制。"产品工艺卡片"可供从事该产品工艺管理的工程技术人员、企业决策层及主管工艺管理的领导等作为决策参考。

"产品工艺卡片"的编制由企业主管工艺管理的常设机构负责产品的工艺管理人员负责编制,每年年终由此工艺管理常设机构发文公布和登记在册。

4. "产品标准"及"产品分析规程"的制订或修订

"产品标准"又称"产品质量标准",是企业组织生产和交货的依据,是企业引进国内外先进产品标准实施生产产品上等级的有力措施。"产品分析规程"是按照"产品标准"的要求实施产品分析的规范和操作程序。

"产品质量标准"及"产品分析规程"是由企业主管工艺管理部门及企业主管质量管理部门共同组织制订或修订的;由此两个部门的工艺管理人员和质量管理人员共同起草、编制;或由主管标准化的工程技术人员进行撰写;由产品所在的生产车间部门、分厂或分公司的技术部门负责人贯彻、督促和检查执行情况。

企业"产品企业质量标准"和"产品分析规程"的制订、修订和内容需要更改和变动,需办理申请手续,需经相关部门审阅和企业主管工艺管理的领导批准同意后实施。其中

"产品企业质量标准"还需经企业标准化技术委员会的审阅,再经企业的主管工艺管理的领导批准。

另外,原材料及产品中间体的质量标准的制订或修订也参照"产品质量标准"的制订或修订方式进行。

5. 新产品试生产的工艺技术文件

"新产品的试生产"或"新工艺的试装配"的工程项目实施是企业不断科技创新、开拓发展的需要。由于从事"试装"和"试生产"的作业人员对全新的工艺过程及操作内容熟悉不够和"试装和试制"过程可能发生的各类问题的不可预测,因而工艺技术文件就显得十分重要。作为"新产品试生产"或"新工艺试装配"过程中的操作控制依据,必须在试装配或试制前由项目负责人或设计部门制订出"暂行工艺规程"、"暂行岗位操作法"、"原始记录"、"产品质量标准"和"产品分析规程"等技术文件;这些技术文件也需经过申请,由有关部门的审阅和经过企业主管工艺管理的领导批准同意后才生效。全体参与"试生产或试装配"人员必须经过"模拟装配"的培训和经工艺技术文件学习考试合格通过后才能上岗参与工作。

在新产品鉴定、投产试生产一年之内,由企业的主管工艺管理部门组织有关的生产部门编制正式的"产品工艺规程"、"岗位操作法"等完整的五项技术文件,进行归档立项。

企业"新产品试生产"或"新工艺试装配"的暂行技术文件及正式编制完整的五项技术文件工作由企业主管工艺管理的工艺管理人员全权负责完成。

6. 新方法、新工艺试验的工艺技术文件

利用现有生产设备、生产装置进行"新方法、新工艺"的投产试验是企业产品更新、生产工艺改革进步的一大举措。在投产试验(又称扩试)之前,应由试验部门提出试验申请,详细报告试验方案,经有关职能部门及主管工艺技术管理部门的审核,最后由企业主管工艺技术管理的领导批准同意后,该投产试验方案方能组织实施。

对"新方法、新工艺"的投产试验实施以后,试验部门需将此试验结果进行总结,并将试验总结上报主管工艺技术管理部门归档备案。

在完成了阶段投产试验并达到目的后,试验部门和试验所在部门必须提供试验报告、用户使用试验产品的意见和分析规程等技术文件。由企业主管工艺技术管理的部门依据试验结果和试验的技术含量,及时组织试验所在部门和相关的职能部门;或请上级主管科技成果部门、有关专家做好该项"新方法、新工艺"试验成果的审查、鉴定,最后经企业主管工艺技术管理的领导批准,将该项试验成果正式投入生产。经过鉴定的"新方法、新工艺"试验成果按企业有关保密规定进行归档保管;相关的工艺技术文件可单列制订或对原工艺技术文件进行修订,补充"新方法、新工艺"试验内容,确保文件的完整性。

"新方法、新工艺"投产试验的工艺技术文件;试验成果审查、鉴定以及鉴定后的正式工艺技术文件制订或修订等工作由企业主管工艺技术管理部门的工艺管理员负责。

(二)产品原材料、能源资源消耗定额管理

产品在生产过程中的原材料、能源资源消耗定额是降低产品成本、实施节约增效、实现产品价值的重要经济技术指标,加强对产品原材料、能源资源消耗定额的管理是企业工艺技术管理工作重点之一。产品原材料、能源资源消耗定额管理就是要使所有产品的单耗处于受控状态，不断地降低产品在生产过程中的原材料、能源资源的消耗，尽可能地做到以消耗最少的原材料、能源，去获取最多的生产产品才是工艺管理的最终目的。

1. 原材料、能源资源消耗定额的制订

产品的原材料、能源资源消耗定额的制订要贯彻"定额的合理性、实际性、先进性、可操作性"的原则。制订产品原材料、能源资源消耗定额的依据是：

（1）企业在生产该产品过程中，近三年完成定额的平均值；

（2）企业历史上的定额先进水平；

（3）国内外同行完成的先进水平。

根据上级部门关于"节约增效"的文件精神，按照企业经济效益的实际目标以及经济核算中的各项经济技术指标"环比、同比、定比"的要求制订出切实可行的产品原材料、能源资源的消耗定额。定额的制订过程实际上是产品单耗"去粗取精、去伪存真、由此及彼、由表及里"的不断完善过程。

产品原材料、能源资源消耗定额制订程序：

每年初，由企业主管工艺管理部门制订出全年的各产品初步的原材料、能源资源消耗定额标准；后由各产品所在部门的领导进行审核与磋商；统一意见后，形成最终的产品原材料、能源资源消耗定额标准，作为全年对各产品单耗的考核指标，并与经济责任制挂钩；并上报企业管理办公室、企业主管工艺管理工作的领导和企业生产负责人。

2. 产品原材料、能源资源消耗定额的修正

由于各种原因（包括除去人为因素之外的各种不可预测的因素在内）使产品的原材料、能源资源消耗定额无法实现，就要进行修正。修正的程序是：

生产产品所在的车间部门提出书面申请，内容包括：申请理由、完成的实际情况、希望修正更改的定额数、该修正定额选用的理由及经济效益预测等方面。由企业主管工艺管理的部门进行核实和审批，同意后将新修正的指标作为进行考核的依据；并将修正结果报企业管理办公室、企业主管工艺管理的领导及企业生产负责人。

定额指标修正的原则：不允许选用无效益的定额指标；不允许选用高于去年同期的定额指标。

各产品原材料、能源消耗定额的制订或修正均由企业主管工艺技术管理部门的工艺管理员负责。

3. 产品原材料、能源资源消耗定额的考核

产品原材料、能源资源消耗定额的考核是与各产品所在部门的经济责任制承包相结合的。考核的定额指标可以实施"月考月结算、月考季结算、月考半年结算、月考年终结算"；定额指标可以分为"按季度考核指标、按年度考核指标；或按夏、冬季考核指标"等。

为了将产品的消耗定额考核落到实处，特将个别产品举足轻重的单耗指标作为单列；另订立承包小合同进行重点扶持。在实施产品消耗定额考核时一定要制订完整的考核细则，作为对企业的产品单耗管理人员和产品所在部门单耗完成情况的双重制约手段。

（三）工艺查定管理

工艺查定工作是企业工艺技术基础管理工作内容之一，是寻求生产工序最佳生产工况条件和寻找影响生产正常进行的薄弱环节（又称瓶颈口），实现较好经济效益的途径；而工艺查定的管理正是在生产工序出现异常现象的情况下，能及时组织开展工艺查定工作，找出影响因素，使生产工序较快恢复正常的系列管理。

1. 工艺查定的对象

工艺查定的对象大致有三类：

（1）较长时间无法完成制订的原材料、能源资源消耗定额的产品生产过程或生产工序，并且很难找出原因；

（2）在产品生产过程中较长时间处于中间工艺控制指标完成的合格率较低状态，尽管调整了操作仍无济于事，同时也讲不出原因；

（3）新设备装置、新方法、新工艺项目投入生产运行后，完成的产品各项指标达不到项目设计的期望值，急需寻找最佳生产工况条件和最佳工艺控制点；或者寻找原因。

2. 工艺查定的组织和实施

工艺查定项目的确立是由产品生产工序所在部门的工艺管理人员和企业主管工艺管理部门的工艺管理人员进行充分讨论、磋商后定夺。由产品生产工序所在部门的工艺管理负责人或工艺管理人员提出申请，并由企业主管工艺管理部门组织有关工程技术人员和有关部门商讨制订《查定方案》，上报企业主管工艺管理部门。经过有关部门的审核及企业主管领导审查批准后进行《查定方案》的实施。《查定方案》的内容必须包括查定的部位、查定的工艺流程、查定的数据采集方式、查定的协调、查定的预测等方面。工艺查定参加的人员基本上以产品或生产工序所在部门的工程技术人员为主，吸收部分有关人员一起参加。具体实施步骤为：

（1）工艺查定前的准备

工艺查定前的准备工作要视查定项目的难度而定，有的数据采集要等大修停车时进入设备进行实地测取（或大修时开好预留孔以供开车后进行测定）；有的数据要在生产流水线上进行连续数天的实测；有的数据要采取局部停车时测取等。各种参数的采集还要有相应的测试仪器和设备作配合，如：测温仪、测速仪、测压仪、小型真空泵、小型过滤设备等；甚至还要自制一些特殊设备和装置；如要测试物料中某一组分的话，还需要更为复杂的设备和装置。还需要一些试剂和溶剂等，另外一些分析设施和仪器也是必不可少的。还有，自行设计一些表式作记录之用……总之，工艺查定的一切所需都应该考虑到。

（2）工艺查定的实施

工艺查定的实施要有明确的分工，必要时可请示领导组织一些操作人员协助进行。工艺查定的实施实际上是各种生产一线数据的采集和综合，要求各种采集到的数据绝对真实、可靠，各种分析数据应及时和准时获得。在完成生产现场的测试工作后，要对采集获得的数据进行各种计算和分析，包括生产工序的物料衡算、热量衡算及各种测算，从计算的结果进行周密的分析，找出症结所在，进行生产过程的诊断，提出改进措施和意见。在改进后实现了《查定方案》中预测的要求，才能确定这次工艺查定是否达到预期效果。

（3）工艺查定的总结

有的积重难返的问题靠一次查定是无法解决的，不管成功与否，在查定工作结束后进行系统的总结。全面地总结这次工艺查定的得失，以利再战。如实现了预期的效果，取得良好的收益成果，可由产品生产工序所在部门上报企业主管部门和上级公司，也可作为科技成果候选项目或双革奖候选项目备案和上报。凡是在工艺查定中需修改工艺控制指标的话，要按照中间工艺控制指标的修改程序办理。

工艺查定从计划、组织、实施及总结全过程；具体的实施进度、资料归档和登记在册等工作均由企业主管工艺管理部门负责和督促完成。

（四）原始记录管理

对于企业来说，车辆的装配过程可以分为连续性作业和阶段连续性作业两种，后者实际上是间歇性作业。不管如何作业，在产品生产的过程中总会出现各种工艺参数的变化，这就需要作业者经常调整操作，以满足生产工艺的要求；而这种真实的各种工艺参数的变化就需要真实的及时的记录下来，这就是原始记录的原始含义。为了确保生产过程中工艺参数变化的原始性，为了直接获取真实反映各个时段的生产工艺和生产活动的第一手资料，就需要对原始记录进行监督管理。

1. 原始记录的设置

化工各单元生产操作中的原始记录设置应符合有关规范要求。

（1）依据《产品工艺规程》等工艺技术文件中的生产工艺控制要求；

（2）所有中间工艺技术控制指标应有效地覆盖在表式中；

（3）符合生产操作实际，记录参数具有可操作性；

（4）原始记录表式应力求科学、合理，不开"天窗"。

原始记录表式的设置应由产品所在部门的工艺管理负责人与工艺管理人员共同设计制作，其初稿样式应交企业主管部门审阅，同意后，才能交付印刷。

2. 原始记录的填写

原始记录的填写应与生产运行同步，生产运行不停，原始记录的填写不能结束。值得指出的是：原始记录的填写是一件十分严肃、认真的事情，应力求"准时、准点、准确、可靠和真实"，尤其是在生产异常和发生故障时的各种参数是非常有价值的；它可以为工艺管理员和有关人员分析原因，寻找排除故障的方法提供参考依据。因此原始记录的填写是容不得半点掺假的，决不允许将操作原始记录填写成"回忆录"、"备忘录"或随意填写；实际上原始记录的真实与否体现出操作人员的责任心和职业道德，这些就是原始记录的"严肃性"。另外，原始记录的填写有一定的书写要求。力求用仿宋体填写各种数据，并且不允许填写数据出格、漏填和涂改；原始记录表式必须保持整洁；严禁在原始记录表的正、反两面随意涂写；原始记录表上必须有记录者及当班班长签名，这些就是原始记录的"认真性"。

3. 原始记录的检查

为了保持原始记录能真实反映生产工序的实际生产情况，就必须经常对原始记录进行检查。检查方式可以采取突击抽查和定期检查相结合，产品工艺管理员必须每天深入生产现场对原始记录进行检查，企业工艺管理网也要不定期的组织抽查，发现原始记录不合格者，由所在部门对违反管理条例者进行教育和按照相应的经济责任制进行考核和处罚。

4. 原始记录的保管

原始记录的保管没有统一的规定，一般来说，由工艺管理员或生产工序的统计员每天收取隔天的原始记录，用于做工段级的工艺统计台账；并作保管；每月原始记录装订成册后交至所在部门作统一保管。按上级的规定，涉及厂控的工艺控制指标原始记录的保管期为五年以上；其余的原始记录则按企业有关规定处理，但是处理之前必须经企业主管部门同意；特别是有关保密管理部门的同意。

5. 原始记录的修改

随着生产工序的不断完善，原始记录不适应不断变化的生产工况的情况时常会发生，甚至出现了较大板块的"天窗"，这就需要进行原始记录的修改。

修改的内容包括：原始记录表式的重制；记录工艺参数的变更；原始记录的记录时间的调整等。

原始记录的修改手续为：由生产工序所在部门提出原始记录修改申请报告，并附上修改的内容或表式，由企业主管工艺管理的部门进行审核和广泛征求意见，经同意后才能付诸实施。修改原始记录要本着"求实性、完整性、可操作性"的原则，应该越修改越完善；绝不能在原来的原始记录表式上进行涂改或指定某项指标作替代。

原始记录管理的各项工作由企业主管工艺管理部门及相关车间部门的工艺管理人员共同负责完成。每年应组织一次原始记录的评比活动，也可以配合工会部门作为技术练兵项目进行评比；以推进原始记录管理工作的进一步完善。

（五）工艺纪律及操作纪律的管理

工艺纪律及操作纪律是确保产品生产过程严格按照生产工艺的要求，实现高产、优质、低消耗和安全生产目标，建立企业正常的生产秩序的目的，所制订的行之有效的工艺技术规章制度规范和具有企业规章制度的约束机制规定。从某种意义上来说，违反工艺纪律和操作纪律实际上就是触犯了企业的规章制度，必须按照企业的奖惩条例予以严肃惩处。工艺纪律和操作纪律的管理就是要严格执行企业的工艺管理规章制度所制订的规章和规定，全力维护生产秩序，坚决与违章违纪行为作斗争，确保企业来之不易的经济效益。

（六）工艺技术资料及信息管理

为了随时掌握国内外同行业的工艺技术的最新状况、最新发展动态、技术进步的各类信息以及各种引进技术（包括各类新工艺、新设备、新技术）的应用情况等。这就需要随时掌握大量的工艺技术资料及信息，供企业自身发展的需要和参考，以达到进一步推进企业技术进步的目的。

工艺技术资料和信息管理也是企业工艺管理的内容之一，"他山之石，可以攻玉"掌握了国内外的同类技术信息、资料为我所用就可以拓展企业工艺管理的思路，触类旁通，将管理的共性内容不断充实丰富，不断提高自身的管理水平。

参加和组织工艺技术交流、查阅相关刊物是十分必要的，这也是从事工艺技术管理工作必须掌握的基本技能知识的重要一环。在社会主义市场经济的今天，特别要重视收集整理国内同行业单位的各种经济技术指标，生产工艺路线的变更动态，关键工序的工艺参数控制手段等；在入关以后更要密切注意国外同类型企业的生产工艺、经济技术指标、控制手段等不断地充实和修正企业自身的同类产品的生产工艺，不断提高自身产品的价值、降低产品的成本。这样的产品才能发挥质优、价廉，经得起市场冲击的优势，才能在波涛汹涌的市场上站稳脚跟，占据一席之地。

在进行各类工艺技术交流及资料信息采集活动中，参与者要按照企业有关保护知识产权

的规定和相关的保密规定认真执行。收发上级及各管理条线发来的各类文件、信件和资料，必须落实各类文件和文档资料的处理，并登记在册；也要落实企业内部的工艺技术管理条线的发文以及登记造册工作。

随着计算机网络的普及，上网获取信息不失为一种快捷的方式；这也为企业工艺技术资料信息的获取开创了新路，企业工艺技术资料和信息的管理又上了新的台阶。

（七）工艺管理计划和总结

为了使工艺管理更有效地开展工作，必须使企业的工艺管理有计划、按步骤有条不紊地进行，制订工艺管理计划和定期地进行总结是十分必要的。

1. 工艺管理的计划制订

一般来说，每年年底应由企业的主管工艺管理部门布置下属各车间部门制订下一年度的工艺技术管理计划；并上报企业下一年度的工艺技术管理计划。

工艺管理计划的制订内容包括：

（1）确定下一年度工艺管理目标和方针；这要围绕企业厂长方针、目标，按照工艺管理条例的具体要求而制订出来的；管理目标应明确、有新意，管理方针应中心突出、具有可操作性。

（2）制订主要的原材料、能源消耗定额计划；依据当年原材料、能源消耗定额的完成情况预测，依据生产该品牌车辆的生产工况条件的变化和下一年度的生产量计划，确定各产品较为实际的原材料、能源消耗定额计划和完成进度。制订计划应为各种不可预测因素留有充分的余地，以便随时对计划进行恰当地修正。

（3）"产品工艺规程"、"岗位操作法"等工艺技术文件的制订或修订计划；"产品质量标准"及"产品分析规程"的制订或修订计划。这要围绕工艺技术文件是否属于有效版本这一宗旨，来制订或修订工艺技术文件计划。

（4）年度的工艺查定计划，这要取决于上一年的中间工艺控制指标的完成情况、各产品的生产工况条件、各产品的原材料、能源消耗定额的完成情况、生产能力发挥及产品质量的完成情况等来制订计划和确定工艺查定项目。

（5）年度节约增效计划，这是企业对主管工艺管理部门考核计划的一部分；每年初由财务部门对各产品的成本进行指令性的目标下达，作为对企业主管工艺管理部门的主要经济责任制考核内容。主管部门按照下达的考核指标进行全面制订计划，并分解、落实这些考核指标到各车间部门；作为对车间部门的经济责任制考核内容。

为了细化企业全年的工艺管理目标和落实各类工艺管理计划，还需要制订本企业下一年度的"工艺管理工作要点"，让企业所有从事工艺管理的部门和人员能够认真贯彻年度工艺管理要点精神，了解全年的工艺管理工作具体、详实的安排。

2. 工艺管理的计划中途管理

为了将年初制订的各类工艺管理计划真正落到实处，有必要进行工艺管理的计划中途管理。中途管理的内容包括：

（1）年度工艺管理计划目标中途管理。年度的工艺管理计划目标要分解为季度和月度目标，在每月一次的工艺技术例会上，对工艺管理计划月度及季度目标的完成情况进行检查和分析；随时按照企业的实际经营情况进行修正；并纳入每月的工艺技术小结。

（2）原材料、能源消耗定额计划的中途管理。年度的原材料、能源消耗定额计划同样要进行分解为月度及季度计划；并实施全面的监控。每旬要有原材料、能源单耗的预报（即所谓的"旬报"），以便掌握产品单耗的完成动态，发现异常就可以随时采取措施。每月进行各产品的单耗核算以后，一定要在每月的工艺技术例会上进行分析和商讨改进措施。

（3）工艺技术文件修订计划的中途管理。由于工艺技术文件修订的特殊性，修订时间相应比较长，因此每季度组织对各产品的工艺技术文件修订计划的完成情况进行检查；把检查的情况作为当月的工艺技术小结内容的一部分。

（4）工艺查定项目计划的中途管理。由于工艺查定工作受到生产条件的限制，工艺查定项目计划的滞后现象是经常发生的；但是为了有效地实施年度工艺查定项目计划，就必须对项目的实施进度进行检查。一般是每半年检查一次，检查结果也作为当月或上半年度工艺技术小结内容之一。

（5）节约增效计划的中途管理。由于节约增效计划的执行直接同企业主管部门和下属各产品所在部门的经济责任制考核挂钩，每月应对节约增效计划完成情况进行认真核算；并与该产品的计划目标相对比，测算出每月的节约增效数额，进行考核。可以是月度结算、月度考核兑现；也可以是月度结算、季度考核兑现；也可以是月度结算、半年考核兑现或年终结算考核兑现等。

3. 工艺管理计划的总结

在工艺管理计划的实施过程中，为了实施有效的计划管理，有必要进行计划的阶段性的总结；总结计划执行的得失、成败；以便及时地修正计划和目标，使工艺管理计划真正落到实处。工艺管理计划的总结应按阶段进行，可分为月度、季度、上半年度及年度总结。总结内容应包括有完成指标的对比，即与同期比、与去年平均比、与企业历史先进比等。

阶段性的总结内容有：工艺管理目标完成情况及分析，中间工艺技术控制指标完成的合格率，各产品原材料、能源消耗定额完成的合格率，节约增效指标的完成情况和实现的节约增效数额，完成的各项相应的工艺技术管理工作等。（包括：工艺技术文件的修订完成情况、工艺查定项目完成的进度、工艺纪律及操作纪律的检查执行情况、工艺巡回检查的情况、原始记录的检查情况、工艺技术交流等事项）

其中，月度的工艺管理总结必须上报企业各级领导及下属各车间部门，相关的技术月报必须上报上级有关公司或部门；季度的工艺管理总结分送范围同月度；上半年度及年度的工艺管理总结则还需有关上级部门。

工艺管理的计划和总结由企业主管工艺管理的各级部门领导和工艺管理人员负责制订或撰写。

（八）生产设备的工艺管理

"工欲善其事，必先利其器"，生产设备是进行生产必不可少的条件之一。从生产产品的工艺路线确定之后，生产设备能否符合生产工艺之要求、能否满足生产过程之需也是个决定的因素。了解和掌握生产设备的性能原理、设备的用途、设备的构造，是从事工艺管理的技术人员最起码的基本功之一。在管工艺和管设备的职责分工来看，有一点是十分清楚的，即"工艺指导设备、设备为工艺服务"；从责任划分来看，提供的设备不符合工艺条件，管设备的负责；选用设备的工艺条件不符合生产的要求，管工艺的负责。可见，工艺和设备是

密不可分的。加强生产设备的工艺管理是工艺管理人员十分重要的工作职责。

1. 生产设备选型中的工艺管理

生产设备在更新或选用新设备的情况下,需要从事生产工艺管理的工程技术人员提出生产设备的工艺条件,这样就进入生产设备选型中的工艺管理程序。

首先,生产设备的选型要有依据。这一依据就是"设备更新"或"采用新设备"等缘由,前提条件就是需要有诸如:"会议纪要、决策层决定"等文本作为设备选型的依据。对于一般设备,这些文本由设备所在使用部门归档保存;对于重大设备,则应由企业工艺管理部门归档保存(当然设备管理部门也需备案)。

其次,生产设备选型时的工艺条件提出也需相关管理部门组织有关人员经过专门的会议讨论,形成书面文件程序。尤其是有关工艺参数的确定必须经过有关的物料衡算、热量衡算及有关测算等(要有计算书)作为依据,然后提出选购设备的原始数据及设备的工艺参数提供设备选购需要。这里有两种选型方式:1)对于定型设备,可按照这些工艺参数直接寻找该设备生产厂家进行选购;2)对于非定型设备,则需将这些工艺参数提供设备设计,进行制作。

最后,当所选用的设备在未重新安装前,需要由有关部门的工艺管理人员参与进行验收。可按照设备图纸,一一查验确认,经过验收确认后,进入安装程序(对于重大工程项目设备,其安装时还需有工艺管理人员绘制设备安装图、管道图等)。然后进行机械试车直至正常交付生产使用。验收合格后必须形成有关技术文件。

2. 生产设备部分参数变更的工艺管理

生产设备由于不适应生产之需或是其他原因需要对生产设备的部分参数进行变更时,工艺管理人员必须严格把关。防止设备参数的变更造成生产过程中工艺参数也随之改变,甚至不适应生产工况条件的需要的情况发生。生产设备的工艺参数变更必须经过工艺管理人员的审核,特别是工艺管理人员要依据设备变更的参数进行详细的物料衡算、热量衡算和其他的测算。工艺把关的原则是"设备参数的变更不影响生产过程的正常进行"。关键设备的参数变更必须经设备所在的工艺管理部门审核,再交企业主管工艺管理部门的审核认可及企业主管领导的批准。

(九) 工艺巡回检查管理

工艺巡回检查是企业工艺管理人员的最基本的管理职能之一。是对各产品生产全过程实施监督的基本手段,也是工艺管理人员深入生产现场、掌握生产第一线资料的方法。工艺巡回检查的管理就是要把对生产现场工艺管理要求执行情况的监督、检查,制度化、经常化,并将管理的优劣、好坏与工艺管理职能人员的经济责任制考核挂起钩来,以确保企业工艺管理工作的正常开展。由此可见,企业的工艺巡回检查管理是十分重要的。

1. 工艺巡回检查的内容

工艺巡回检查是工艺管理人员深入产品生产现场检查工艺管理要求执行情况。其内容应包括:

(1) 中间工艺技术控制指标的执行情况,是否有操作指标的不稳定波动,造成工艺指标波动的原因,该如何调整操作来克服波动。各项工艺参数是否符合生产工艺的要求,是否超出控制范围,造成的原因,该如何处理和排除故障使之恢复正常控制范围。

（2）原始记录的执行情况，有否"不准时、不准点、不准确"记录的情况发生；原始记录的数据与所显示的仪表指示数据是否吻合；有否"回忆录、备忘录"。

（3）生产过程中是否发生过的不正常情况，如何处理和排除；若是班上无法处理，工段、车间又是如何设法处理的；交接班是否交代清楚。

（4）各类分析数据是否到位，分析数据反映的生产工况条件情况是否正常（包括产品或中间体的质量情况、中间控制的效果、三废的达标排放情况等）；有无漏检未分析的情况发生。

（5）生产现场的工艺巡回检查挂牌制度的执行情况，有无"不准时准点、不按正常工艺巡回检查路线、不挂牌"的情况发生。

（6）生产操作现场有无违反劳动纪律，有否发生各种离岗、串岗、脱岗，上班看小说及与生产无关的其他书籍杂志等，听"随身听"，吃零食等。处理各种故障或上岗不穿戴劳动保护用品等情况发生。

2. 工艺巡回检查的执行

工艺巡回检查分为重点岗位和非重点岗位两种。

重点岗位（又称重点监控部位）由企业的主管工艺管理部门按照岗位的性质、重要性及安全系统工程结构重要度的要求而指定的。每一个重点岗位的工艺巡回检查都应有"工艺巡回检查要点"，属于企业主管工艺管理重点监控的部位。重点工艺管理监控部位由企业主管部门及重点部位所在部门的工艺管理人员规定每天不间断地进行检查；并在重点监控部位都设有"工艺巡回检查记录本"，执行检查者在检查完毕后一定要签上姓名以示检查过。同时工艺管理检查人员必须在每人配发的"工艺巡回检查记录本"上，把生产现场的工艺巡回检查情况详尽记录在本上。对重点监控部位的工艺巡回检查每天两次，（同时还应不定期地的组织夜间突击检查）。

非重点岗位的工艺巡回检查，由岗位所在部门的工艺管理人员进行每天两次的工艺巡回检查；也必须将检查情况详尽记录在"工艺巡回检查记录本"上。每位工艺管理人员每月配发的"工艺巡回检查记录本"在月底完成本人的技术小结后，一起上交给本部门的工艺主管领导审阅、签字，然后汇总到企业主管工艺管理的部门进行登记、评比和考核。

不管是重点监控部位还是非重点岗位，工艺巡回检查还需三班操作人员全天候执行。操作人员的工艺巡回检查必须"定时、定点、定路线"，按照工艺巡回检查牌设置的路线每个小时进行工艺巡回检查。（"工艺巡回检查牌"的设置由部门工艺主管领导及工艺员设定，报企业主管部门同意）每到一个点，就必须对该点现场的压力、温度等工艺参数及生产现场的设备、管道、阀门等进行检查，有排气、排液的也需定期排放，待该点现场的检查内容完成以后，在检查牌上挂上与时间相应的数字牌以示工艺巡回检查完成。

3. 工艺巡回检查的评比和考核

工艺巡回检查的执行情况按照企业工艺管理条例的规定是要按月进行评比和考核的，每月企业各部门的所有工艺管理人员都应义无反顾的进行此项工作，认真记录和进行每月的技术小结，经本部门的主管领导审阅签字后上报至企业主管部门。在每月的技术例会上都会把上月的工艺管理巡回检查评比结果予以公布结合工艺巡回检查执行情况，要在当月的经济责任制考核中进行考核。

（十）技能培训的工艺管理

企业各类生产的产品是完全依赖于操作人员精心的生产活动，从某种意义上来说，从事三班、全天候作业的第一线工人是产品生产的主体；也是企业创造经济效益和财富的主力。不断提高三班操作工人的操作技能水平和处理紧急故障的应变能力、不断提高生产第一线作业者的自身素质和职业道德是企业加强管理、服务生产第一线的需要；也是加强操作者技能培训所必需的工艺管理要求。

按照操作者的技能要求来看，无非是要做到"四懂、三会"，即：懂工艺原理和设备用途、懂工艺规程和设备构造、懂工艺控制和设备性能、懂产品性能用途；会中间控制操作、会使用保养设备、会排除各类故障。

为了贯彻落实中华人民共和国国务院批准的《工人考核条例》和根据《中华人民共和国工人技术等级标准》，企业职工技能培训具体展开可分为："必备知识"、"技能要求"两大部分。其中，"必备知识"包括：工艺技术知识、分析检验知识、设备知识、电器仪表和计量器具知识、安全防护知识和三废处理知识等。"技能要求"包括：工艺操作能力、应变和事故处理能力、设备及仪表使用维护能力、工艺计算能力和识图制图能力等。

1. 技能培训内容

按照企业"职工技能培训规划"的要求，每年除了企业教育部门制订专门的职工专业技能培训计划之外；企业各部门的每年工艺管理工作计划中必须列入本部门职工技能培训内容。技能培训的内容各部门可以有所侧重，其主要内容包括：

（1）每年度生产一线职工的应知、应会考核之前的技能培训；

（2）应工作需要调动的生产一线职工的转岗技能培训；

（3）新进厂从事一线操作的职工的上岗技能培训；

（4）生产一线职工升级考核的技能培训；

（5）企业定期实施职工增资前考核的技能培训。

由于以上所列内容的要求不同，因此技能培训的深浅程度也各不相同；作为工艺管理部门的技能培训计划应有侧重。

2. 技能培训的实施

技能培训的实施是由企业主管工艺管理部门及主管教育培训部门共同全权负责。技能培训的原则是："要不断提高职工的操作技能，使其知其然、更知其所以然。"技能培训的思路是："触类旁通、融会贯通"。

按照《国家技术工人等级标准》和各产品工艺规程、岗位操作法的要求，技能培训所需的教材编写、授课、考试（面试与笔试）、包括阅卷评分、写评语等等技能培训工作，基本上均由各级、各部门的工艺管理人员负责。至于课程的安排、授课地点的落实、考卷的印刷、组织阅卷、考核统计等诸项工作均由企业教育部门负责。

由于操作人员的技能水平不同，各岗位的技能要求也不一样。工艺管理人员在进行应知和应会方面的授课时，讲授的理论知识和实践操作深度也不一样，按照初级工、中级工和高级工的不同等级进行技能培训上课。而对于应会实际操作方面的知识，可能工艺管理人员不太精通，可以聘请工人技师来上课和参加考核，具体由人力资源部门安排。

(十一) 安全环保中的工艺管理

安全环保是企业赖以生存的生命线，对于这一点，从事化工生产活动的企业职工是达成共识的。随着社会主义市场经济改革开放的不断深入，人们对安全环保的要求日益提高，以前的"质量第一"已改成"安全第一、环境保护第一、质量第一"相并列。生产过程中确保生产装置和生产活动安全无事故、确保无任何三废环境污染事件这也是工艺管理的内容之一；也是每个工艺管理人员必须关注的事。当然事故和有毒有害物污染环境事件的发生有其偶然性，也有其必然性。工艺管理人员有责任去努力做好生产工况的稳定工作，努力杜绝、消除各种生产活动中的隐患，努力化解、降低各种事故发生的概率。发生各类安全环保事故时，工艺管理人员必须全力配合事故的调查，找出发生事故的原因，以促进工艺管理工作的改进。

1. 生产安全的工艺管理

生产过程的各环节和生产活动中各种隐患、故障及事故的发生有三种可能：即不可预见的突发性故障事故、人为失误的偶然性故障事故（当然人为破坏、故意制造故障事故例外）和生产工艺落后、生产操作控制原始的必然性故障事故等。工艺管理人员应全力以赴参与防止各类故障和事故的发生，协助生产管理人员、安全管理人员，积极"查源堵漏"、积极推行以"安全系统工程"为中心的系统管理手段，对各类产品的所有生产装置和一切生产活动实施科学管理，尽可能找出各生产部门可能产生各类故障和事故的各种因素，消灭直接造成各类故障、事故发生的"活门"，严格把住诱发各类故障、事故产生的"与门"；把各类故障、事故消灭在萌芽状态中。下面把工艺管理所涉及的工作内容予以简单罗列：

2. 环境保护的工艺管理

为了企业求生存的需要，工艺管理必然要涉足环境保护领域是不容置疑的，也是义不容辞的职责。工艺管理必须从现有的生产工艺实际出发，将生产过程中产生的三废尽可能消灭在工艺过程之中和将环境保护落到实处。

首先，要实施生产工艺的变革，努力贯彻清洁工艺生产的思想，要将产生三废的生产工艺进行变革是工艺管理的重点之一。要充分吸取国内外先进工艺的长处，为我所用。

其次，要建立和健全企业的环境保护体系；即环保装置联网成片，集中处理；特别是要建立企业在应急情况下的有毒有害物的集中处理体系。当然建立企业的污水集中处理系统和固体废弃物处理系统是能够接受的，但是建立企业的废气有害物处理系统的难度就较大了。恰恰是这些有害气体的外逸危害最大、影响最坏、企业的声誉毁于一旦。从企业的决策层和工艺管理层来说，有害气体的外逸是非解决不可的求生存的头等大事。这是一个系统工程，先得把各个产品生产装置所产生的废气处理装置用上去；然后将各个处理装置联网成片，配以安全电源，集中使用。这样就可以解决在任何情况下都能将生产装置产生的废气进行全天候的处理，即使是突然停电也丝毫不用惧怕有害气体外逸情况的发生。这中间又得付出工艺管理人员的心血，各种处理装置的上马，从设计、施工、验收投产以及各种处理装置的使用是否得当，操作规定是否详实，操作要点制订是否合理、各种处理参数是否到位、各种技术文件的编制是否及时等全都是工艺管理人员为之绞尽脑汁的工作。

最后，就是淘汰落后的三废严重又无法根治的生产装置，这完全符合有关环境保护法规明确规定的三废严重的产品实施"关、停、并、转"的原则和要求。

(十二) 信息管理中的工艺管理

随着科学技术的进步，传统的企业管理体制已显得跟不上时代前进步伐的要求；传统的工艺管理同样随着信息时代的到来而显得滞后、局限和不适应。管理层次的不断提高，各类信息的电脑联网，各种信息源为工艺管理展现了新的广阔前景和新的用武之地。目前国内信息网络在企业的管理上应用还不是相当广泛，据了解不少企业的劳动工资管理、财务管理及销售信息管理等已应用了电脑信息联网系统；有的企业建立了自己的局域网络并有自己的网址；对外联络也经常应用电子信箱。作为工艺管理人员除了要迅速接受这一新事物以外，还应该在计算机应用，建立工艺管理的系统网络上下功夫。尤其在各项工艺控制指标的在线数据分析、趋势方面下功夫。由于高科技创新技术正在国有企业中崭露头角，工艺管理、科技开发如果滞后于信息管理的话，也就失去了管理的职能和科研的效能。生产装置和生产活动的全天候监控信息管理就是现代化企业的一大特点。现代化企业是离不开信息网络的，传统的工艺管理模式将会在现代化信息高速公路面前一筹莫展，无所作为的；尽快摆脱传统的管理模式的束缚，适应新的信息时代的挑战是工艺管理的又一重大课题。值得指出的是，至今国内企业还存在着对同行实施信息封锁；国内同行之间进行无序的无谓的竞争是没有必要的。加入WTO会给我国的国有企业带来机遇，同时带来挑战，谁掌握的信息多，谁就主动；工艺管理人员就要发挥更大的作用。

五、加强工艺管理的措施

(一) 正确的工艺设计是确保产品质量、提高经济效益的关键

工艺是产品生产的主要依据。科学合理的工艺是生产优质产品的决定因素，是客观规律的反映，也是工人在生产中正确进行加工操作的依据。合理的工艺，必须经过反复试验和正确设计来确定。从抽样到贯彻措施等一系列工艺设计程序都必须经过细致的调查、反复试验和积极探索来达到设计正确的目的，起到指导生产的作用，促进生产质量，使效益提高。实践证明，工艺设计是汽车生产中的先决条件，是汽车生产技术的综合反映。正确的设计是确保产品质量，提高效益的前提。

(二) 开展工艺研究，积极探索新工艺，是攻克技术难关，提高产品质量，加强技术改进的必要途径

工艺研究是工艺管理中一项重要工作，它在工艺试样设计的基础上，针对生产关键和质量薄弱环节，组织技术人员，探索工艺规律，改进工艺条件，进行技术攻关，对提高产品质量，加快技术改进有着十分重要的意义。

(三) 加强工艺检查，促进技术水平的不断提高

工艺检查是工艺管理方面的必要补充，是衡量设计水平高低和车间执行情况，考核试样和实际加工的手段。通过工艺检查，发现问题，采取措施，及时解决，促进技术管理水平的提高。工艺检查必须按照实际工艺要求，每天对生产工艺进行测查，贯彻自查和抽查相结合的原则，严格按照工艺规律工作，对于不执行工艺和执行工艺差的车间和工人，除思想上进

行教育、技术上进行帮助外，还必须采用必要的经济手段进行惩罚，提高试加工符合率和工艺符合率，稳定生产，提高产品质量，促进技术水平的不断提高。

（四）强化工艺人员的权责

1. 工艺人员职权

（1）按规定审批程序，对工艺文件、工装图纸有更改权，对制订的工艺文件有解释权，对不符合图纸要求的工艺作业有纠正权。

（2）对车间执行工艺的情况有检查、监督权，对违反工艺纪律的行为有制止和处罚权。

（3）有权向有关部门索取产品质量和原材料消耗的资料。

（4）有权召开全厂工艺技术人员的专业会议，进行技术交流，组织技术攻关，对技术业务工作进行布置和指导。

（5）对全厂工艺技术人员的奖惩、晋升、晋级有建议权。

2. 工艺人员职责

（1）对在计划规定期限内未完成工艺准备工作，从而影响新产品试制进度和生产任务完成的情况负责。

（2）对因工艺编制或工装设计问题，导致产品大量报废或返修，造成经济损失的情况负责。

（3）对解决生产中发生的工艺技术问题不及时，从而影响生产的情况负责。

（4）对审查签署的工艺技术文件、产品技术条件、工艺标准、工艺规程等工艺资料的正确性、合理性、完整性负责。

（5）对原材料工艺消耗定额存由于计算方法或数值错误，从而造成浪费或损失的情况负责。

（6）对由于工艺设计不合理，从而造成不良影响的情况负责。

（7）对本单位方针目标未及时展开检查、诊断、落实的情况负责。

（8）对在工艺技术上发生失误、泄密现象负责。

总之，只有加强工艺管理，抓好工艺设计，开展工艺研究，积极探索新工艺，加强工艺检查，才能促进生产技术进步，加快技术改进，提高技术和管理水平，才能使企业生产稳定，促进产品质量、经济效益的提高。

第三节　工艺过程控制管理

一、做好过程策划工作，提高工艺工作的准确性

（一）过程策划是过程质量控制的重要内容

在产品设计开发初期，应以用户要求为基础，并超过产品要求进行产品生产的基础策划，制订详细的过程开发计划，充分考虑现有人员、工装、装备、技术能力、物流、生产环境等各方面的因素，明确各接口部门的工作任务和职责，将各项任务的目标值和时间表具体细化到各接口部门，并按照任务要求进行检查督促，确保按规定要求完成工作

任务。

（二）切实做好过程策划工作

准确地进行人员、工装、设备、技术能力、物流、生产环境等方面的调研与分析，组织必要的工艺方案设计与评审，做到计划落实，目标明确，措施具体。只有准确地做好这些前期策划工作，才能合理地组织开展全面的工艺工作，提高工艺工作的准确性，减少盲目投资，避免造成不良资产积压和资源浪费，提高企业的经济效益和社会效益。

（三）过程策划是产品开发成功与否的关键

一些企业由于没有建立一套行之有效的工艺管理体系，在新产品开发过程中不注重过程策划工作，没有工艺部门的积极介入，在工装、设备、工艺手段等方面缺乏必要的投入，产品试制过程中没有持续的改进措施，产品质量难以得到有效保证，导致新产品开发失败的事例屡屡发生。

二、建立工序质量控制点，提高工序的质量能力

工序质量控制是过程质量控制的基本点，是现场质量控制的重要内容。在产品质量的形成过程中包括多个工序过程，其定义分为三类：

一般工序：对产品形成质量起一般作用的工序；

关键工序：对产品形成质量，特别是可靠性质量起重要、关键作用的工序；

特殊工序：其结果不能通过后面的检验和试验，而只能通过使用后才能完全验证的工序。

建立工序质量控制点，即在加强一般工序质量控制的同时，采取有效的控制方法对关键工序和特殊工序进行重点控制，保证工序经常处于受控状态。主要工作包括如下几个方面：

（一）确立工序质量控制点

根据有关原则确立工序质量控制点，在工艺文件中编制关键工序控制点表，列出重要的控制参数和控制内容，并用专用章将关键工序和特殊工序标识清楚。

（二）现场设立标识牌

在生产现场设立标识牌，车间技术副主任负责控制点的日常工作，工艺部门主管产品的项目经理负责监督抽查。

（三）编制工艺规程和作业指导书

以工艺规程和作业指导书为标准，对人员、工装、设备、操作方法、生产环境、过程参数等提出具体的技术要求。

（四）工艺文件验证

工艺文件重要的过程参数和特性值必须经过工艺评定或工艺验证。

（五）工艺执行与监督检查

操作人员必须严格遵守工艺纪律，及时进行首检和自检，坚持做好生产原始记录，由控制点负责人检查确认；检验人员必须严格按工艺规程和检验指导书进行检验，做好检验原始记录，每周报质量监督部；质量控制点负责人必须坚持进行日常检查和收集原始记录资料，运用调查表、控制图、因果图等统计技术进行统计分析与监控。

（六）设备必须处于完好状态

生产设备、检验及试验设备、工装器具、计量器具等必须处于完好状态和受控状态。当发现工序质量控制点的控制方法不能满足工序能力要求时，控制点负责人应立即向工艺部门汇报，工艺部门应组织有关人员进行分析、改进和提高，保证工序处于受控状态，使工序能够长期稳定地生产合格产品。

三、加强工艺过程审核，提高工艺管理水平

工艺过程审核是为了验证工艺过程活动是否符合计划安排以及其结果能否达到预期目标所进行的系统的、独立的质量审核工作。企业内部的质量审核是以内部工艺过程控制体系审核，工艺过程审核是以产品质量审核为核心的一系列质量审核活动。

工艺过程审核是内部质量审核的重点，其目的是为了验证影响生产过程的因素及其控制方法是否满足工艺过程控制和工序能力的要求，及时发现存在的问题，并采取有效的纠正或预防措施进行改进和提高，确保过程质量处于稳定受控状态。

加强过程质量审核，以关键工序和特殊工序为重点，以影响过程质量的诸多因素进行全面的审核。为此，必须做好以下几方面的工作：

（一）有计划地组织进行

有计划地组织进行过程质量审核，对审核的内容、时间、频次、人员等作出具体的部署，每年一般不得少于两次。

（二）按要求审核

审核现有人员的技术水平和业务能力是否符合过程质量控制的要求。

（三）跟踪审查，综合评分

审查外购件、外协件、原材料的产品质量和分承包方的质量能力，对A类配套件模拟上海大众公司的审核模式定期进行质量跟踪审查，综合评分。

（四）审查正确性、完整性和可操作性

审查工艺规程、作业指导书的正确性、完整性和可操作性。过程控制的重要参数和特性值必须经过工艺评定或工艺验证，形成文件的工艺评定书或工艺验证书。

第四节 企业技术创新管理

一、技术创新概述

（一）技术创新的概念

技术创新概念源于熊彼特的创新理论。

技术创新是"研究与开发（R&D）发明——技术与市场检验转化为生产力——创新扩散商业化产业化"一系列创新活动过程。

或者说，技术创新是一种新的思想的产生，到研究与发展、试制、生产制造到商业化的过程。

（二）技术创新与有关概念的区别

1. 与技术发明的区别

技术发明是指在技术上有较大突破，并创造出与已有产品原型或方法完全不同或有很大改进的新产品原型或新的方法。技术发明只考察技术的变动，不考察是否成功进入生产领域和产生经济效益。

2. 与研究开发的区别

研究开发是构成技术创新的一个主要环节，它只能是技术创新的一部分。

3. 与技术成果转化的区别

技术成果转化一般是指将研究开发的技术原型（产品样机、工艺原理及基本方法等）进行扩大实验，并投入实际应用，生产出产品推向市场或转化成成熟工艺投入应用的活动。因此，技术创新是一个更广义的概念，包括了技术成果转化。

4. 与技术进步的区别

技术进步是一个十分宽泛的概念，在经济学上，技术进步是指生产函数扣除资本、劳动等要素的贡献后的余额。技术进步是一个包括内容更广泛，技术创新只是技术进步的一个组成部分。

（三）技术创新的主要类型

1. 按创新程度分类

按创新程度分类，有渐进性创新和根本性创新。在现实的技术经济活动中，大量的创新是渐进性的。

2. 按创新的对象分类

按创新的对象分类，可将技术创新分为产品创新和工艺创新两类。

3. 按创新技术的来源和组织形式分类

按创新技术的产生来源以及创新活动的组织形式，又可分为自主创新、模仿创新、合作创新。

二、企业技术创新的过程与模式

(一) 企业技术创新过程模型

1. 技术推动的创新过程模型（见图5.1）

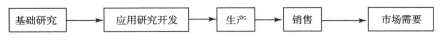

图5.1 技术推动的创新过程模型

2. 需求拉动的创新过程模型（见图5.2）

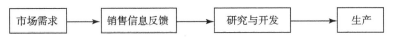

图5.2 需求拉动的创新过程模型

3. 技术与市场交互作用的创新过程模型（见图5.3）

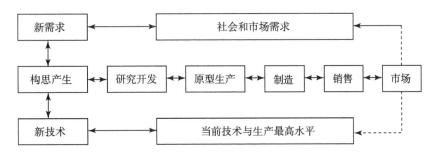

图5.3 技术与市场交互作用的创新过程模型

4. 一体化创新过程模型（见图5.4）

将创新过程看作是同时涉及创新构思的产生、R&D、设计制造和市场营销的并行的过程，称为一体化创新过程模型。

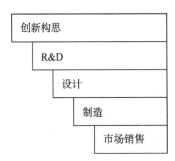

图5.4 一体化创新过程模型

(二) 企业技术创新模式

1. 自主创新

所谓自主创新是指企业通过自身的努力和探索产生技术突破，攻破技术难关，并在此基

础上依靠自身的能力推动创新的后续环节，完成技术的商品化，获取商业利润，达到预期目标的创新活动。

2. 模仿创新

所谓模仿创新是指企业通过学习模仿率先创新者的创新思路和创新行为，吸取率先者成功经验和失败的教训，引进购买和破译率先者的核心技术和技术秘密，并在此基础上进一步进行技术的改进完善和开发。

3. 合作创新

所谓合作创新，是指企业间或企业、科研机构、高等院校之间的联合创新行为。

合作创新的形式：

（1）政府主导、企业参与的合作创新；

（2）合同创新的形式；

（3）基地合作创新形式。

三、企业新产品开发管理

（一）新产品开发概述

1. 新产品的概念及特征

指在产品结构、性能或形态上发生改变，能够给消费者带来新的利益和满足，并推向了市场的产品。

2. 新产品的分类

（1）全新产品：指应用新的技术、新的材料研制出的具有全新功能的产品。

（2）换代产品：指在原有产品的基础上，采用或部分采用新技术、新材料、新工艺研制出来的新产品。

（3）改进产品：指对老产品的性能、结构、功能加以改进，使其与老产品有较显著的差别。

（4）仿制产品：指对国际或国内市场上已经出现的产品进行引进或模仿、研制生产出的产品。

除此之外，企业将现行产品投向新的市场，对产品进行市场再定位，或通过降低成本，生产出同样性能的产品，这对市场和企业而言，也可以称之为新产品。

（二）新产品开发过程

1. 寻求产品创意

开发新产品的构想，寻求创意的方法：

（1）产品属性列举法；

（2）强行关系法（组合创意）；

（3）顾客问题分析法；

（4）头脑风暴法。

原则：不准批评、打破常规、争取数量、创意组合。

2. 筛选创意

筛选创意是在取得足够多的创意之后，对它们进行优选，挑选出可行性较高的创意，剔除那些不可行或可行性较差的创意，使有限的资源集中于成功机会较大的创意上。

考虑两个重要因素：

（1）是否符合企业的战略目标，如利润、销售、销售增长、企业形象目标等。

（2）企业有无足够资源能力，包括技术、资金、人才能力等。

3. 产品概念的发展与试验

区别几个概念：

产品创意、产品概念、产品形象。

4. 制定营销战略

为把新产品引入市场而制定出市场营销战略计划。营销战略包括三个部分：

（1）描述目标市场的规模、结构、行为；新产品在目标市场上的定位；头几年的销售额、市场占有率、利润目标等。

（2）简述新产品和计划价格、分销渠道以及第一年的市场营销预算。

（3）阐述计划长期销售额和目标利润以及不同时间的市场营销组合。

5. 进行营业分析

商业分析也称效益分析，是指从经济效益角度分析产品概念是否符合企业目标。具体分析时主要考察新产品的预计销售量、成本和利润等经济指标。商业分析的目的是：在发生进一步开发费用之前，剔除不能盈利的产品概念。

6. 进行产品开发

将通过商业分析后的产品概念，送交研究开发部门或技术工艺部门，试制成为产品模型或样品，同时进行包装的研制和品牌的设计。只有进入本阶段，产品概念才能真正转为实际的产品，才能证明产品概念在技术上的可行性如何。

（1）技术方面的可行性论证：外形设计分析、材料加工分析、价值工程分析，由工程部门负责。

（2）商业方面的可行性分析：包装、品牌设计，花色、款式设计。由营销部门负责。

试制样品；检验（功能检验和消费者检验）。

7. 市场试销

也称市场检验，指把根据选定的产品概念研制出的产品，投放到通过挑选并具有代表性的小型市场范围内进行销售试验，以了解顾客对新产品的反映和意见，以便企业采取相应的营销对策。

8. 商业化

新产品试销成功后，就可以正式批量生产，全面推向市场。

第六章 设备管理

第一节 设备管理概述

设备管理是以企业经营目标为依据,通过一系列的技术、经济、组织措施,对设备的全过程进行的科学管理,即实行从设备的规划工作起直至报废的整个过程的管理。这个过程一般可分为前期管理和使用期管理两个阶段。设备的前期管理是指设备在正式投产运行前的一系列管理工作,设备在选型购置时,应进行充分的交流、调研、比较、招标和选型,加强技术经济论证,充分考虑售后技术支持和运行维护,选用综合效率高的技术装备。

一、设备管理的主要目的及意义

(一)设备管理的主要目的

设备管理的主要目的是用技术上先进、经济上合理的装备,采取有效措施,保证设备高效率、长周期、安全、经济地运行,来保证企业获得最好的经济效益。

设备管理是企业管理的一个重要部分。在企业中,设备管理搞好了,才能使企业的生产秩序正常,做到优质、高产、低消耗、低成本,预防各类事故,提高劳动生产率,保证安全生产。

加强设备管理,有利于企业取得良好的经济效果。如年产30万吨合成氨厂,一台压缩机出故障,会导致全系统中断生产,其生产损失很大。

加强设备管理,还可对老、旧设备不断进行技术革新和技术改造,合理地做好设备更新工作,加速实现工业现代化。

总之,随着科学技术的发展,企业规模日趋大型化、现代化,机器设备的结构、技术更加复杂,设备管理工作也就愈重要。许多发达国家对此十分重视。西德1976年"工业通报"载,一般情况下,用于设备维修的年财政支出额,大约相当于设备固定资产原值的6%~10%或企业产值的10%。如将配件等其他资金考虑在内,估计维修支出要占企业总支出的1/4。据1978年资料介绍,苏联每年用于设备维修的资金超过100亿卢布。从而不难看出,要想做好设备管理,就得不断地开动脑筋,寻找更好的对策,促进设备管理科学的发展。

(二)设备管理的意义

1. 设备管理是企业内部管理的重点

企业内部管理,是指企业为了完成既定生产经营目标而在企业内部开展的一切管理活动,它包括企业的计划管理、质量管理、设备管理、财务管理、班组管理、现场管理等。人们常把加强企业内部管理称作练内功。内部管理水平的高低,体现了企业内功的强弱。内功强,企业抗风雨的能力就强,市场竞争力就强,生存和发展的能力就强。因此,企业在生产经营过程中,应当经常开展各项活动,管理工作常抓不懈,千方百计地提高内部管理水平。在各项基础管理工作中,任何一项管理对于提高企业的综合素质都是非常重要的。而企业内部管理是一项复杂的工作,只有选择好内部经营管理工作的切入点和突破口,抓住重点,以点带面,才能提高企业的整体素质。设备管理就是企业内部管理的重点之一。

生产设备是生产力的重要组成部分和基本要素之一,是企业从事生产经营的重要工具和手段,是企业生存与发展的重要物质财富,也是社会生产力发展水平的物质标志。生产设备无论从企业资产的占有率上,还是从管理工作的内容上,以及企业市场竞争能力的体现上,它都占有相当大的比重和十分重要的位置。管好用好生产设备,提高设备管理水平对促进企业进步与发展有着十分重要的意义。

2. 设备管理是企业生产的保证

在企业的生产经营活动中,设备管理的主要任务是为企业提供优良而又经济的技术装备,使企业的生产经营活动建立在最佳的物质技术基础之上,保证生产经营顺利进行,以确保企业提高产品质量,提高生产效率,增加花色品种,降低生产成本,进行安全文明生产,从而使企业获得最高经济效益。企业根据市场需求和市场预测,决定进行产品的生产经营活动。在产品的设计、试制、加工、销售和售后服务等全过程的生产经营活动中,无不体现出设备管理的重要性。为赢得和占领市场,降低生产成本,节约资源,生产出满足用户需求、为企业创造最大经济效益的高质量的产品,设备管理是保证。设备管理水平是企业的管理水平、生产发展水平和市场竞争能力的重要标志之一。

"工欲善其事,必先利其器",开发生产先进产品,必须建立在企业具备先进设备及良好的管理水平之上。若疏于管理,用先进设备生产一般产品,会使生产成本增加,失去市场竞争能力,造成极大的浪费;有的先进设备带病运转,缺零少件,拆东墙补西墙,不能发挥全部设备的效能,降低了设备利用率;有的设备损坏,停机停产,企业虽有先进的设备,不但没有发挥出优势,反而由于设备价高,运转费用大,成为沉重的包袱,致使企业债台高筑,生产经营步履维艰。而一些设备管理好的企业,虽然没有国外的先进装备,由于管理水平高,设备运转状态良好、效率高,一样能生产出高质量的产品,市场竞争能力强,企业效益也稳步增长。

设备管理是企业产量、质量、效率和交货期的保证。在市场经济条件下,企业往往是按合同组织生产,以销定产。合同一经签订,即受到法律保护,无特殊情况不能变更,违约将受严厉的经济制裁。如果没有较高的设备管理水平和良好设备运转状态做保证,是不可能很好地履行合同规定的。一旦违约,给企业带来的就不仅仅是经济上的损失,还往往失去市场,对企业的发展带来严重的影响。

设备管理是企业安全生产的保证。安全生产是企业搞好生产经营的前提,没有安全生产,一切工作都可能是无用之功。所以从中央到地方各级政府和部门,无不强调安全生产,紧抓常抓安全生产。安全生产是强制性的,是必须无条件服从的,企业的任何生产经营活动都必须建立在安全生产的基础之上。根据有关安全事故的统计,除去个别人为因素,80%以上的安全事故是设备不安全因素造成的,特别是一些压力容器、动力运转设备、电器设备等

管理不好则更是事故的隐患。要确保安全生产,必须有运转良好的设备,而良好的设备管理,也就消除了大多数事故隐患,杜绝了大多数安全事故的发生。

3. 设备管理是企业提高效益的基础

企业进行生产经营的目的,就是获取最大的经济效益,企业的一切经营管理活动也是紧紧围绕着提高经济效益这个中心进行的,设备管理是提高经济效益的基础。

提高企业经济效益,简单地说,一方面是增加产品产量,提高劳动生产效益;另一方面是减少消耗,降低生产成本,在这一系列的管理活动中,设备管理占有特别突出的地位。

(1)提高产品质量,增加产量,设备是一个重要因素。加强设备管理是提高质量、增产增收的重要手段。因此政府多次提出贯彻《设备管理条例》,加强设备管理一定要与企业开展双增双节活动相结合,应用现代技术,开展技术创新,确保设备有良好的运转状态;对于新设备要充分发挥其先进性能,保持高的设备利用率,预防和发现设备故障隐患,创造更大的经济效益;对于老设备要通过技术改造和更新,改善和提高装备素质,增强设备性能,延长设备使用寿命,从而达到提高效益的目的。

(2)提高劳动生产率,关键是要提高设备的生产效率。企业内部多数人是围绕设备工作的。要提高这些人的工作效率,前提是要提高设备生产效率、减少设备故障、提高设备利用率。

(3)减少消耗、降低生产成本更是设备管理的主要内容。原材料的消耗大部分是在设备上实现的。设备状态不好会增大原材料消耗,如出现废品,原材料浪费更大。在能源消耗上,设备所占的比重更大。加强设备管理,提高设备运转效率,降低设备能耗是节约能源的重要手段,也是企业节能降耗永恒的主题。在设备运转过程中,为维护设备正常运转,本身也需要一定的物资消耗。设备一般都有常备的零部件、易损件,设备管理不好,零部件消耗大,设备维修费用支出就高。尤其是进口设备,零部件的费用更高。设备运转一定的周期后还要进行大修,大修费用在设备管理中也是一项重要的支出,设备管理抓得好,设备大修理周期就可以延长,大修理费用在整个设备生命周期内对生产成本的影响,所占的比重就可以下降,从而为降低生产成本打下基础。

二、对设备管理的认识

由于管理在工厂企业比其他人类活动环境中发展得较为充分、完善和系统。所以人们首先注意和重视的是企业管理,而企业管理中不可缺少的环节就是对生产设备的管理。管理随着人类共同劳动而产生,发展到今天已从传统管理、科学管理发展到现代管理,因而,企业生产设备的管理也发生了深刻的变化。

1. 设备管理必须立足于提升企业的现代化水平和促进生产力的发展

生产设备是企业重要的生产要素和主要资产之一。它既是企业进行生产的物质基础和技术装备,又是衡量企业规模和现代化水平的一个基本标志,同时也是社会生产力的重要因素和创造国家财富的重要手段。随着科学技术的不断进步,工业的现代化、机械化、自动化程度日益提高;今天,企业的生产设备已向自动化、成套化、智能化方向发展,因而,对设备的管理提出了更高的要求,只有实施现代管理模式,才能适应当今世界经济和社会发展的潮流以及瞬变的资讯时代。

设备既是企业规模和现代化水平的一个基本标志,又是社会生产力的重要因素,因而,在实施企业生产设备现代管理的过程中，必须立足于提升企业的现代化水平和促进生产力的不断发展。这是因为当今世界经济迅猛发展，科技日新月异，市场需求急剧变化。企业只有依靠提升现代化水平，改善经营管理，提高生产效率，从而生产出质优价廉、适销对路的产品去满足市场和用户的需求，并且不断做大做强，才能立于不败之地。然而企业要真正适应激烈竞争的情势，谋求更新更大的发展，除改革现有的企业管理体制和建立、健全相关的规章制度外，十分重要的一环就是必须对生产设备进行更新换代，提升技术设备的现代化档次，坚持做到高起点、高投入、高品质的技术发展战略。这是因为，设备是人通过技术手段制造出来的，是用作物质生产的关键生产要素。先进的设备是当今高科技的结晶，它荟萃了人们的智慧和创造力，折射出时代科技的精华。生产或购置一台（套）先进的设备无疑是提升企业规模和现代化水平，促进生产力不断发展的必由之路，更是建设现代企业的必然要求。

2. 设备管理必须坚持全新的管理理念，建立并实施规范的管理模式

现代管理是从传统管理、科学管理基础上发展起来的。它既吸收了现代自然科学和技术科学的新成就，还综合运用了管理科学、行为科学及计算机技术于管理之中。这需要我们务求从思想观念管理模式来一个飞跃和变革。

设备管理是现代企业管理制度的重要组成部分。设备作为一种技术装备是由人们去设计制造并供人们操作和控制。这里既有技术上的、经济上的和其他方面的管理。在其各种不同的管理形态中，要体现现代管理的精髓，实现现代管理的目标，达到相应的管理效果，就要明确一个关键的问题：现代管理的根本宗旨和灵魂是在于"管理"，而管理理念的升华比技术性与经济性的管理显得更为突出和重要，归根结底就是必须明确树立"管理就是竞争，管理比技术更重要"的意识和观念，因为管理是组织协调各分系统的活动，并使之与环境相适应的主要力量。

美国管理学者德鲁克在他的代表作《管理实践》一书中写道："管理，主要负责使资源具有生产效率，即负责取得有组织的经济进步的社会机体，反映出时代的基本精神。管理实际上是不可缺少的……"

作为企业管理更是通过对企业所从事的各项活动进行计划、组织、指挥、协调和控制，从而充分利用企业资源，增加生产，满足社会需求，以不断提高经济效益为目的。在实施对企业的管理中，由于技术装备是一种资源，是物质的东西，如果只有先进的技术和装备，而没有卓越的管理，那也无济于事。纵观我国以往不少大中型企业之所以缺乏活力，原因固然是多方面的，但关键的问题就是管理水平低下，与大生产不合拍，而在我国小生产者遍及的"汪洋大海"中，这种管理紊乱的状况更是比比皆是。要改变这种状况，除切实加快设备的更新改造，致力引进新技术外，确立新的管理理念，建立并实施严密规范的管理模式更为重要。

随着现代化企业管理制度和方法的全面实施，设备管理也较之前更严谨、规范，充分体现了现代管理的理念。在日常工作中，严格各类人员的岗位标准和奖励标准，并根据设备的使用手册，严守操作规程，进行维护和保养，视情况随时增添保养项目；真正从现代管理上确保了设备的正常运行，保证了生产的需求。现代企业的竞争，实际上也可以看做是管理上的竞争，而管理理念的更新远比技术更新更为重要。

3. 设备管理必须善于任用和培养管理人才，营造人才成长的良好氛围

现代管理区别于传统管理和科学管理的特点之一，就是应用科学的方法论解决管理工作中人的问题，其中，除吸收和运用现代科技新成就，运用现代科技手段进行管理，注重经营战略和决策的研究之外，还在于现代管理必须研究人类行为，采取措施以协调组织目的和本人目标，激发人的内在动力，并重视各级人员的培训工作，提高其工作技能，重视人力资源的开发等。

设备管理是企业管理的一个重要组成部分，其基本任务就是为企业提供优良而又经济的技术装备，使企业的生产活动建立在最佳的物资技术基础上，保证生产的顺利进行，力求企业增加产量，确保质量，发展品种，降低成本，从而使企业获得最高的综合经济效益。因而，就决定了企业设备管理的内容的多样性和科学性。要实施企业的现代管理，对设备的管理提出了更高的要求。也就是说从管理制度、管理手段到管理人才都必须适应现代管理的目标，尤其在管理人才的任用和培养上更必须高标准、严要求，不拘一格，大胆提拔和任用优秀的管理人才，既防止人才的"高消费"，又要注意吸纳和储备高素质人才，以适应企业现代化的生产设备和生产手段，借以提升企业现代化水平和人才的档次，积蓄企业发展后劲，以利于企业之间的相互竞争。因为当今企业间的竞争说到底就是人才的竞争。只有现代先进的设备和管理，没有高素质的管理人才，等于无源之水，无本之木，管理也难于施行和达到预期效果。因而，吸纳使用和培养造就高素质专业人才至关重要。

三、设备管理在生产中的作用

设备是企业从事生产活动的工具，是组成社会生产力的重要因素之一。现代化企业生产能否正常进行，在很大程度上取决于机械设备的完善程度，这就要求在企业的经营管理中，加强设备的管理，充分发挥设备的使用效率，保证机械设备在企业的整个生产过程中处于良好的状态，能够为企业建立正常的生产秩序、保证生产的均衡进行创造有利条件，提高企业的经济效益。因此，搞好企业的设备管理有着极其重要的意义。

所谓设备管理，概括说来，就是以企业经营目标为依据，通过一系列的技术、经济、组织措施，对设备的规划、设计、制造、选型、购置、安装、使用、维护、修理、改造、更新直至报废的全过程进行科学管理，它包括设备的物质运动和价值运动两方面的管理工作。设备管理工作要求以最经济的费用取得最佳的投资效果，即要求获得设备寿命周期费用最经济。为此，必须采取一系列措施，使设备经常处于良好技术状态，充分发挥设备效能，不断改善和提高设备素质，以保证产品质量和生产活动的正常进行，在不断提高企业经济效益的同时，维持乃至增加企业设备资产价值。

设备管理的重要作用可以从企业生产经营和设备投资效益两方面来分析：

（一）企业生产经营方面

工业企业是一个生产经营系统。构成企业生产力的三大要素是劳动者、劳动对象和劳动资料。在劳动资料中主要的是各种生产性设备，它是企业维持和发展生产的重要物质基础。但有了设备后能不能充分发挥它们的作用，能不能取得应有的经济效益，则取决于对设备的管理水平。也就是说，对设备的管理（控制）水平的好坏，将直接影响到产量、质量、交货期、安全、环保等各个方面：

（1）设备使用不当，维护保养差，会造成设备故障多，维修频繁，可利用率低，严重影响生产的正常进行，使生产效率降低和产品产量减少。

（2）设备的技术状态差、精度低、性能不良，会影响产品质量，使产品的废次品率高。

（3）设备的漏油、漏气、漏水等会造成资源和能源的浪费。

（4）不实行正常的设备预防维修，会造成设备的严重磨损、维修人员增加、维修费用提高，影响生产成本。

（5）设备突然发生事故，会导致生产停顿，造成生产损失，影响产品交货合同的履行。

（6）设备的不安全因素未予消除，使用与维修不当，违反安全法规等，则会造成工业不幸事故和灾害，导致人身伤亡，影响环境保护。

（二）设备投资效益方面

企业为了实现其经营目标，在竞争中保持优势，获得最佳效益，就需要投资。企业投资的大部分是用于设置固定资产，而在固定资产中设备占绝大部分（一般在70%以上）。因此，企业投资的主要部分是设备投资。

过去，投资的主体是国家，企业经营者对投资和追加投资很感兴趣，而对投资的效益关心很少。随着经济体制改革的深化，不少企业已将设备投资视为企业发展战略的重要组成部分，并将设备投资规划与实施阶段纳入企业设备管理范围。把设备的规划、设计、制造、选型、购置、安装、调试等工作，作为企业设备的前期管理内容。资金由"拨"改为"贷"以后，如何取得最佳的投资效益，缩短投资回收期已受到企业重视。

四、设备管理的职能和要求范围

（一）设备管理的基本职能

合理运用设备技术经济方法，综合设备管理、生产技术和财务经营等手段，使设备寿命周期内的费用/效益比（即费效比）达到最佳的程度，即设备资产综合效益最大化。

企业设备管理应当以效益为中心，坚持依靠技术进步，促进生产经营发展和预防为主的方针。以科学发展观为指导，贯彻国家的方针、政策、法规，通过技术、经济和组织措施，对企业的主要生产设备进行综合管理，坚持设计、制造与使用相结合；维护与计划检修相结合；修理、改造与更新相结合；专业管理与群众管理相结合；技术管理与经济管理相结合的原则，做到综合规划、合理选购、及时安装、正确使用、精心维护、科学检修、安全生产、适时改造和更新，不断改善和提高企业技术装备的素质，为企业的生产发展、技术进步、提高经济效益服务。

（二）设备管理的要求范围

设备管理是对设备寿命周期全过程的管理，包括选择设备、正确使用设备、维护修理设备以及更新改造设备全过程的管理工作。

设备运动过程从物资、资本两个基本面来看，可分为两种基本运动形态，即设备的物资运动形态和资本运动形态。设备的物资运动形态，是从设备的物质形态的基本面来看，指设备从研究、设计、制造或从选购进厂验收投入生产领域开始，经使用、维护、修理、更新、改造直至报废退出生产领域的全过程，这个层面过程的管理称为设备的技术管理；设备的资本运动形态，是从设备资本价值形态来看，包括设备的最初投资、运行费用、维护费用、折旧、收益以及更新改造的措施和运行费用等，这个层面过程的管理称为设备的经济管理。设备管理既包括设备的技术管理，又包括设备的经济管理，是两方面管理的综合和统一，偏重于任何一个层面的管理都不是现代设备管理的最终要求。

设备的使用期管理分设备初期管理、中期管理和后期管理。设备的初期管理一般指设备自验收之日起、使用半年或一年时间内，对设备调整、使用、维护、状态监测、故障诊断，以及操作、维修人员培训教育．维修技术信息的收集、处理等全部管理工作，建立设备固定资产档案、技术档案和运行维护原始记录。设备的中期管理是设备过保修期后的管理工作。做好设备的中期管理，有利于提高设备的完好率和利用率，降低维护费用，得到较好的设备投资效果。设备的后期管理指设备的更新、改造和报废阶段的管理工作。对性能落后，不能满足生产需要，以及设备老化、故障不断，需要大量维修费用的设备，应进行改造更新。

五、设备管理的分类介绍

（一）设备管理的分类

设备管理分为自有设备管理和租赁设备管理。自有设备按照设备折旧、使用台班进行自有机械费的核算；租赁的机械费按照租赁时间和单价核算机械租赁费；自有机械使用费、机械租赁费共同构成生产过程的机械费，进行成本核算。

1. 自有设备管理

系统根据设备使用计划进行设备的调配，提高设备使用效率，合理调配设备资源，保证生产顺利进行，主要处理现场设备的日常管理及机械费的核算业务。主要包括：使用计划、采购管理、库存管理、设备台账管理、设备使用、设备日常管理、机械费核算等。

2. 设备租赁管理

根据生产预算和整体进度计划，结合自有设备情况制订设备租赁计划，合理调配资源，提高设备利用率，确保生产顺利进行。根据租赁数量、租出时间、退租时间、租赁单价核算租赁费，根据租赁费、赔偿费结合生产过程进行机械料费的核算。主要包括：租赁计划、租赁合同管理、设备进场、机械出场、租赁费用结算等费用结算支付。

（二）设备管理基础工作内容

凭证管理、数据管理、定额管理、档案资料管理和规章制度管理。

1. 设备凭证管理

（1）含义：在设备的技术管理和经济管理中，用于记录设备管理和技术活动，以及经济核算，并明确管理各方责任的书面证明，就是设备管理凭证。

（2）凭证设定原则（活动的依据，保证作用）：①满足需要的原则；②简明适用的原则；③科学规范的原则。

（3）凭证设置要求：

①一般设置成表格形式，一张表格有固定栏目和每次要填写栏目，固定栏目包括标题、

表头、各种线格和文字说明等，标题要意思明确，语言简练；填写栏目，要求数据来源可靠，易于收集，并要考虑最大的可能值，留有足够的空格余地。

②凭证是随着设备物流和价值流的流向而传递的。传递过程中，有的环节需要保留作为依据，所以凭证的联次设计要合理，并在每一联上注明所缴存的部门。

③凭证格式一旦确定下来，就要保持相对的稳定性。

2. 设备数据管理

（1）含义：数据管理是指通过对数据收集、处理加工和解释，使其成为对管理决策有用的信息（有的信息仍是以数据表示的）。它包括对数据进行收集、分类、排序、检索、修改、存储、传输、计算、输出（报表或图形）等这一整个过程。

设备数据，主要指设备管理与维修领域内所产生的数据。

（2）设备数据管理的作用：

①通过对物质运动形态的管理，保证设备管理与维修工作正常进行，保证设备完好为企业完成生产经营任务提供可靠保证。

②通过对价值流（设备采购、维修等费用）的数据管理，使各级人员及时了解设备各项费用的发生及流向，进行费用控制；同时，通过对凭证上的数据与实物核对，避免资产流失。

③通过统计与分析，计算和输出各种数据值与目标值对照，采取措施控制超标指标，并为管理部门制订设备管理工作目标、工作计划、维修决策等提供依据。

（3）数据管理内容的确定方法：

①用系统思想进行数据管理；

②确定数据的管理范围；

③确定输出数据；

④确定数据处理逻辑；

⑤优化数据管理系统；

⑥注重数据的收集管理。

（4）设备资产状况统计，包括以下三方面：

1）设备拥有量及分类拥有量（分三个层次）

①全部设备：指使用期在一年以上，价值在行业规定限额以上，属于固定资产的所有设备。

②生产设备：指直接或间接参加生产过程的设备，它是企业固定资产的重要组成部分。有关生产设备管理范围和管理目录，由行业主管部门规定。

③主要生产设备：指设备修理复杂系数在规定限额及以上的生产设备，是生产设备的主要组成部分。

全部设备、生产设备和重要生产设备总拥有量和分类拥有量数据，由设备管理部门统计员根据设备台账，按期统计、制表

2）设备资产原值、净值及新度系数

该项统计反映企业每年设备资产规模和老化程度。设备新度系数为设备资产净值与设备资产原值的比，是价值角度，反映报告期内企业设备新旧程度的一个统计指标。通过该指标的统计分析，为企业制定设备更新规划提供依据。

设备资产原值、净值数据由企业财务主管部门提供，由设备管理部门固定资产管理人员统计，填入表格。

3）固定资产生产设备折旧率及年折旧金额

3. 设备定额管理

（1）定额管理的含义和基本形式：

企业定额是产品生产过程中消耗的一种数量标准，是指在一定时期内和一定的生产技术组织条件下，为完成单位合格产品或任务所规定的物化劳动和活劳动的消耗量。

企业劳动定额有两种基本形式：①工时定额；②产量定额。

（2）企业设备管理与维修中，主要定额内容：①设备日常维护时间定额；②设备维修时间定额；③设备修理停歇时间定额；④设备维修材料消耗定额；⑤设备维修费用定额；⑥设备配件储备定额。

4. 设备档案与资料管理

（1）档案与资料的含义和区分：

设备技术档案是指在设备管理的全过程中形成，并经整理应归档保存的图纸、图表、文字说明、计算资料、照片、录像、录音带等科技文件与资料，通过不断收集、整理、鉴定等工作归档建立的设备档案。

设备资料是指设备选型安装、调试、使用、维护、修理和改造所需的产品样本、图纸、规程、技术标准、技术手册，以及设备管理的法规、办法和工作制度等。

设备的档案和资料都是设备制造、使用、修理等项工作的一种信息方式，是管理和修理过程中不可缺少的基本资料。设备档案与资料的区别是：①档案具有专有的特征，资料具有通用的特征；②档案是从实际工作中积累汇集形成的原始材料，具有丢失不可复得的特征；资料是经过加工、提炼形成的，往往是经正式颁布和出版发行的。设备档案也是一种资料，是特殊的资料。

设备档案与资料的管理是指设备档案与资料的收集整理、存放保管、供阅传递、修改更新等环节的管理。

（2）档案与资料管理内容：

①设备档案内容：设备档案一般包括设备前期与后期两部分。前期档案包括设备订购、随机供给和安装验收的材料；后期档案包括使用后各种管理与修理的材料。

②设备资料内容：设备管理资料包括为加强设备管理，各级设备管理部门及企业所制订或编写的法规、制度、规程、标准等资料。

5. 设备规章制度管理

设备管理规章制度是指指导、检查有关设备管理工作的各种规定，是设备管理、使用、修理各项工作实施的依据与检查的标准。设备管理规章制度可分为管理和技术两大类。管理类包括管理制度和办法；技术类包括技术标准、工作规程和工作定额。

规章制度的管理，是指规章制度的制订、修改与贯彻。

（1）规章制度的制订：

1）制订原则

①具备政策性；②要有继承性；③具有先进性；④具有协调性；⑤具有可行性；⑥具有规范性。

2）规章制度的内容构成

①适用范围：按照各部门的业务范围，将设备一生进行科学分段，确定每一段的管理范围和管理对象，编写相应的规章制度。

②管理职能：确定有关的职能部门，如设备、供应、财务等部门在该项管理中的责任和权限。

③管理业务内容：一般按照设备物流、价值流的流动方向或管理工作程序，规定各职能部门的管理工作内容、方法、手段、相应的凭证及凭证的传递路线，应具备的资料等，同时要制订相关部门之间业务上的衔接、协调和制约方式。

④检查与考核：规定管理业务所应达到的标准、要求，对相关管理人员的考核内容、考核时间、考核方法及奖惩办法等。

3）制订规章制度的程序

①确定任务：根据管理工作需要，由设备管理部门提出制订制度的意见，经主管负责人同意确定起草部门。

②编写草稿：由起草人进行调查研究，收集资料、写出草稿，送交有关部门征求意见，然后进行修改形成送审稿。

③会签审批：送审稿经有关部门会签，重要制度经会议审议，然后送设备主管负责人审批，由厂部以文件形式发布实施。

（2）规章制度的贯彻执行：

规章制度只有在企业实践中认真贯彻执行才能发挥其应有的效能，同时，通过贯彻执行也是对规章制度的全面验证，其中不够科学或脱离实际的部分将被发现，经组织修订后，使规章制度更加完善。

1）贯彻规章制度的程序

①制订贯彻规章制度的措施：

A. 制订贯彻落实计划；

B. 制订检查考核办法。

②组织宣读和培训。要把设备管理规章制度贯彻到涉及设备资产管理的各部门的领导、业务干部和一线工人，组织好学习和讨论。

2）贯彻规章制度的要求

①做好协调工作。各项规章制度在贯彻执行中会出现在制订时估计不到的一些问题，如得不到妥善解决，将影响规章制度的贯彻。因此，对出现的总是要采取措施，组织协调解决。解决办法是，在试行期对暴露出的问题要认真记录，主管部门要把问题产生的原因调查清楚，如确系规章制度本身的问题，可按规定进行修订。

②经费保证。贯彻规章制度的过程中要增印一些表格和文件等；贯彻规章制度的检查考核中要有奖励等，均需要一些费用。因此，在贯彻规章制度的计划中要考虑这方面的费用，并列入企业的财务预算。

（3）规章制度的修改：

①各项规章制度，应根据具体情况，事先规定一个试行的期限。试用期满后，根据试行中暴露出的问题，集中研究，综合平衡，统一修订。

②规章制度正式颁布执行以后，要在一个阶段保持相对稳定，一般当国家或行业的设备

管理方针、政策有重大改变，或企业生产规模、管理组织机构有重大变化，原有的规章制度已不适用时，进行修改；如某项制度不适应，也可进行单项修改。

③规章制度的修改要依据规章制度的执行情况，保留那些合用的部分，对新增部分要充分调研和论证，并要征求有关人员意见，其修改程序与制订程序相同。

④规章制度的修改要经审批，审批级别及审批程序同规章制度的制订。

六、设备管理的持续发展

机械设备事关汽车生产的安全、质量、技术、进度和效益，设备管理水平是汽车生产企业市场竞争能力的具体体现。因此，如何提高机械设备管理能力，是市场新形势下企业必须要思考和探索的问题。随着市场经济的深化，汽车生产企业全面推行项目法生产，完全不同于原来的以行政建制为单位组织生产，对机械设备管理的重视程度逐步趋向淡化，一方面是设备管理的组织机构弱化，有的企业撤销了设备管理的专职部门，或把设备管理归入工程综合管理部门进行管理，缺乏专业化管理；另一方面是机械设备的投入更新减少，租赁使用较多，企业机械设备的装备率停留在原有较低水平。使企业在机械设备方面的问题逐渐增多：

（1）机械设备管理、操作、维修人员年龄老化，人员流失严重，自有职工比例下滑加快，导致大量无一定工作经历的农民工上岗操作。

（2）设备陈旧、老化加快，不少机械设备已到了甚至超过了报废年限，导致此类机械设备的事故隐患不断和维修成本增加。

（3）机械设备档案不齐全，设备管理者、使用者对设备使用寿命无法控制，安全隐患较多。

（4）不重视机械设备的维修保养，设备带病运转、缺零少件、拆东墙补西墙现象普遍，不能发挥全部机械设备的效能。

（5）管理无序，自有设备与租赁设备并用，存在"谁买谁用，谁用谁管"现象，不讲究机械设备的利用率和投资效益。

总之，由于很多企业项目管理形式的变化，造成机械设备使用管理缺位，"重经营轻管理、重使用轻维修"的思想普遍存在，从而使机械设备故障隐患日益增加，各类事故苗子不断出现。企业要彻底改变当前机械设备管理面临的困境，唯有积极探索，从体制创新和管理创新上来寻找突破口。

第二节 设备管理基础工作

一、设备日常维护

（一）制订维护标准并严格执行

维护标准主要有两种：点检标准和润滑标准。这两项标准的正确制订，对设备的高效使用产生直接影响。

1. 点检

设备点检是科学管理设备的基石。通过点检人员对设备进行点检作业，准确掌握设备状态，采取设备劣化的早期防范措施，实行有效的预防性维修、保养以改善设备的工作性能，减少故障停机时间，延长机体使用寿命，提高设备工作效率，从而降低维护费用。

点检就是通过对设备运转部件作正确详细分析后，制订标准（如温度、压力、振动、声音、腐蚀、泄漏等），然后采用各种手段，如听、看、摸、嗅等，对这些部位按测定标准定人定时地进行运转正常性判定。重点部位需采用高精度仪器，如振动测试仪、磁粉探伤仪等，这是发现设备事故并将其消除于萌芽状态的最有效手段之一。设备管理部门应不惜重金，培训点检人员，配备高精仪器。

2. 润滑

资料统计显示 70% 以上的设备故障是因润滑不当而加重设备磨损造成的。应重视润滑标准的制订和执行工作。制订这些标准时，应该从运转（相对运动）部位速度、设定间隙、受力情况、温升以及设备工作环境、性能等多方面综合考虑，以免在实际润滑过程中，形不成油膜或油太多，起不到润滑作用或造成污染和人力物力浪费。相同的设备在不同的企业和时期都有不同的点检润滑标准，设备管理人员应因地、因时、因经验制订，不可盲从，如图 6.1 所示。

图 6.1　设备的润滑

标准制订结束后，应会同生产人员、维修人员会审，再投入生产使用并严格监督执行情况，定时检查记录是否完整，是否按规程操作，切不可马虎从事。

（二）全员参与管理

在不少企业，存在一种误区，认为设备管理是设备技术人员和维修维护人员的工作，与生产操作人员无关。其实生产操作人员是设备的直接使用者，他们虽然对设备的结构、原理不如维修人员清楚，但他们对设备的使用性能比维修人员要熟悉的多。加之他们长年累月地面对设备，因此，异常事故发生前，往往是他们先发觉，从而阻止事故发生。正因为他们不是设备专业技术人员，他们所能发现的是比较明显的问题，对于比较隐蔽的问题，就需由设备管理人员制订标准，交由他们负责。

（三）严格执行维护标准

制订维护标准与工艺操作规程重在严格监督执行。生产操作人员对设备操作正确与否将直接影响设备使用性能和使用寿命。设备管理人员和生产管理人员应引起足够重视，共同制订工艺操作规程，并随时监督。

二、设备定期维护

设备的定期维护是在维修工人辅导下，由设备操作工人按照定期维护计划对设备进行局部或重点部位拆卸和检查，彻底清洗内部和外表，疏通油路，清洗或更换油毡、油线、过滤器，调整各部配合间隙，紧固各个部位。电器部分的维修工作由维修电工负责。定期维护完成后应填写设备维修卡记录维护情况，并注明存在的主要问题和要求，由维修组长及生产工段长验收，机械员（师）提出处理意见，反馈至设备管理部门进行处理。

设备"定期维护"间隔期一般为：两班制生产的设备每三个月进行一次，干磨多尘的设备每一个月进行一次。对精密、重型、稀有设备的维护要求和内容应做专门研究，一般是由专业维修工人进行定期清洗及调整。

（1）设备定期维护的主要内容：

①拆卸指定的部件、箱盖及防护罩等，彻底清洗，擦拭设备内外。

②检查、调整各部配合间隙，紧固松动部位，更换个别易损件。

③疏通油路，增添油量，清洗过滤器、油毡、油线、油标，更换切削液和清洗切削液箱。

④清洗导轨及滑动面，清除毛刺及划伤。

⑤清扫、检查、调整电器线路及装置（由维修电工负责）。

（2）精密、大型、稀有、关键及重点设备的维护　精密、大型、稀有、关键设备以及企业自己划分的重点设备都是企业生产极为重要的物质技术基础，是保证实现企业经营方针目标的重点设备。因此，对这些设备的使用维护除执行上述各项要求外，还应严格执行下述特殊要求：

①实行定使用人员、定检修人员、定专用操作维护规程、定维修方式和备配件的"四定"做法。

②必须严格按说明书安装设备。每半年检查、调整一次安装水平和精度，并作出详细记录，存档备查。

③对环境有特殊要求（恒温、恒湿、防振、防尘）的精密设备，企业要采取相应措施，确保设备的精度、性能不受影响。

④精密、稀有、关键设备在日常维护中一般不要拆卸零件、部件，特别是光学部件。必须拆卸时，应由专门的修理工人进行。设备在运行中如发现异常现象，要立即停车，不允许带病运转。

⑤严格按照设备使用说明书规定的加工范围进行操作，不允许超规格、超质量、超负荷、超压力使用设备。精密设备只允许按直接用途进行精加工，加工余量要合理，加工铸件、毛坯面时要预先喷砂或涂漆。

⑥设备的润滑油料、擦拭材料和清洗剂要严格按照说明书的规定使用，不得随便代用。

润滑油料必须化验合格，在加入油箱前必须过滤。

⑦精密、稀有设备在非工作时间要加防护罩。如果长时间停歇，要定期进行擦拭、润滑及空运转。

⑧设备的附件和专用工具应有专用柜架搁置，要保持清洁，防止锈蚀和碰伤，不得外借或作其他用途。

三、合理安排设备维护和维修人员

因操作人员和维修人员技术力量、经验参差不齐，所以在设备的维护维修过程中应因人而异，也可以采用A、B、C分类法，使设备重要和复杂程度与技术人员业务能力和思想素质一一对应。

设备管理是一项复杂而需要耐心的工作，既需要设备管理人员具备一定的专业技能、组织能力，更需要具备合格的思想素质，真正树立"以厂为家"的观念，如爱护自己的眼睛一般爱护设备，关心设备。

四、设备管理的原则

（一）在设备选择上要注意"三个原则"

企业在选择设备时要根据企业生产技术的实际需要和未来发展的要求，按照技术上先进、经济上合理、生产上适用的原则来选择设备，充分考虑设备的质保性、低耗性、安全性、耐用性、维修性、成套性、灵活性、环保性和经济性等，才能确保设备投入生产后的经济运行，为企业带来较好的回报。

（二）在设备管理机构上要构建"三级网络"

企业要结合自身实际，建立起以法人为核心的企业、车间、班组三级企业设备管理网络，健全设备管理机构、明确职责、理顺关系。

（三）设备使用管理中的"三全"管理

（1）全过程管理：设备综合管理是对设备全寿命周期管理，即对设备一生的管理。设备的一生包括：规划、选型、购置（或设计、制造）、安装的先天阶段（前期管理）和使用维修直至报废的后天阶段（后期管理）。由于在先天阶段重视了设备的可靠性和维修性设计，因而减少了后天阶段的设备维修工作量，提高了设备的可利用率（有效利用率）。从传统的后期管理扩大到前期管理，是设备综合管理的重要特征。

（2）全系统管理：预防维修、改善维修（修理结合改装）、可靠性设计（无维修和少维修设计）三者形成现代设备管理的全系统。其目的是通过系统管理，通过修理、改装对设计的信息反馈，提高设备的可靠性和维修性。

（3）全员管理：运用行为科学，提高从领导到第一线工人对设备管理的积极性与热情，十分重视设备管理与维修人才培养，开展设备管理小组活动和合理化建议活动等。大力开展优秀设备管理企业的评比，并贯彻群专结合的维修活动。

（四）在设备检修维护上要实行"三严"

一是严格执行检修计划和检修规程，有计划、有准备地进行设备的检查和维护。二是严格把好备品备件质量关。力求既保证质量，又经济节约。三是严格抓好检修质量和技改检修完工验收关。对设备检修和技改检修实行定人、定时、定点、定质、定量，纳入经济责任制考核，确保检修质量和技改质量。

（五）在设备安全运行上要力求"三个坚持"

一是要坚持干部值班跟班制度。做好交接班记录，及时发现问题及时处理，不把设备隐患移交下一班，最大限度地减少和杜绝人为的操作和设备事故的发生。二是坚持持证上岗制度。要加大教育培训力度，使操作者熟悉和掌握所有设备的性能，结构以及操作维护保养技术，达到三好（用好、管好、保养好设备）、四会（会使用、会保养、会检查、会排除故障）。对于精密、复杂和关键设备要指定专人掌握、实行持证上岗。三是坚持抓好"三纪"。安全、工艺、劳动纪律与设备安全运行管理紧密相联。因此，必须坚持以狠抓三纪（安全、工艺、劳动纪律）和节能降耗、文明卫生等现场管理为主要环节，做到沟见底（排污、排水沟）、现场地面无杂物、设备见本色，并持之以恒形成制度、形成习惯、形成一种风尚，使设备现场管理工作更加扎实。

（六）在设备的保养上要实行"三级保养"

三级保养是指设备的日常维护保养（日保）、一级保养（月保）和二级保养（年保）。日常维护保养是操作工人每天的例行保养，内容主要包括班前后操作工人认真检查、擦拭设备各个部位和注油保养，使设备经常保持润滑清洁，班中设备发生故障，及时给予排除，并认真做好交接班记录。一级保养是以操作工人为主、维修工人为辅，对设备进行局部解体和检查，一般可每月进行一次。二级保养是以维修工人为主、操作工人参加，对设备进行部分解体检查修理，一般每年进行一次。各企业在搞好三级保养的同时，还要积极做好预防维修保养工作。

（七）在设备事故处理上要做到"三不放过"

企业要逐步健全各种设备管理制度，做到从制度实施、检查到考核日清月结，把执行制度的好坏作为奖惩的重要条件。坚持对一般设备事故按"三不放过"的原则处理，即事故原因不清不放过、责任者未受到教育不放过、没有采取防范措施不放过。

（八）在设备改造和更新上要注意"三个问题"

设备更新改造是设备管理中不可缺少的重要环节，在设备更新改造中，一是要注意从关键和薄弱环节入手量力而行。对设备更新改造应从企业的实际出发进行统筹规划、分清轻重缓急，从关键和薄弱环节入手才能取得显著的成效。二是注意设备更新与设备改造相结合。虽然随着科技的不断进步、新生产的设备同过去的同类设备相比，在技术上更加先进合理，但对现有设备进行改造具有投资小、时间短、收效快，对生产的针对性和适应性强等独特优点，因此，必须把设备更新与设备改造结合起来，才能加快技术进步的步伐、取得较好的经济效益。三是注意设备改造与设备修理相结合。在设备修理特别是大修理时，往往要对设备进行拆卸，如果能在设备进行修理的同时，根据设备在使用过程中暴露出来的问题和生产的实际对设备作必要的改进，即进行改善性修理，则不仅可以恢复设备的性能和精度等，而且可以提高设备的现代化水平，大大节省工作量，收到事半功倍的效果。因此，在对设备进行改造时，应坚持科学的态度，尽可能地把设备修理与改造结合起来进行。

（九）设备使用管理中"四重视"

（1）重视为生产经营服务：现代设备管理重视为企业生产经营总目标服务。设备管理部门的目标管理是使维修与生产经营的配合紧密，突出重点设备的预防维修和备件的优先储备，强化设备点检、日常维护、状态监测等降低故障的措施，使设备管理与维修成为实现生产经营目标的重要保障。

（2）重视经济效益：在设备规划阶段，谋求设备投资经济性（投资效益）；在设备维修阶段则谋求维修停机损失和维修费用之间的平衡，用最少的维修费用获取最大的设备综合效果。

（3）重视科学管理：除前述内容外，还运用可靠性工程解决故障分析和防止故障的对策问题；运用价值工程分析（成本功能分析）设备改造更新、备件储备及维修经济性问题；运用系统工程解决设备管理先天和后天的关系问题；运用网络技术优化维修作业管理。

（4）重视技术进步：突出技术进步，重视硬件技术开发。如用先进技术改造旧设备，应用诊断技术进行设备的状态诊断、监测，应用新的零件修复工艺等。

第三节 设备管理制度

一、总则

（1）设备管理的基本任务是：合理装备、安全使用、服务生产，为保证工程质量，加快工作进度，提高生产效益，为取得良好经济效益创造条件。

（2）搞好设备管理的基本原则是：尊重科学、规范管理、安全第一、预防为主。

二、设备管理的台账档案

（1）项目经理部设备员负责所在项目经理部的机械设备技术资料的建档设账，其中，《设备登记卡》《设备组织计划》《设备维修计划》《工程设备购置申请表》《设备报废申请表》等一式二份，一份自存，一份报生产科备案。

（2）设备台账应包括下列内容：

①设备的名称、类别、数量、统一编号；
②设备的购买日期；
③产品合格证及生产许可证（复印件及其他证明材料）；
④使用说明书等技术资料；
⑤操作人员当班记录，维修、保养、自检记录，如图6.2所示；

设备名称		使用单位		检修时间		工作人员	工作时间	本日施工工时		设备名称	A	B	C
设备型号		检修单位		完工时间									
设备编号		检修类别		检修负责人									
序号	维修（保养）项目		维修（保养）结果		备注								
								预定					
								实际					
								预定					
								实际					
								预定					
								实际					
								预定					
								实际					
								预定					
								实际					

图6.2 设备保养记录和维修记录

⑥《大、中型设备安装、拆卸方案》《施工设备验收单》及《安装验收报告》；

⑦各设备操作人员资格证明材料；

⑧设备技术档案资料内容：《设备登记卡》、《设备购置申请表》、《设备报废申请表》、《设备检查评定表》、《设备验收单》、《设备运转当班记录》、《设备配置计划》、《设备检修计划》、《设备维修记录》、《租赁合同》和《自制简易设备技术评定表》。

凡设备技术资料②、③、④丢失或不全的，由生产部门组织对设备状况进行鉴定、评定，填写《早期购置设备技术档案补办表》，作为设备技术档案存档。

三、设备标识

（1）设备标识应制作统一的标识牌，分为"大、中型设备""小型设备"及"机具"三类。

（2）标识牌应按要求填写。设备管理员应将由生产部门设备技术监督员组织的每三个月对设备进行一次检查的检查结果填入设备标识牌的"检验状态"一栏中，检查结果分为"合格"、"不合格"、"停用"，同时设备技术监督员将检查情况填入《设备检查评定表》中。

（3）标识牌应固定在设备较明显的部位。

四、设备的组织

（1）凡属新开工工程的，项目经理部应先根据该工程实际情况编写《设备组织计划》，并报生产部门设备技术监督员审批、备案。

（2）项目经理部设备来源可分为"新购、调配、自有、租赁"。

（3）项目经理部需购置新的大、中型设备时，生产部门设备技术监督员配合项目经理部设备员填写《设备购置申请表》，报项目经理部审批。项目经理部需购置小型设备时可根据施工生产需要自行购置。

（4）凡由项目经理部自行制作、改制的设备均要由生产部门设备技术监督员组织进行评定审核，评定合格才可投入使用，并由生产部门设备技术监督员填写《自制简易设备技术评定表》。

五、设备租赁

（1）项目经理部租赁大、中型设备时，要签订《租赁合同》，并将《租赁合同》复印一份报生产部门备案。

（2）租赁设备进场使用前，由生产部门施工设备监督员组织对其性能进行评定、验收，验收合格后，方可投入安装使用，并将验收结果填入《设备验收单》中。

（3）租赁设备的管理应纳入项目经理部设备的统一管理中。

六、设备的使用管理

（1）设备使用的日常管理由项目经理部负责，即贯彻"谁使用，谁管理"的原则。生产部门负责技术指导和监督检察工作。

（2）各项目经理部应聘任设备员，该设备员应具备设备管理基础知识和一定的设备管理经验。

（3）设备使用应按规定配备足够的工作人员（操作人员、指挥人员及维修人员）。操作人员必须按规定持证上岗。

（4）设备使用的工作人员应能胜任所担任的工作，熟悉所使用的设备性能特点和维护、保养要求。

（5）所有设备的使用应按照使用说明书的规定要求进行，严禁超负荷运转。

（6）所有设备在使用期间要按《设备保养规程》的规定做好日常保养、护养工作，严禁"带病"运转。

（7）设备的操作、维修人员应认真做好《设备运转当班记录》及《设备维修记录》。各项目经理部的设备员应经常检查《设备运转当班记录》的填写情况，并做好收集归档工作。

七、施工设备的保养、维修

（1）设备的保养由项目经理部设备员组织操作人员、维修人员按各类设备保养规程进行，并由操作人和设备员分别填入《设备运转当班记录》和《设备维修记录》中。

（2）《设备检修计划》由项目经理部设备员根据各类设备保养规程编制，并报生产部门施工设备技术监督员审核、备案。

（3）设备的检修，由工地结合实际情况，按《设备检修计划》进行，日常维修工作由设备员组织进行。对所有维修工作，设备员均要填写《设备维修记录》。

八、设备的安装、拆卸、运输

（1）小型设备的安装、拆卸、运输，由项目经理部按设备使用说明书的要求标明行；项目经理部设备员应做好相应记录。

（2）大、中型设备进场后由生产部门设备技术监督员组织验收，验收合格后，方可投入安装、使用，并由设备技术监督员将验收结果填入《设备验收单》中。

（3）大、中型设备和工程设备的安装、拆卸工作应由专业队伍来完成，并事先由选定的专业队伍制定安装、拆卸方案，报生产部门设备技术负责人审批。若拆装工作由非本公司队伍来承担，则应先由生产部门进行评审，评审通过后，方可承担拆装工作。

（4）大、中型设备的运输，按《物资搬运操作规程》执行。

（5）大、中型设备和工程设备安装完毕后，应由生产部门设备技术监督员组织，按有关标准对安装质量进行验收，并由设备技术监督员填写相应的《安装验收记录表》，验收合格后方可投入使用。

九、设备的停用管理

（1）中途停工的使用设备应做好保护工作，小型设备应清洁、维修好进仓；大型设备应定期（一般一个月一次）做维护保养工作。

（2）工程结束后，所有设备应根据设备状况做好维修保养工作。

（3）因工程停工停止使用半年以上的大型设备，恢复使用之前应按照国家有关标准进行。

十、设备的报废批准

（1）设备凡是属下列情况之一的，应予报废：

①主要机构部件已严重损坏，即使修理，其工作能力仍然达不到技术要求和不能保证安全生产的；

②修理费用过高，在经济上不如更新划算的；

③因意外灾害或事故，设备受到严重损坏，已无法修复的；

④技术性能落后、能耗高、没有改造价值的；

⑤国家规定淘汰机型或超过使用年限且无配件来源的。

（2）应予报废的设备，项目经理部应填写《设备报废申请表》，送生产部门设备技术监督员审查、备案。大、中型设备要送主管生产副经理审批。

（3）报废了的设备不得再投入使用。

第四节 设备的使用管理

一、设备的使用要求

设备按照"科学管理，合理使用，正确操作，精心维护，计划检修"的原则进行使用，专业管理与全员管理相结合的设备管理工作方针，企业需制定各种设备的使用、维护规程，设备管理制度和设备检查、评比、考核制度等，通过制度管理来规范岗位操作工和检修工的行为。同时，开展各种检查来促进各项制度的落实。强化岗位操作工对《设备安全技术操作规程》的认识，要求对设备进行规范地操作，经常进行抽查考核，有效地避免人为的设备操作事故。每周对设备进行一次单项检查和每月对设备进行一次综合检查，主要检查设备的现场管理工作，包括日常点检工作，设备防跑、冒、滴、漏工作和设备本体，现场环境卫生工作，定量摆放工作等；再结合设备当月作业时间，技术性能等指标，进行综合考评。对检查出来的设备隐患，要求各车间、工段、班组限期整改，整改结果纳入考核内容。在设备使用与管理的监督方面，要重点突出"反违章指挥、违章作业、违反劳动纪律"的行为。

实行周巡查、月综合检查的办法，进行检查、考核。每月根据各项检查考核指标，评出优秀人员给予奖励，对设备维护不达标的车间、工段、班组和个人给予经济处罚。

二、设备的选择

设备选择应满足企业生产实际的需要，要从企业长远生产经营发展方向全面考虑，使企业把有限的设备投资用在生产必需的设备上，发挥投资的最大经济效益。因此，科学、准确地选择设备是企业设备前期管理的一个重要内容。

设备选择总的原则是：技术上先进，经济上合理，生产上可行（适用），配套齐全，技术服务好。具体来说，应考虑以下原则：

1. 生产性

生产性是指设备的生产效率。目前，提高设备生产效率的主要方向是设备的大型化、联合化、高速化、自动化和电子化，但选择设备时应同时考虑企业的生产需要、管理水平、资金和能源条件等。

2. 可靠性

可靠性是指设备的精度、准确度和对产品质量的保证程度以及零部件的耐用性、安全可靠性，即要求设备能够生产高质量的产品，同时要减少设备的故障。

3. 安全性

安全性是指设备对生产安全的保障性能，如是否装有自动控制装置（自动切断电流、自动停车装置等）。

4. 节能性

节能性是指设备要有利于节约能源和降低原材料的消耗。

5. 维修性

维修性是指设备要便于检查、保养、维护和修理。

6. 环保性

环保性是指设备的噪音和排放的有害物质对环境的污染程度。在选择设备时，要求能把噪音控制在人体健康的卫生标准范围内，并配套有相应的治理"三废"的附属设备和配套工程。

7. 成套性

成套性是指设备的配套水平，包括单机配套、机组配套和项目配套。

8. 灵活性

灵活性也称适应性，表现在三个方面：在工作对象固定的条件下，设备能够适应不同的工作环境，使用灵活方便；对于工作对象可变的设备，要求适应多种加工性能，即通用性强；在达到同样要求的情况下，向小型化、微型化、简易化、廉价化方向发展。

9. 耐用性

耐用性是指设备的物质寿命要长。

10. 经济性

经济性是指设备的投资费用和使用费用较少，投资回收期限短。

以上是选择设备时需考虑的主要原则。对这些原则要统筹兼顾，全面地权衡利弊，尽量做到技术与经济的统一。

三、设备使用推行"总成本"管理

"总成本"作为一种管理理念，应用在设备管理工作中，其实质就是对设备管理的全过程，即从设备的设计、选型、采购、安装到投产、运行、维护、改造直至报废处置的寿命周期的各阶段，设备生产、销售等各个部门都能从企业的全局利益、总体效益出发，进行有效分析与控制，使企业投入的总体成本最经济，获得的效益最佳。推行"总成本"管理，能在最大程度上为企业创造效益的同时，也为用户创造价值，满足用户的需要，进而提高企业竞争力。

（一）强化设备前期管理是实现"总成本"理念的基础

设备的前期管理是设备投产前的管理，设计、选用什么样的设备，对投产后企业经济效益、设备维护费用起着决定性的作用。所以，要实现设备投入的"总成本"最经济或产出最佳，有必要从设备的形成阶段，即从设计、选型、安装和调试开始统筹考虑，科学、系统地研究"一次性投入"与"经常性投入"的内在规律。

(1) 合理设计、科学选型是"总成本"理念在设备前期管理中的突破口；
(2) 设备前期的合理投入有利于降低设备运行的维护成本；

（二）控制设备运行过程中的投入和追求投入产出比

(1) 采用"标准+α"预算管理控制维修费用"总成本"。
(2) 采用备件无库存、按性能价格比采购和非生产性材料集中管理。
(3) 降低设备停机时间是降低"总成本"的有效措施。
(4) 打破"本位主义"，树立设备管理为企业创更大效益的服务观念。

（三）盘活闲置设备、退役设备收益率是"总成本"理念的深化和发展

通过加大技术投入达到增加设备寿命后期阶段收益的目的。在处置一台退役的空分设备时，宝钢公司通过向买方提供空分设备的安装、调试、运行软件以及维护保养技术，一台空分设备的处置收益比设备净值高出了500多万元。宝钢公司通过改进闲置、报废设备的处置方式，2002年上半年25台闲置、报废设备的处置收益比原处置方式报价提高14.4%。

"总成本"管理理念是当今先进的管理思想之一，通过在设备管理实践中的应用，已取得了初步成效。这一思想理念有利于克服按部门职能分工、按部门业绩考评造成的"本位主义"、"短期行为"、"短视行为"等弊端，有利于引导公司各级管理人员从大局出发，一切以公司效益最大化为目标进行工作。

四、设备使用管理的特点

设备的使用是以提高设备生产效率及其经济效果，实现企业经营短期和长期目标为目的的，设备使用管理是围绕设备而进行的各项技术、经济活动的总体。

设备使用管理是一门综合性的应用科学，是将现代工程技术和现代管理科学的理论运用于设备管理而形成的新科学，称为"设备管理学"或"设备工程学"。它除了依托常规的机械、电气、电子、检测等工程技术外，还吸收了一系列现代管理科学的精华，如规划论、对

策论、排队论、决策论、库存论、可靠性理论、价值工程以及经济工程等。例如，应用决策科学于设备规划阶段的投资最优方案决策，为设备选型与购买提供措施依据；在设备使用维修阶段的管理，最重要的基础理论是失效物理（故障物理学），用以研究设备故障发生的规律和有效的维修方式。设备工程学是应用设备修理工艺学、设备诊断学、摩擦磨损与润滑学、库存管理、网络技术等，解决设备的使用与维修中的各种问题。

国外的现代设备使用管理有不同的体系理论和方法。欧美的"设备工程学"，英国的"设备综合工程学"，日本的"全员生产维修"等，其共同点是研究设备一生，以设备寿命周期费用最经济和设备综合效益最高为目标；应用现代科学知识和管理技能，通过计划、组织、指挥、协调控制等活动，开展设备综合管理；把技术、经济和管理综合起来，对设备管理的理论、方法、手段、人才以及有关设备设计、性能和费用的信息反馈等内容进行全面研究。

改革开放以来，我国广大设备管理工作者通过总结自己的经验，并吸取英、美、瑞典和日本等工业发达国家的先进管理思想和方法，把国内外经验结合起来，已逐渐形成具有我国特色的设备管理制度和方法，称为设备使用的综合管理。尽管这个制度和方法尚不够完善，但其基本内容已经确立，而且在实践中已取得良好的效果。

五、设备使用管理方法

为了推进现代设备管理工作，从企业的现状出发，在继承我国设备管理经验的基础上，吸收国外先进管理技术和方法，提出了目标管理、重点设备管理、前期管理、项目修理、故障管理、设备点检、状态监测、诊断技术、计算机辅助设备管理等二十多个试点项目，取得了一定经验，并得到推广应用，成效显著。

（一）目标管理

目标管理是对企业生产经营活动的全过程实行全面综合管理的现代化管理方法。它将企业完成国家计划、实现经营目标的各项管理工作协调起来，完善了经济责任制，体现了现代化企业管理的系统化、科学化、标准化和制度化。企业要以预定最优的最终经营效果为总目标，使企业的各项管理工作都围绕总目标的实现而统一协调活动。

设备管理目标是根据企业的生产经营的总额制定的。企业领导、设备管理专业人员和操作者都要参加目标的制定和讨论，并发动全体职工共同为实现这一目标而努力。设备管理目标还包括国家和主管部门对企业设备管理的各项技术经济指标。

（二）重视设备前期管理

设备前期管理是指从设备规划到投产这一阶段的全部工作，是设备一生管理中的前半生管理。具体包括：

（1）建立与完善设备前期管理体制；
（2）运用科学的手段与方法，进行设备方案的构思、调研、论证和决策；
（3）外购设备的选型、采购；
（4）设备安装、调试；
（5）评价和信息反馈。

（三）设备故障管理

设备故障管理是指分析故障原因，总结故障发生规律，确定消除方法，做好记录和信息反馈等工作。

（四）图示管理

图示管理是指利用图像、图形和图表提供数据与信息辅助管理的方法，具有清晰、直观、实用的特点。设备的图示管理就是将设备管理工作中的各种原始数据、指标、状态和趋势等信息，通过采集整理、分析统计、综合计算后，用规范化、程序化、标准化的图形和图表及时、准确、直观地反映出来，以便设备管理工作者了解问题和动态，及早采取措施，提高管理效率的一种方法。

图示管理的形式有：视板、计算机图表显示、计算机图示结合模拟视板。

（五）预防性修理

预防性修理是指根据状态监测发现的设备技术状态存在的问题或故障隐患，有计划地针对设备的一个（或几个）部位，或某些要求项目，进行预防性局部修理。

（六）网络技术、电子计算机及人工信息管理

运用网络分析方法，是将构成计划目标的所有任务，按其相互的联系与时间关系组成统一的网络，再对网络的各项工作进行分析、预测，分清主次，明确关键，找出实施捷径。网络技术适于在大型、重型、稀有设备的大修理以及复杂的设备技术改造和工程项目中应用。在同等的技术条件下，工序的组织合理与否直接影响着修理或工程进度的费用。利用网络技术能缩短工程周期，降低成本。

应用电子计算机辅助设备管理，开发应用于设备资产管理、备件管理、设备状态管理、维修计划（包括定期维护计划）管理、故障管理、更新改造与大修决策、技术经济指标的统计分析等。根据企业的不同条件，可利用电子计算机或建立人工信息管理数据库，对设备管理有关数据进行记录、统计、处理、分析，提高管理工作水平。

（七）PDCA 工作循环的应用

在设备管理工作中应用 PDCA 工作循环的方法（即计划、实施、检查、总结）不断改进工作。

（八）配件 ABC 类管理

在满足维修需要的前提下，根据备件品种规格的多少、占用资金的多少、各类备件库存时间的长短、价格差异的大小等特点，采用 ABC 类控制法的分类原则，对备件库存进行管理，加速备件资金的周转，提高经济效益。

六、设备使用管理的任务

企业设备使用管理的任务，集中到一点就是要保证为企业提供最优的技术装备，把企业

的生产活动建立在最佳的物质技术基础之上，这个总任务具体体现为以下几个方面。

（1）根据技术上的先进性、经济上的合理原则，正确选购设备，为企业提供最优的技术装备。

（2）保证设备始终处于良好的技术状态，也就是设备在投入生产以后，保证在用设备台台完好，在修设备台台修好。

（3）做好现有设备的挖潜、革新、改造，提高设备的现代化水平，发挥设备的作用，使企业生产达到高产、优质，从而获得最佳经济效益。

（4）掌握科学技术在设备方面的发展，注意新设备的引进和老设备的淘汰，把企业的技术革新纳入设备的日常管理活动中去。

七、培养合格的操作者

企业根据设备的技术要求和复杂程度，配备相应的工种和经过培训能够胜任的操作者。随着设备日益现代化，其结构日趋复杂，要求具有一定文化技术水平和熟悉设备结构的工人来掌握。因此，必须加强技术教育和素质教育，使操作者既能熟练安全操作设备，又能精心维护设备。

企业应根据设备使用和维护的具体要求，采取必要的防护、防振、防潮、防腐、防尘、保温等措施，配备必要的测量、保险用的仪器设备，还应具备良好的照明和通风等。有些精密、特殊设备，如坐标镗床、精密数显电子设备、高精度磨削设备、齿加工设备，条件要求严格，最好设立单独工作间，配备恒温装置。

八、严格执行设备使用程序

培训——教育——考核——颁证——操作，是新工人独立使用设备的程序，企业必须严格执行。

（一）新工人在独立使用设备前，必须经过技术培训

培训内容除安全教育、基础知识外还应包括使用设备的结构、性能、安全操作规程、维护保养、润滑等技术知识和操作技能的训练。企业培训操作人员，可分为三级进行，企业教育由厂职工培训部门负责，设备动力和安全环保部门配合；分厂（车间）教育由厂长（车间主任）负责，分厂（车间）设备动力部门配合；工段（小组）教育由工段长（小组长）负责，班组设备员配合。

（二）操作工人应进行相关考试

经过相应技术培训的操作工人，要进行技术知识、操作能力和使用维护知识的考试，合格者获操作证后方可独立使用设备。

（三）凭证操作设备是保证正确使用设备的基础

精密、大型、稀有和关键设备的操作工人由企业设备主管部门主考；其余设备的操作工人由使用单位分管设备领导主考。考试合格后，统一由企业设备主管部门签发设备操作证。技术熟练的工人经教育培训确有多种技能者，考试合格后可取得多种设备的操作证。

车间公用设备的使用可不凭操作证，但必须指定维护人员，落实保管维护责任，并随定人定机名单统一报送设备主管部门。

（1）定人定机制度设备的使用应严格岗位责任，实行定人定机制度，确保每一台设备都有专人操作和维护。定人定机名单由设备使用单位提出，一般设备经车间机械员同意，报设备主管部门备案。精、大、稀、关设备经设备主管部门审查，企业分管设备副厂长（总工程师）批准执行。定人定机名单审批后，应保持相对稳定，确需变动时应按程序进行。多人操作的设备应实行机台长制，由使用单位指定机台长，机台长负责和协调设备的使用与维护。

（2）设备操作维护规程设备操作维护规程是设备操作人员正确掌握设备操作技能与维护的技术性规范，是根据设备的结构、运转特点，以及安全运行的要求，规定设备操作人员在其全部操作过程中必须遵守的事项、程序及动作等基本规则。操作人员认真执行设备维护规程，可保证设备正常运行，减少故障，防止事故发生。

（3）交接班制度机器设备为多班制生产时，必须执行设备交接班制度。交班人在下班前除完成日常维护作业外，必须将本班设备运转情况、运行中发现的问题、故障维修情况等详细记录在"交接班记录本"上，并应主动向接班人介绍设备运行情况，双方共同查看，交接班完毕后在记录簿上签字。如是连续生产的设备或加工时不允许停机的设备，可在运行中完成交接班手续。

如操作工人不能当面交接生产设备，交班人可在做好了日常维护工作，将操纵手柄置于安全位置，并将运行情况及发现问题详细记录后，交代班组长签字代接。

接班工人如发现设备有异常现象，交接班记录不清，情况不明和设备未清扫时，可以拒绝接班。如交接不清，设备在接班后发生问题，由接班人负责。

企业在用生产设备均需设"交接班记录本"，并应保持清洁、完整，不得撕毁、涂改或丢失，用完后向车间交旧换新。设备维修组应随时查看交接班记录，从中分析设备技术状态，为状态管理和维修提供信息。

维修组内也应设"交接班记录本"（或"值班维护记录本"），记录当班设备故障检查、维修情况，为下一班人员提供维护信息。

设备管理部门和使用单位负责人员要随时抽查交接班制度执行情况，并作为车间劳动竞赛、现场评比考核内容之一。

对于一班制的主要生产设备，虽不进行交接班手续。但也应在设备发生异常时填写运行记录并记载设备故障情况，特别是对重点设备必须记载运行情况，以掌握技术状态信息，为检修提供依据。

第五节　设备的维修与检查管理

一、设备维修的要求

设备在使用过程中，由于各种工作力的作用与环境的影响，其零部件在相互运动摩擦下，会逐渐磨损、变形、劣化、蚀损，而导致其精度、性能和效率逐渐降低，出现故障，甚至丧失使用价值。为了恢复设备精度与功能而采取调整、更换、修复所有磨损、失效的零部件的技术活动，称为设备维修。

设备修理的目的：保证安全生产，补偿设备有形耗损，延长使用寿命，提高有效利用率，减少修理费用和停机损失，以求得最大的设备投资效益。

（1）正确编制各种维修活动计划，开展以防止故障为目的预防维修活动；
（2）防止因设备故障停机和性能下降而影响生产计划的完成；
（3）消除因设备原因而引起的产品质量问题；
（4）防止因设备过度劣化所造成的维修费和能源消耗大增而影响企业收益；
（5）防止由于设备故障而造成产品交货期延误；
（6）确保设备操作人员的人身安全；
（7）搞好作业区的环境保护，提高作业人员的劳动情绪。

二、设备的维修方式及修理类别

（一）设备的维修方式

设备的维修方式是指设备修理作业的组织与实施形式，它包含设备维修策略、工作体系、修理类别等内涵。现代制造企业所采用的设备维修方式，基本上由预防维修、故障维修和改善维修三大体系组成。

1. 预防维修

为了防止设备精度、性能劣化，影响生产的正常进行和降低设备故障率，按事先规定的计划和相应的技术要求所进行的修理活动，称为预防维修。预防维修有两种方法，即定期维修和状态监测维修。

（1）定期维修：

按规定的时间间隔（累计开动时间或累计产量或可计算的其他适当数值而制定的修理周期）的事先安排计划的维修活动，称为定期维修。这是一种以时间为基础、周期性进行的预防维修。设备的修理周期与维修资源（劳动力、材料、备件、维修设备）可以预计并可作较长期计划的安排。当设备的故障及工作能力劣化与运行时间有直接关系时最有效。设备故障模式属于有规则故障，或无故障发展过程而无法实施状态监测者，定期维修适用于能掌握设备磨损规律和平时难以停机进行维修的流程式生产、自动线以及大批量生产中使用的主要生产设备。通常在事前难以检测故障的设备，或是受生产条件的约束，这些设备应采用有计划的、按固定间隔期进行的预防维修。

（2）状态监测维修：

状态监测维修简称状态维修，是在对设备进行监测和诊断的基础上，针对设备技术状态的实际情况，适时安排的预防维修。它是通过人的感官或仪器进行检查，并事先规定各项界限值，根据对设备的定期检查、状态监测和诊断所掌握的技术状况（如指出潜在的问题何时开始暴露，确定何时超过了规定的界限值等）按实际需要作出决策，有计划地进行适当的修理。或是根据统计理论或概率论，通过数据分析进行趋向检测，分析故障原因，采取防止故障发生的预防措施。由于这种维修方式对设备能适时地、有针对性地进行维修，不仅能保证设备经常处于完好状态，还可充分利用零件使用寿命，因此，它比定期维修更为合理。它主要适用于连续运转设备，利用率高的重点设备和精、大、稀设备。它的故障模式属于有规则故障或随机故障。故障发生前有一个可以观察状态发展的过程，因此，通常可以实施状

态监测。

2. 故障维修

故障维修是指设备在使用过程中突然发生故障和事故，或精度、性能降低到规定水平以下所进行的恢复性修理，亦称事后修理，包括有计划控制的故障性维修和无法控制的突发性故障的紧急修理。突发性故障的故障模式属于随机故障，无故障发展过程，因此，无法实施状态监测或定期维修。

（1）有计划控制的故障维修（日常维修、小修或技术维护）：

有计划控制的故障维修是通过日常点检、巡回检查、定期检查等所发现的设备故障或征兆，经过分析，掌握原因后，根据需维修内容，修理、更换零件复杂程度，工作量大小，生产允许的停机时间，备件准备及维修力量配备等情况，由机械员（师）会同维修组长编制车间维修作业计划，并在维修组内公布（一般可安排一周或一月的进度计划）。在做好技术资料、备件、工具、人员安排等准备工作后，由维修组按计划进行故障维修。这种维修方式是在与车间生产密切配合下自定计划进行的（设备部门也可下达预防性小修计划），既可使设备得到修理，恢复功能，又可保证生产正常进行。

（2）突发性故障紧急修理：

由于故障突然发生，事先又无任何征兆，为了及时恢复生产，必须安排计划外的紧急修理。对于那些故障停机后再行修理也不会给生产造成多大损失的设备，在权衡停工损失与维修费用情况下，采用事后维修方式往往较为经济。例如，生产中利用率低、结构简单、修理技术要求不高、能及时提供备件，代用或备用设备多以及实行强制预防维修经济上不划算的设备，均可适当采用这种维修方式。

3. 改善维修

为了消除设备先天性缺陷或多发性故障，以事前措施代替事后措施，强调消除需要维修的各种故障，对设备的局部结构或零部件结合修理加以改进，以提高其可靠性和维修性的措施，称为改善维修。改善维修，通常结合项修或日常维修进行。

设备的改善维修与技术改造的区别是：前者在于改善和提高少数零部件的可靠性和维修性，从而降低设备故障率和减少维修时间及费用；而后者除包括前者的目标措施外，以提高设备的精度、性能为目的，改进部分结构内容。

以上三种维修方式，各有其适用范围，哪种维修方式较好，要以维修的效果（即以最合理的维修费用，取得最大的生产效益）来鉴别，企业应根据自己的生产特点、设备特点、故障模式及使用条件选择最适宜的维修方式。一个企业内可按具体情况，对不同工作的设备，分别采用不同的维修方式，以达到设备综合效率高，停机损失小，在设备设置费不变的条件下，达到寿命周期费用最低的目的。

（二）设备的修理类别

设备修理类别根据设备修理目的、内容、要求和修理作业量来划分。每一种维修方式可以由不同的修理类别组合来实现。设备修理一般划分为以下几种。

1. 小修与日常维修

设备的小修与日常维修是按定期维修规定的内容或针对日常点检、巡回检查和定期检查所发现的问题，拆卸有关的零部件，进行检查、调整、更换、修复少量磨损或失效的零件，以恢复设备的正常功能。它是针对性强、及时预防、工作量小的一种有计划消除缺陷的修理工作，是车间维修组除项目修理及紧急故障修理任务外的一项极为重要的、控制故障发生的日常维修性工作。一般由设备使用单位自定计划，自行考核。有的单位也由设备部门定期安排小修计划。

2. 项目修理

项目修理（简称项修）是根据设备的实际技术状态，针对造成设备精度、性能劣化而达不到工艺要求的项目进行的修理，这是预防维修中的主要修理类别。项修时，一般要进行一些部件的解体、更换或修复磨损机件，必要时要对基准面进行刮研和校正坐标，以恢复设备的精度性能。其工作量视实际情况而定，由设备管理部门按年度修理计划分月下达，车间维修组执行。

设备项修针对性强，停机时间短，能及时配合生产需要，修理费用合理，既可避免过去实行计划预修中因未到修理周期不安排计划而造成的失修，又能防止由于强制维修而产生的过剩修理。特别是对单一、关键设备，可利用生产间隙时间和节假日进行项修，不影响生产正常进行。这是许多企业广泛实行并取得良好经济效益的一种修理类别。

3. 大修理

设备大修理是计划修理工作中工作量最大的一种修理，其目标是全面消除修前存在的缺陷，恢复设备规定的精度、性能。大修时，要对被修设备进行全部解体，修复基准件，更换或恢复全部磨损件；修理、调整设备的电气系统；修复设备附件以及翻新外表等工作。设备大修可由企业的机修车间进行，也可委托外修，视具体条件而定。设备大修应按年度大修计划执行，并在修前做好各项技术准备和生产准备工作。

三、设备修理计划的编制

设备修理计划是企业生产、技术、财务计划的一个重要组成部分，是指导设备管理维修工作的技术性文件，纳入各级生产计划下达和考核。编制修理计划时，应优先安排重点设备，充分考虑所需资金、物资、劳动力的可能性，从本企业技术装备条件出发，采用新技术、新工艺、新材料，在保证质量的前提下，力求减少停机时间与合理使用修理资金。设备部门在编出修理计划草案后，应与生产、技术、财务部门共同讨论分析，进行综合平衡，再正式编制计划、经总机械师审定，主管领导批准，与企业各级生产计划同时下达车间（分厂）执行，并按时检查考核。

（一）修理计划编制的依据

年度计划编制的依据主要有以下几项：

1. 设备的技术状况

由车间机械员（师）根据设备日常点检、定期检查、状态监测和故障修理记录所积累的设备技术状态信息，结合年度普查鉴定的结果，进行综合分析，在第三季度末向设备部门提出下年度需修理的设备及修理类别。

2. 生产工艺及产品质量对设备的要求

由生产工艺部门根据产品生产计划提出对设备的技术要求；质量管理部门根据质控点设备的工序能力指数（CP值）和提高产品质量计划，提出对设备的要求。

3. 安全与环境保护的要求

根据国家或有关主管部门规定,对于安全防护装置不符合规定要求以及排放废气、废液、废料、粉尘或噪声等污染环境的设备,应采取技术措施,加以改善和整修。

4. 设备修理间隔期

对实行定期维修的设备,编制计划的主要依据是设备已开动的工作时间和修理的间隔期。

至于季、月度计划的编制依据,季度计划是根据年度修理计划的安排,并结合上季修理计划的实施情况编制;月度计划则根据季度计划进行编制。但不论是季度计划或月度计划都可根据已实施计划和需修设备的实际情况,在年度计划范围内进行调整。

(二) 修理计划的编制程序

在每年的第三季度,设备管理部门根据下年度生产经营目标对设备修理的要求,提出下年度设备计划修理的工作要点。各车间根据所掌握的设备技术状态信息和设备状态普查结果,提出下年度需修设备明细及修理类别,报送设备管理部门。设备管理部门汇总后,按所掌握的设备状态及完好程度等资料拟定修理台项,并对车间提出的设备进行复查和技术鉴定,并与生产管理部门及车间协商确定修理台项、类别和月份,编出修理计划草案,报请总机械师审核,并召集车间及有关单位参加会审平衡,由主管领导批准。在第四季度下达各车间,安排下一年度执行。

季度、月度修理计划按照年度计划,结合设备使用情况、临时性修理任务和修前的技术、生产准备情况,可在年度计划内进行调整,应于季、月前编制,经批准后下达实施,并与生产计划同时进行检查与考核。

上述是编制设备修理计划的一般程序,适用于单台(项)设备的修理。但对成套设备(包括流程生产设备)来说,必须把各项单体设备组成的生产线作为一个整体考虑,由于制约因素较多,修理工作也比较复杂。

英国凯利(A kelly)提出的编制成套整体修理计划"六步法",是一种较好的方法。这种方法是将成套设备中的各单台设备的维修作业综合考虑来编制计划,共分六个步骤,简称"六步法"。

第一步:确定成套设备中关键的单项设备和生产间隙时间。首先按照成套设备工艺流程性质(连续的或间歇的),将全套设备分成各单项装置,作出工艺流程图;对各单项装置发生故障后果作简单分析并估算其生产损失;确定设备的运行方式和预期设备利用率。然后根据这些资料确定:

①成套设备中的关键设备,或进一步按故障后果及费用将各单项装置按顺序排列;
②生产间隙时间表(包括对发生随机性停机的可能性)。

第二步:按照功能分解成套设备中各单项装置的组成,对关键单项装置要详细分解,非关键单项装置则可局部分解。

第三步:确定各单项装置的有效维修方式并排顺序,根据安全要求和费用大小选择各单项装置的有效维修方式,对简单装置以现场维修为主,对复杂装置的维修应在状态检测后确定;并将各装置的可用维修措施详细列出,以供选择。

第四步:按已确定的维修作业编制计划。编排计划时应考虑成套设备的生产方式(串联、连续式生产流程)、批量、分批(间歇)作业等情况,并把所有各单项装置作为整体安排进度。

第五步:分别编制不停机(在线)维修和停机(离线)维修的进度计划。如在现场进行不停机维修,可直接对零部件安排作业计划,通常是按区域、工种、频次划分,并作为日常作业进行。需要停机维修的作业,可安排在生产间隙时间(节、假日)或与生产部门协商的停机时间进行。所有这些计划的安排,均应使工作量均衡,并留有余地,使维修组长(工长)的工作具有一定的灵活性。

第六步:制定故障维修准则。对需修理设备的各项装置,应制定出修理质量、维修方法,所需技术资料等工作准则和可能发生问题的应急措施。同时在备件、人力方面应事先仔细考虑,以便能顺利进行作业。

四、修理质量的控制

设备维修必须建立一套严密、协调、高效的质量管理系统,以控制和保证设备修理过程中各个环节的质量。

(一) 设备修理质量标准

设备修理质量标准是指设备修理后预期达到的精度和性能指标、外表质量和完整性、安全和环境保护等方面的技术规范,用以衡量和评价设备修理质量的优劣。制定设备修理质量标准的原则是以设备出厂质量指标为基础,并保证:

(1) 设备修后的精度、性能,应满足产品工艺要求,并有适当的精度储备。

(2) 若设备出厂标准的一项或几项精度、性能指标不能满足产品的工艺要求时,应采取提高精度的修理或局部改装措施,使设备的精度、性能达到产品工艺的要求。

(3) 修后的设备应达到环境保护和劳动安全法规的要求。

制定设备修理质量标准时,既要考虑技术上的必要性,也要考虑经济上的合理性,以降低修理费用和其他消耗。

(二) 设备修理过程中的质量保证

(1) 修理作业过程中要建立健全岗位责任制,明确各级人员、各工序操作者的质量责任和奖惩。

(2) 运用网络法编好修理施工作业计划,并认真执行,随时掌握关键工序的施工进度与质量,及时解决施工过程中的问题,做到均衡作业,避免因赶进度而放弃质量要求。

(3) 严格按照施工工艺进行修理。在关键工序建立质量管理点进行工序检查。严格贯彻自检、互检和专检制度,必须经检验合格方可转入下一工序,以保证部件装配和总装质量。总装完毕必须按照质量标准严格进行精度、性能检验,认真做好检查记录,合格后才算竣工,方可验收。

(三) 设备保修期中的质量保证

修理部门除负责对所承修设备规定的保修期限外,还应建立质量访问制度,搜集使用部门对修理质量的反映,进行分析归纳,为改善和提高设备修理质量提供资料。在保修期内,修理部门对使用部门提出的返修意见，应及时认真处理，并考核其返修率。

（四）设备修理质量信息反馈

为了不断提高设备修理质量，必须将修理过程和修后使用中有关修理质量的信息反馈到修理技术部门，修理技术部门要专人管理。

影响设备修理质量的因素有：修理工艺是否合理；修理用料是否符合要求；备件、自制件和修复件的质量是否优良；修理及装配方法是否恰当；检查试验的方法是否正确，生产操作有无违反规程等。

修理信息反馈是修理质量保证体系的重要环节，除加强质量检验，及时将出现的问题反馈到设备修理技术部门外，在施工过程中，也应随时反馈信息。负责修理质量信息管理人员应将这些信息统计、整理、分析，定期向部门领导报告，以利改进。

五、设备的检查

机器设备的检查是按照设备规定的性能和有关标准，对现场机器设备的性能、精度、润滑、完好运行状况与整齐、安全等情况所进行的预防性检查工作。它是实行设备状态监测维修的有效手段。其目的在于判断设备的技术状态如何，设备有无异常和劣化现象，以便及时采取措施，消除设备的性能隐患，防止设备劣化的发展和故障的突发，使现场机器设备经常处于正常安全运行的良好状态，并为以后的维修工作做好准备。

机器设备检查按间隔时间的长短可分为日常检查和定期检查。按检查内容可分为性能检查和精度检查。有些企业也将完好率的检查列于其中，并将检查与评比工作有机地结合起来，推动了现场的设备管理工作。

（一）日常检查

日常检查是由操作工人和维修工人每天按照规定标准和要求，对设备进行有无异常、是否能正常运转的检查。检查方法是利用人的感官，通过听、看、触、嗅及简单的工具或装在设备上的仪表和信号标志（如压力、温度、电流、电压的检测仪表和油标等，如图6.3所示），判断设备的技术状态，以及发现设备的缺陷和隐患，采取措施，防止发生突发故障，减少故障损失。

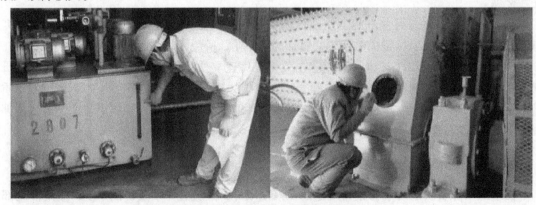

图6.3　设备的检查

对现场设备进行日常检查，必须按照检查标准的规定和卡片内容，认真执行，不可流于形式。由区域维修工人负责进行的每日巡检，也应按照规定的路线和检查点，逐项进行检查。对于企业中的重点、关键设备，在推行日常检查的基础上，可结合日本 TPM 的管理方法，开展点检。具体做法是，对重点、关键设备，每班或按规定时间，由操作人员按照设备管理部门制定的标准，对设备中影响产品产量、质量、成本、安全环保和设备正常运转的具体部位有针对性地进行检查、记录。即严格按专用的点检卡片进行日常检查，一些进口设备往往由制造厂家提供专用点检卡（或称点检规程）。

点检卡的内容应包括检查项目、检查方法、判别标准，并以各种符号进行记录。我国不少企业日常点检已推行多年，但发展不平衡，尚需企业根据自己实际情况，不断完善。建议在对一般设备实行日常检查的基础上，先对重点设备实行点检，并做好相应的培训、建卡工作，做好检查、反馈和及时维护工作，以真正起到点检的作用。

合理确定检查点是提高点检效果的关键。如果被检查的部位长期（如 1~2 年）没有出现过异常，并且同类设备情况都是这样，那么就取消这个检查点（涉及安全及保险装置除外）。反之，如果经常出现异常的部位却未列入点检范围，未能做到及时发现问题，就应该加上这个检查点。所以点检卡中的内容及周期应在执行中不断地及时调整。日常点检应与交接班记录结合起来，即将其纳入交接内容并列入经济责任制考核，以保证日常点检的贯彻。

对在日常检查中发现的问题，一般可通过以下途径加以解决。

（1）经简单调整、修理就可解决的一般问题，由操作工人自己解决。

（2）难度较大的故障隐患，由进行巡回检查的维修工人加以解决，或通过班组设备员与维修部门联系，由专业维修工人进行排除。

（3）经车间设备管理人员确定，认为维修工作量较大而又暂不影响设备使用的故障隐患，由车间维修组安排计划维修加以解决，或上报设备管理部门协助解决。

（二）定期检查

定期检查是指专业维修工人（在操作工人参加下）按照计划和规定的检查周期，根据检查标准，用人的感官和检测仪器对设备进行的比较全面的检查和测定。其目的是查找设备是否有异常变化，掌握零部件的实际磨损情况，以便确定是否进行修理。对检查中发现的问题，应及时进行调整，并有目的地做好下次修理前的各项准备工作。

机器设备的定期检查包括定期性能检查和定期精度检查。定期性能检查是针对主要生产设备（重点设备）进行性能测定，要检查设备的主要精度和性能有无异常及是否存在问题，如有无异音、振动、能否保证产品要求的加工精度，零部件有无损伤、泄漏，安全装置是否灵敏可靠等，以便采取措施保持设备的规定性能。

定期精度检查是针对主要生产设备（包括大、重型设备）所进行的精度测定。要测定设备的实际精度有无劣化，测量设备的安装水平有无变化，是否影响加工精度，了解设备精度的劣化速度，掌握设备在运动状态下某些精度、性能的变化规律，以便采取相应的措施。精度检查由维修工人和专职检查工人依据设备精度标准（说明书提供）进行。

（三）设备完好率的检查

由于在设备管理工作考核中，对设备现场管理提出了设备完好率的要求（如《"九五"

全国设备管理工作纲要》中规定：大、中型企业主要生产设备完好率稳定在90%以上），企业内与企业间也常进行设备完好率的专项检查（有的称为设备完好检查）。因而，企业管理部门将月、季度、年度的完好率检查，也列入了设备现场检查的内容，并要求操作人员、维修人员配合这一检查。

1. 设备技术状态的完好标准

为了判断设备的技术状态如何，需要有一套标准，这就是设备技术状态标准。

设备技术状态标准，又分为设备工作能力标准（即绝对标准）和设备技术状态完好标准（即相对标准）。设备的工作能力标准包括设备功能和参数，如精度、性能、粗糙度、功率、效率、速度等的允许范围，以及精度指数和工作能力指数等，反映在规定的设备技术条件中。设备的技术条件是考核设备设计、制造质量的标准，并在设备制造检验合格后，载入设备出厂精度检验单和说明书中。设备技术状态完好标准则是对现场在用设备的部分精度、性能与完好状态，设备加工的产品质量以及设备管理维修的效果而制定的相应标准。通过对现场设备完好状态的检查，统计与考核企业现场设备的完好率。

2. 设备技术状态完好的一般要求

（1）设备性能良好，如机械设备精度能满足生产工艺要求；动力设备输出能力能达到原设计标准（或国家法定主管部门批准的标准），运转时无超温、超压现象等。

（2）设备运转正常，零部件齐全，没有较大缺陷，磨损、腐蚀程度不超过规定的技术标准，主要仪器、仪表和液压、润滑系统安全可靠。

（3）原料、能源（燃料、油料、电力）等消耗正常，基本无漏油、漏水、漏气、漏电现象。

（4）设备的制动、连锁、防护、保险、安全装置及电气控制等齐全完好，灵敏可靠。

（5）生产上有特殊要求的设备，除前述要求外，还应根据不同的情况规定不同的要求（如化工设备的防腐、防爆，采掘设备的防潮、防爆等）。

（6）由两种以上设备组合进行生产的大型设备（如动力站房、高炉、焦炉、轮机、造纸机等），除上述要求外，还应根据机组的完整性对主机和辅机规定相应的要求。

3. 各类设备的技术状态完好标准

按照企业中设备类别的划分，对金属切削机床类（包括车床、铣床、磨床、刨床、钻床、镗床、刻线机、拉床、插床、齿轮及螺纹加工机床、锯床、组合机床、简易专用机床、电火花及超声波与电解加工机床等）、锻压设备类（包括锻锤、锻造机、轧机、压力机、剪床、平板机、弯管机、整形机、冷镦机、弹簧加工机、液压机等）、起重设备类（包括各式起重机、卷扬机、传送机械等）、铸造设备类（包括造型机、抛砂机、造芯机、混砂机、抛光机、喷砂机等）、工业锅炉类（包括各种形式、各种蒸发量的工业锅炉）、动能设备类（包括空压机、制氧机、制冷设备、乙炔发生设备等）、电气设备类（包括高中频电加热设备、变流设备、变压器、发电设备、焊接设备等）、工业炉窑类（包括熔炼炉、箱式炉、井式炉、盐浴炉、气体保护炉等）、动力管道类（包括热力管道、压缩空气管道、乙炔管道、给水管道等）、工业泵类、煤气发生炉等，企业现场使用的设备，有关技术行业都较详细地规定了各自的设备技术状态完好标准和实施细则。

不少行业印发了有关本行业的实施标准。使用者可参阅相关书籍和资料，由于内容较多，不再详细介绍。

4. 设备技术状态考核

企业设备技术状态是否完好，用"设备完好率"指标进行考核。设备完好率是主要设备完好台数与主要设备总数的百分比，其计算公式如下：

设备完好率 =（主要生产设备完好台数/主要生产设备拥有台数）×100%

主要生产设备是指企业已安装的、在5个修理复杂系数（设备修理复杂系数是表示设备修理复杂程度的一个假定单位，设备易修，复杂系数小，设备难修，复杂系数则大）以上的全部生产设备，包括备用、封存和在检修的设备，但不包括尚未投入生产的由基建部门管理的或为物资部门代管的设备。完好设备是指经检查符合设备完好标准的主要设备。凡完好标准中的主要项目有一项不合格的或者次要项目中有两项不合格的，即为不完好设备。正在检修的设备，应按检修前的技术状况计算。

企业完好设备台数，必须是逐台检查的结果，不得采用抽查和估算方法推算。

设备完好率的检查，一般是由企业设备管理部门，定期或不定期地对设备使用单位，按照完好标准进行现场检查；或行业间、企业间互相检查，以确保现场设备的技术状态符合要求。应按时向有关单位反馈设备的完好状态（完好率），作为考核与安排计划维修的依据。

（四）现场设备的检查评比

企业开展现场设备维护保养的检查评比活动，是加强操作工人和维修工人责任心，调动职工精心维护保养设备的积极性，促进设备维护、检查工作正常开展，提高管理水平，保持设备正常运转的有效措施，也是设备管理工作的一项重要内容。开展检查评比的方法可根据企业实际情况自行确定。企业与行业的检查多以完好率指标来考核，企业内部则可按日常、周末的维护保养水平，四则要求，检查记录情况，现场管理等多项内容打分综合评定。其作用就是要将设备现场的各项管理、保养、维护、检查等工作持续不间断地开展下去。

第七章
人员管理

第一节 生产过程中的人员管理

作为班组的领导者和指挥者,生产班组长应采取合理的方法管理好班组成员,恰当处理班组中的人际冲突。

(一)人员管理原则

生产班组长在管理班组成员过程中,必须明确员工管理原则,使用正确方法开展管理,生产班组长管理成员应遵守五大基本原则:

(1)树观念、立目标:尊重班组成员的个人价值观,理解其具体要求,制订班组成员共同目标;

(2)常交流、应授权:与班组成员多交流,倾听其提出的建议,适当授予员工权力;

(3)重个人、共参与:重视班组成员的想法,制订发展计划让其参与决策,采纳其建议;

(4)守诺言、奖员工:对班组成员的诺言应尽力兑现,适当进行奖励,激发其积极性;

(5)许失败、立规范:不要因为班组成员失败就处罚,应适当鼓励,制定严格的管理制度。

(二)人员管理方法

1. 二八管理法

所谓二八管理法则,就是好班组内20%的关键成员的管理,再以20%的少数带动80%的多数成员,以提高班组作业效率,生产班组长用二八管理法则确定20%的关键成员。

(1)确定(骨干力量)的步骤:

调查班组成员作业能力→分析班组成员作业绩效→对班组成员分组→确定20%的关键人员。

根据二八管理法则,生产班组中80%的作业是由最关键的20%人员所完成,因此,对20%的关键成员的管理显得非常重要;管理好生产班组中的关键人员的模型:盘点规划、有效培养、合理保留、适当激励。

①盘点规划:首先明确完成生产班组作业目标和任务的核心人员,然后对员工队伍的现实任职素质进行大"盘点",最后对关键人员进行整体系统规划。

②有效培养：选拔认同班组价值，取向素质高、有潜力的后备人员，进行有计划的重点培养，逐步形成关键人员队伍的阶梯式结构，为班组高效作业奠定基础。

③合理保留：关键人员的保留有两点，即人的保留与人所拥有的资源的保留，创造良好的班组文化气氛，为留下关键人员打下基础，加强团队建设，通过各种制度化管理，将关键人员的个人优势转化为班组优势。

④适当激励：对关键人员的薪酬管理重点要考虑中长期薪酬方案，关键人员队伍的开发，重点在于素质开发，高素质是高绩效的前提。

（2）运用二八管理应注意以下三个要点：

①在管理班组的过程中，坚持能人管理原则，树立正确的用人观，做到人尽其才，充分发挥20%的关键人员的骨干作用；

②加强关键成员能力的开发，不断提高其素质，通过培训培养出班组所需人才，同时建立良好的班组文化氛围，提高关键人员素质；

③创造宽松的气氛，使关键人员与班组其他成员相互学习，相互支持，坚持"以点带面"，点面结合，做好"二八"优化组合；

2. ABC 员工分析法

ABC 员工分析法是指根据生产班组的作用能力、素质以及业绩等方面，对其进行 ABC 分类，并采取不同方法实施管理活动。

（1）利用 ABC 分析法分类步骤：

收集员工有关数据→列出相关元素统计表→统计汇总和整理→分类并编制 ABC 分析表→绘制 ABC 分析图→得出分类的结论。

（2）运用 ABC 员工分析法对生产班组成员进行管理的模型：

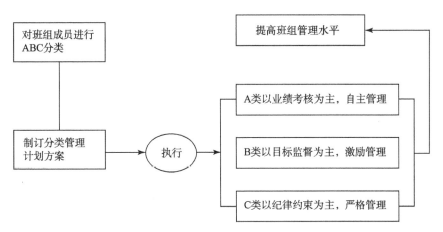

（3）ABC 分类员工的管理办法：

A 类成员：多关心其价值观的实现，生理及心理健康等问题，辅导其成就个人事业，加强职业心理健康的疏导，增强其满足感，不断挖掘其潜力；

B 类成员：予以充分关注，调动其积极性，增强班组主人翁意思，具体做到加强培训实行感情管理，充分让其参与决策，并适当授权；

C 类成员：实施预防策略，适当安排工作，进行必要的培训，实施帮助 C 类成员进步的计划，制订辅导计划和心理文化活动计划，并认真贯彻执行帮助 C 类成员进步，实行末位淘汰制，对于辅导无效的则辞退。

生产班组成员进行 ABC 分类管理应注意以下五点：
①向班组成员说明班组的发展前景，让其找到努力的方向和目标；
②设定可行的目标，在规定期内完成，适当给予压力；
③制订严格的管理制度实行管理，赏罚分明，纪律严明；
④调整 C 类人员的心态，通过各种措施帮助其进步；
⑤严格按照班组要求留下进步者，业绩始终没有进步者辞退。

（三）人员管理的制度化与人性化

班组成员有效管理的方法是将制度化人性化结合，一方面通过制度化管理，规范班组成员的行为，另一方面通过人性化管理调动起积极性和创造性。

(1) 制约制度化管理的因素：
①制度制订不周详：制度内容里模糊概念过多，制度出台后相互"撞车"现象经常出现。
②执行力度不够：制度出台后，对于班组内成员的违反规定行为，并没有按照制度进行处理，导致制度失去原有的作用。
③奉行权力至上：有些管理者将自己排除在制度约束范围外，用权力代替制度，并凭借此权力变相地执行制度，使制度失去意义。
④缺乏有效的监督：制度执行过程中，缺乏相应的监督力度，使制度执行的同时，背后存在着"暗箱操作"现象。
⑤惩处过于宽容：对于班组内成员的违规行为，特别是班组干部的违规行为没有按照制度从严处理或惩罚。

(2) 班组管理制度制订的方法：
在生产班组中实行制度化管理，关键要制订一套合适的管理制度。班组管理制度的制订方法：
①制度全面化：管理制度在空间上全方位覆盖，做到事事有制度管，在时间上全方位覆盖，做到时时有制度管，任何事情、时间、人都在制度制约下。
②制度明确化：制度清晰而明确，使班组成员明白工作内容、方法及程度，以利于提高效率。
③制度独立化：确立制度在班组的最高权威地位，全员服从制度，坚持在制度面前人人平等，不允许有任何特殊与例外。
④制度人性化：体观人性，以人为本，调动班组成员的积极性和创造性，挖掘其潜力。

(3) 人性化管理的方式：
生产班组成员实行人性化管理，有五种方式：
①感情化管理：尊重班组成员，根据班组成员的可塑性、倾向性和稳定性等特征进行管理，从而激发其积极性，消除其消极情感。
②民主化管理：对班组的事务进行决策时，尽可能让班组成员多的参与决策，听取其意见，集思广益，这样既提高决策的正确性，又提高其信心和士气。
③能人管理：发现大批有能力的人才，并且要让这些"能人"管理班组，充分发挥他

们的潜能来管理班组。

④自我管理：班组成员根据班组的生产目标，制订与班组目标紧密联系的个人目标，计划并根据个人的实际情况去组织实施，实现自我管理。

⑤文化管理：通过培育班组文化，推进班组文化管理模式，使班组成员形成共同的价值观和共同的行为规范，是人性化管理的最高层次。

（4）人性化管理的要点：

生产班组人性化管理必须注意五个管理要点：

①尊重：满足员工自尊需要，激发积极和创造性。

②信任：信赖班组成员，对其进行激励。

③沟通：经常与班组成员沟通，关心并信任他们。

④赞美：赞美是激励成员最快捷、最实用的方法。

⑤关心：全方位关心班组成员，帮助他们解决问题。

（5）管理的制度化和人性化：

制度化管理要体现人性化，促进制度化管理的成功，人性化管理要通过制度化管理加以体现，因此，对生产班组成员进行管理须将二者有机结合，以此提高管理水平。

（四）关心班组成员的方法和策略

班组成员是生产班组的基础，通过有效的方法和策略关心班组成员，使其感到集体的温暖，提高作业积极性和创造性。

（1）关心生产班组成员，主要从五个方面的内容出发：

①关心生活：多关注班组成员的生活状况，对于生活中出现困难或遇到问题的员工，应通过各种方式帮助其解决。

②关心学习：为班组成员的学习提供一个良好的氛围，特别是新成员应在生产作业中多指导和帮助，使他们能快速适应新环境。

③关心收入：根据班组成员的生产作业能力和任务完成情况，适当提高薪资水平，能够提高他们的生产积极性。

④关心发展：班组内每个成员都有其特长和优势，适当采取措施帮助其充分发挥特长和优势，能够提高整体作业水平。

⑤关心未来：根据班组成员的实际情况，帮助其制订个人职业发展和成长规划，为其未来发展奠定基础。

（2）关心班组成员的方法（模型）：

经常与班组成员进行沟通交流→了解成员期望→生活、学习、发展、未来收入→确定班组成员的期望内容→根据内容制订关心成员的策略→实施策略→满足成员期望。

沟通交流的方式、方法、地点：家庭走访、个别谈话、音乐茶座、大小饭店、随时随地等。

（3）关心班组成员的策略：

关心班组成员，需要掌握科学的策略，才能达到关心的目的，从而提高班组整体生产水平。

①适当进行个别谈话。适当找班组成员进行个别谈话，加强交流与沟通，了解其情况，

对于存在的困难或问题予以及时解决。

②多发挥班组成员的优点，根据班组成员的特长和优势，合理安排岗位，充分发挥其优点，树立其信心，提高整体作业能力。

③"共同作战、带兵带心"。生产班组长应经常深入生产现场，指导班组成员，帮助班组成员提高其班组荣誉感。

（五）正确处理班组中的人际冲突

1. 班组中人际冲突的类型及产生原因

类　型		说　明
任务相关的冲突	任务冲突	指班组成员对任务内容看法不一致而导致的冲突
	过程冲突	各成员对完成任务的程序、方法不一致而产生的冲突
关系冲突		指班组成员由于价值观、个性等方面的不同而产生针对他人的情绪宣泄或否定他人等行为，从而引起冲突

生产班组成员之间产生人际冲突的主要原因是存在着各种各样的差异，具体表现三个方面：

①信息差异：即班组成员在个人所受教育、经验和技能方面存在差异；

②价值观差异：即班组成员对某种特定的行为方式或存在的终极状态判断和选择的差异，可以从其对班组任务、目标等的判断中得以体现；

③社会类型差异：即班组成员在性别、年龄和种族等方面的不同而存在的差异。

2. 处理班组中人际冲突的流程

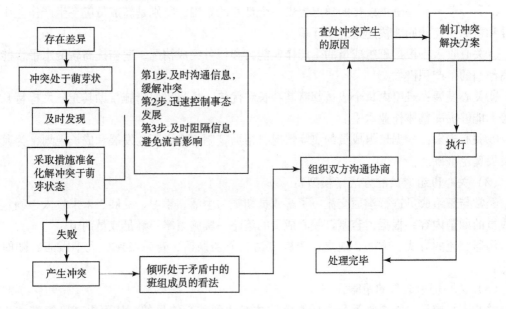

3. 处理班组中人际冲突的策略

根据班组中人际冲突的不同类型，可采取以下六种不同的策略：

策　略	说　　明
调和策略	运用情感与安抚方法，使一方做出某些让步，以满足另一方要求；
分享策略	在双方要求间寻求折中方案，让双方得到部分满足；
竞争策略	允许双方以竞争取胜对方，赢得别人的同情与支持；
合作策略	鼓励冲突双方将其利害关系结合起来，使双方要求得到满足；
回避策略	回避或用暗示的方法，鼓励双方进行自我调解，解决分歧；
第三者策略	利用冲突双方可接受的，有权威且有助于解决冲突的第三者解决；

4. 班组中人际冲突管理的措施

班组中人际冲突的管理是指采取有效措施，防止认识性冲突，转化为情感性冲突，减少冲突的负面作用，最大限度地发挥冲突的积极作用。

（1）人际冲突管理的措施有以下五项：

①制订生产班组成员共同的任务、目标导向机制。

②制订生产班组人际冲突管理的预警机制。

③营造生产班组成员公开交流的氛围，培养团队协作精神。

④保持生产班组各员工权利的平衡。

⑤激发认识性冲突，提高班组成员的创造性。

（2）在企业生产过程管理中，中国企业和日本企业车间主任、班组长的16种不同：

①中企是厂长权力大，车间主任、班组长权力小；日企中的车间主任、班组长个人权力大，工厂厂长权力小。

②中企的车间主任、班组长单纯听领导布置任务，遇到问题必须及时请示；日企中的车间主任、班组长遇到问题必须自己首先拿出解决方案，遇到问题必须独当一面。

③日企中的车间主任、班组长是产品质量的总责任人，班组不设质检员岗位；中企一般都设置专职质检员，出了质量问题车间主任、班组长会推卸责任，埋怨指责质检员没有仔细检查。

④中企的大部分车间主任、班组长接受上级厂长或上级生产计划，仅是计划的执行者；日企中的车间主任、班组长是生产计划命令下达者同时也是执行人。

⑤日企中的车间主任、班组长都是自己亲自做工程分析、工序分配、生产线布局、人员安排；中企的车间主任、班组长都是按照技术部门做的工程分析、工序分配、生产线布局去做，没有改动权力。

⑥日企中的车间主任、班组长都擅长快速培养多能工；中企的车间主任、班组长不懂或者不擅长快速培养多能工。

⑦日企中的车间主任、班组长都必须用父母的心态去对待自己的员工，孩子的错是父母的错，员工的错是负责人的责任；中企的车间主任、班组长通常都认为员工的错是员工自己的责任。

⑧日企中的车间主任、班组长全部是全能工，本班组和本厂内所有车间的所有工序和设备都能熟练操作；中企的车间主任、班组长通常只能操作少数设备和工序，全能工很少。

⑨日企中的车间主任、班组长都会保养本班的设备和维修排除常见故障；中企的车间主

任、班组长极少能达到这样的水平，即便达到了也不会去做这些事情。

⑩日企中的车间主任、班组长都工资高，权力大，责任大；中企的大部分车间主任、班组长工资低，权力小，责任大。（执行力差的责任大部分都拿班组长当替罪羊）

⑪日企中的车间主任、班组长从不骂人说脏话，对员工分派任何事情都说"请"和"谢谢"等用语；中企的大部分车间主任、班组长经常训斥员工或用言语侮辱员工，甚至骂人。

⑫日企中的车间主任、班组长都拼命利用业余时间学习外语，都会用外语和客户做简单的交流。中企的大部分车间主任、班组长认为学习外语无用，从而很少有人学习外语，即便会简单外语的人见了外国客户也不会主动用外语问候客户。

⑬日企中的车间主任、班组长都"护犊子"，下属犯了错主动自己"抗"；中企的大部分车间主任、班组长不愿意替下属承担责任，有时甚至推卸责任给员工。

⑭中企的车间主任、班组长仅仅是班组计件工资的统计人；日企中的车间主任、班组长不仅仅统计人均产值和人均毛利，并且是班组团体计件工资的分配人。

⑮日企中的车间主任、班组长每天都要亲自给员工讲课做培训；中企的车间主任、班组长几乎没有人这样做。

⑯中企的车间主任、班组长碰到问题喜欢马上寻找解决的办法，很少从制度的角度思考今后如何彻底避免同样问题再次发生。

第二节 员工必备的基本素养

一、陈述能力

（一）陈述的方法

1. 为陈述做准备

已知导致陈述障碍的原因之一就是准备不充分。因此，在做陈述前，应该为陈述做充分地准备，陈述准备的五个步骤是分析听众。确定目的——选择论题——收集材料——组织材料。

1）分析听众

陈述不仅是说出你要说的话，而且要使听众接受你所陈述的内容，所以陈述的信息应当与听众紧密相关。这就决定了做陈述准备时，必须分析听众。

①听众的年龄、性别和人数。

②听众的文化程度和经历。

③对于陈述的主题他们了解多少。

④会议是正式的还是非正式的。

⑤听众关注的是什么。

⑥听众将如何理解你的陈述内容。

2）确定陈述的目的

陈述的目的有以下三种：

①告知——通告某种讯息 这种告知首先要清晰，其次要使人感兴趣，认为有必要听下

去，进而知晓并理解告知的内容。

②说服——使人相信某种论点 这种说服能够使人相信某一个论点，劝服他人采取某一种行动，这种行动具有激励作用，从而使更多的人相信这个论点。

③娱乐——起到娱乐的效果这种娱乐性的陈述最重要的是要有趣，使人们在听的过程中，感觉愉快、幽默。

无论哪一种目的的陈述，成功的陈述都会使陈述者与听众产生共鸣。

3）选择论题

在为陈述做准备时，应选择论题，陈述的主题要正确、新颖、鲜明、深刻。陈述的标题则应揭示主题、醒目、富有启迪性。

4）收集材料

收集材料时，通常关注"5W1H"：什么事情（What）；什么地点（Where）；什么原因（Why）；什么人物（Who）；什么时间（When）；什么方式（How）。

收集材料的途径：交谈、阅读、查询、收集、问卷调查和自身经历等。

搜集材料的途径有很多，尤其现在上网搜集材料非常方便，但要注意所搜集到的材料的真实性。如果用于陈述的材料不真实，显然陈述是注定要失败的。

收集材料的要求：材料充分、真实、新颖、紧扣主题。

在准备陈述时所搜集的材料越充分，越紧扣主题，越新颖，陈述成功的概率就越高。

5）组织材料

在搜集了充分的材料之后，应该将材料分类，可按以下几个方面分类。

①例子。

②分析、比较、对比。

③引文。

④统计数据。

⑤调查报告、检测结果或研究结果。

⑥故事或传说。

⑦视听教具，包括曲线图、图表、模型、道具、图片等。

在大量的材料中，应根据听众的口味选择与主题相符的资料，但注意不要运用过多的辅助性资料，以免令人厌倦。在将材料分类整理后，应从四个方面组织、安排材料，即时间、主题、逻辑和空间。

2. 陈述的过程

陈述应按照既定的目标进行，要有开头、正文和结尾。

1）陈述的开场白

陈述的开场白是极其重要的，它直接影响此次陈述的效果，所以应从以下几个方面考虑陈述的开场白。

（1）注意第一句话要精练，有的放矢：

①不讲多余的话。这在90%的场合适用。

②引用名人名言。例如，孙中山先生说"要立志做大事，不要立志当大官"。

③根据会场气氛即兴添加。

（2）引发听众注意：

①以故事开头。
②制造悬念。
③陈述惊人的事实。例如，富士康的十连跳等。
④向听众提问。例如，富士康跳楼事件的背后，到底有什么？
⑤使用展示物。
（3）妙用楔子和引子：巧妙地使用楔子或引子来引入主题，开始陈述。
（4）避免使用不利的开场白：不要从表示道歉开始，而用所谓幽默故事开头。

如果从道歉开始陈述，显然陈述者在面对听众时居于一种被动地位，这将非常不利于陈述的进行。

幽默可能使你的陈述更有魅力，更有说服作用。但是，如果幽默与陈述的内容之间没有多少关联性，就可能会转移听众的注意力，让他们感到迷惑或者疏远，这对陈述也是不利的。通常，陈述者希望博得听众的好感，希望用一些开场白式的幽默来征服听众，这取决于你的幽默是否有新意、是否真的幽默，否则听众对你更加没有好感。

2）陈述的正文

正文中应有预先设定的论题，每个论题之间要有过渡句。

①陈述的顺序告诉听众你将告诉他们的内容；告诉听众具体的内容；告诉听众你已告诉他们的内容。

②陈述的展开——合理运用提纲：坚持提纲的安排，预先准备好提纲但不能念提纲；注意控制展开的时间，要能展开，还要拉的回来；充分展现主题：思路清晰，融合情理，酿造起伏的场面。

3）陈述的结尾

在陈述的结尾，陈述者应该采用以下的一种方式或其他方式来结束陈述。

①使用充满激情的话语。例如，"爱国的同胞们，让我们行动起来吧"。
②引用名人名言。例如，"这是胜利的预言家在叫喊：让暴风雨来得更猛烈些吧！"。
③提出令人深思的问题。例如，"著名的意大利水城威尼斯将被淹没？"
④请求听众采取行动。要求听众做力所能及的事，尽量使听众根据请求而行动。
⑤简洁而真诚的赞扬。例如，"这是一座古老而美丽的城市，这更是一座充满了爱心的城市！"
⑥步步加强。将陈述推向高潮。
⑦运用幽默来结尾。
⑧总结你的观点。例如，当你遇到挫折的时候，你应该想：你不可能样样顺利，但你可以事事尽心；你不能延伸生命，但你可以决定生命的宽度；你不能左右天气，但你可以改变心情；你不能选择容貌，但你可以展现笑容。

二、提高陈述能力的方法

（一）丰富知识，使自己思维敏捷

良好的陈述能力需要陈述者具有敏捷的思维和清晰的思路。因为陈述不同于写作，不能停下来思考，更不能反复修改，必须连续地说，这就要求陈述者思维敏捷，前后连贯，并且逻辑性强；而且要求思路清晰，语句具有条理性。

思路的清晰，主要取决于陈述者对所要陈述的内容的熟悉。而思维的敏捷则取决于陈述者的知识水平。当一个人具有丰富的知识结构时，讲话时思维就会越加活跃，越加敏捷。因为你头脑中的各种知识会使你触类旁通、左右逢源、思维流畅，同时用词准确、恰当。因此，在学习和生活中，需要学习各种知识，包括文化知识、专业知识、艺术知识、社会经历、情商知识、社会知识等。所以一个人要善于学习，这种学习有书本的、更有生活的、实践的和社会的等多种多样方式的学习。只有善于学习，勤于思考，才能使自己知识丰富，才能使自己的生活和事业获得成功。

（二）努力学习，使自己词汇丰富

陈述能力的高低与陈述者掌握的词汇量有关。人们都知道，语句是由词组成的，当你的知识丰富，掌握的词汇量大时，陈述起来就可以选择最准确、最鲜明、最生动的词语，也不会因为找不到适当的词语而导致语塞。所以要勤于学习，善于积累。

（三）观摩演练，使自己积累经验

经验需要积累，多听听你认为说话有水平的人如何谈话，多看看访谈类节目，看做客的嘉宾如何谈话，对自己肯定是有帮助的。例如，前面提到的《鲁豫有约——撒贝宁多彩成长路》，在这个节目中，可以看到撒贝宁的陈述能力也是逐步提高的，从而使他主持节目的能力也不断提高。

除了观摩之外，另一个提高陈述能力的途径就是演练。在了解了陈述的方法、技巧后，要练习，多与人交流，或独自练习，可以采用录音、录像的方法，记录自己的陈述，然后回放，分析总结存在的问题，再练习，再总结。如此反复，你的陈述能力一定会提高。感染别人的前提是感染自己，如何正确地表达你的感觉和意思，这是需要学习和演练的，表达是需要说出感觉而不单是有感觉。如果通过多次的演练使我们的陈述达到了下面的境界，那我们的陈述能力无疑已经达到了一个理想的高度。

三、有效的沟通

（一）沟通的作用与意义

1. 沟通的作用

通过沟通可以交流信息并获得感情与思想。人们在工作和生活中，通过沟通，交换有意义、有价值的各种信息，人们相互交流是因为需要同周围的社会环境相联系。沟通与人际关系两者相互促进、相互影响。有效的沟通可以赢得和谐的人际关系，而和谐的人际关系又使沟通更加顺畅。相反，人际关系不良会使沟通难以开展，而不恰当的沟通又会使人际关系变得更坏。

在沟通过程中，人们分享、披露、接收信息，沟通的信息内容可以是事实、情感、价值取向和意见观点。沟通的目的可以分为交流、劝说、教授、谈判、命令等。

沟通的主要作用有以下两个：

（1）传递和获得信息。

(2) 改善人际关系。

2. 沟通的意义

有效的沟通可以高效率地办好一件事情，使生活更好、更愉快。善于沟通的人懂得如何维持和改善相互关系，更好地展示自我需要、发现他人需要，最终赢得更好的人际关系和成功的事业。

有效沟通的意义有以下几点：

(1) 满足人们彼此交流的需要。
(2) 使人们达成共识、更多地合作。
(3) 提高工作效率。
(4) 能获得有价值的信息。
(5) 使人进行清晰的思考，有效把握所做的事。

(二) 沟通的类型

据统计，在沟通的过程中，言辞（内容）的作用仅占7%，语音语调（副语音）占38%，而身体语言则占55%。所以沟通不仅是语言的沟通，还有非语言的沟通。

1. 语言沟通

语言沟通是人类特有的一种非常有效的沟通方式，在人际沟通中起着方向性与规定性的作用。语言沟通是最准确、最有效的沟通方式，也是运用最广泛的一种沟通。语言的沟通包括口头语言、书面语言、图片或者图形。

(1) 头语言沟通包括面对面的谈话、开会及打电话等。
(2) 面语言沟通包括信函、广告和传真，当然也包括 E-mail 以及 QQ 等。这种沟通可以超越时间和空间的限制，人不仅可以通过文字记载来研究古人的思想，也可以将当代人的成就留传给后代。
(3) 片沟通包括一些印刷的图片、幻灯片、电视和电影等。

以上这些沟通统称为语言的沟通。

2. 非语言沟通

非语言沟通包括身体语言和副语言的沟通。与有声语言相结合的副语言、身体语言则传达着比言语丰富得多的内涵，可以准确反映交谈者的思想和情感，有时甚至是言语难以表达的东西，起到了支持、修饰言语行为的作用。

(三) 沟通的模式

图7.1所示为沟通的模式。

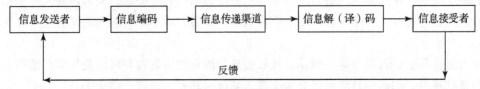

图7.1 沟通的模式

由图7.1可以看出，在沟通的过程中，如果缺少了信息、通道、反馈中的任何一个部分，都不能完成沟通。在具备了信息、通道和反馈三个部分之后，信息编码和解（译）码就对沟通的成功起着决定性的作用。

1. 信息编码

编码是信息发送者将信息意义符号化，编成一定的文字等语言符号及其他形式的符号。因为沟通的类型有语言的和非语言的多种形式，所以信息编码也有多种，可以是有形的文字、符号，也可以是有声的语言，还可以是无声的身体语言，如姿态、眼神、面部表情以及声调等，有专家强调，"即使是沉默本身，也是一种意思的表现方式"，目的在于让对方理解你发出的信息。

编码的过程会受到条件环境的影响，包括技巧、态度、知识、周边的社会文化以及沟通现场环境等。

这也是发言者的编码有问题，但这是因为发言者对到场的人的态度引起的。如果发言者非常重视到场的人，他还会这样说话吗？

2. 信息传递渠道

由发送者选择的、借以传递信息的媒介物，目前传递信息的渠道有多种，如公文、信件、广告、传真、会议、谈话、电话、非语言方式、E-mail、短信、QQ 等。使用某种媒介作为沟通某种信息的传递渠道，不仅是技术上的问题，实际上很可能极大地影响沟通的效果。渠道不畅通的话，信息的传递就可能出现误差，如用手机通话时，如果信号非常不好，可能接收者在时断时续的通话中得到的是恰好相反的信息。

如果在安静的环境中面对面沟通，则不存在信息传递渠道造成的传递误差，因为没有噪声等干扰。

如果将信息传递渠道分类的话，可以分为正式的渠道和非正式的渠道两类。

正式的沟通渠道一般是自上而下的遵循权利系统的垂直型网络。非正式沟通渠道常称为小道消息的传播，它可以自由地向任何方向运动，不受权力等级的限制。

3. 信息解（译）码

信息接收者必须将符号化的信息解译，还原为思想，并领会理解其意义，即将信息转化为他所能了解的想法和感受。这一过程会受到信息接收者的经验、知识、才能、个人素质、对信息输出者的期望以及一些个人想象等因素的影响。而且解译信息编码还会受到所使用媒介物的影响，信息接收者对所获得的信息，可能因信息媒介物的不同，产生不同的解译方式。如果出现偏差，就会产生误解。

4. 反馈

反馈是指接收者在接收信息后，及时地回应信息发送者，向信息发送者告知自己的理解、意见和态度，以便核实、澄清信息在传递和解（译）码过程中可能出现的误解和失真。

例如，甲电话通知乙，约定第二天下午两点在 215 会议室见面，商讨下阶段工作，结束通话前，乙通常会重复时间、地点。可能说"明天下午两点，215 会议室，对吧？"，也可能说"明天下午两点 215 见"。

（四）沟通的步骤

1. 沟通的准备

1）确定沟通的目的

你想通过沟通使他们知道什么？你想从他们那里得到什么？他们又想从你这里得到什么？

2）分析沟通对象

信息接收者是谁？他们与你是何种关系？他们是资深长者、你的同事，还是根本未曾谋面的人？他们对你的感觉如何？他们对沟通内容了解多少？能否使用一些专业术语？他们能否理解这些概念？他们是行家、新手，还是与你一样水平？

你需要了解他们的个人特征，包括利益特征、性格特征、价值特征、人际关系特征等，并把握其可能的态度。

3）认真进行信息编码

准备沟通表达的内容时，尽可能做到条理清楚、简明扼要、用语通俗易懂，并拟写沟通表达提纲。

4）选择恰当的沟通渠道

即使是选择面对面的沟通，也要事先确定沟通的方式，是直接告知，还是婉言暗示，是正面陈述，还是比喻说明，都要事先进行选择和设计。

5）事先告知沟通的主题内容

必要时，事先告知沟通的主题内容，让沟通对象也为沟通做好准备。

6）确定沟通的时间、时限和地点

在与沟通对象交换意见的基础上，共同确定沟通的时间、时限和地点。

2. 沟通的控制

按照预先所做的准备，进行信息传递。在传递的过程中，要控制沟通的气氛，使双方在安全而和谐的气氛中沟通，避免沟通双方彼此猜忌、批评或恶意中伤，这将使气氛趋于紧张，易于引发冲突，加速彼此心里设防，使沟通无效或无法进行。在沟通的过程中信息的输出者要能够觉察潜在的冲突状况，及早予以化解，缓和紧张气氛，避免冲突出现。

要以明白具体的积极态度，让对方在平和、不设防的情况下接受你的意见，并最终达成协议。

3. 信息反馈

信息发布者需要认真倾听或询问，以确认所发布的信息是否被正确解（译）码。

四、团队精神

团队精神是高绩效团队的灵魂，是团队成员为了实现团队利益和目标而互相协作，尽心尽力的意愿和作风。

（一）团队精神包含的内容

（1）团队的凝聚力。团队的凝聚力是针对团队和成员之间的关系而言的。团队精神表现为团队成员强烈的归属感和一体性，每个团队成员都能感受到自己是团队当中的一分子，把个人工作和团队目标联系在一起，对团队忠诚，对团队的成功感到自豪，对团队的困境感到忧虑。所以国有企事业单位在改革发展过程中，要不断增强员工的凝聚力，不断增强团队的凝聚力。一是要求团队的领导要采取民主的方式，让团队的成员敢于表达自己的意见，积极参与组织的决策。二是建立良好的信息沟通渠道。让员工有地方、有时间、有机会向领导反映问题，互通信息，化解矛盾。三是建立健全奖励及激励机制。个人奖励和集体奖励具有不同的作用，集体奖励可以增强团队的凝聚力，会使成员意识到个人的利益和荣誉与所在团队不可分割；个人奖励可能会增强团队成员之间的竞争力，但这种奖励方式会导致个人顾个人，在团队内部形成一种压力，协作、凝聚力可能会弱化。所以，在我们公司，经常采取的方式是在对职工奖励时综合考虑，即承认个人的贡献，又承认团队的成绩，在对个人奖励的同时，对员工所在的团队在精神文明上给予奖励。

（2）团队的合作意识。团队的合作意识是指团队和团队成员表现为协作和共为一体的特点。团队成员间相互依存、同舟共济、互相敬重、彼此宽容和尊重个性的差异；彼此间形成一种信任的关系，待人真诚、遵守承诺；相互帮助和共同提高；共享利益和成就、共担责任。

良好的合作氛围是高绩效团队的基础，没有合作就无法取得优秀的业绩。所以，我们在工作中，要努力培养团队成员的合作意识。一是要在团队内部积极营造融洽的合作气氛。团队的精髓就是在于"合作"二字。团队合作受到团队目标和团队所属环境的影响，只有团队成员都具有与实现目标相关的知识技能及与他人合作的意愿的基础上，团队合作才有可能取得成功。二是团队领导者首先要带头鼓励合作而不是竞争。美国总统肯尼迪曾说："前进的最佳方式是与别人一道前进"。成功的领导者总是力求通过合作消除分歧，达成共识，建立一种互溶互信的领导模式。很多的管理者热衷于竞争，嫉妒他人的业绩和才能，恐惧下属的成就超过自己，而事实上没有一个领导者会因为自己下属优秀而吃尽苦头。三是制定合理的规章制度及合作的规范。在一个团队中，如果出现能者多劳而不多得，就会使成员之间产生不公平感，在这种情况下也很难进展合作。要想有效推动合作，管理者必须制定一个被大家普遍认同的合作规范，采取公平的管理原则。四是要强调大家的共同长远利益，管理者要使团队成员拥有共同的未来前景，使大家相信团队可以实现目标，这样团队成员就不会计较眼前的一些得失，主动开展合作。五是要建立长久的互动关系。作为团队的管理者，要积极创造机会使团队成员不断增进相互间的了解，融为一体。如组织大家集中接受培训、开展各种有益的文体娱乐活动、进行比赛或采取多种激励的活动等。

（3）团队士气。团队士气是团队精神的一个重要方面。拿破仑曾说过："一支军队的实力四分之三靠的是士气"。将这句话的含义延伸到现代企业管理，为团队目标而奋斗的精神状态对团队的业绩非常重要。所以，我们在管理中，要始终关注员工士气的高低，以提高工作效率。一是要采取措施让员工的行为与团队的目标一致。如果团队成员赞同，拥护团队目标，并认为自己的要求和愿望在目标中有所体现，员工的士气就会高涨。二是利益分配要合理。每位员工进行工作都与利益有关系——无论是物质的还是精神的，只有在公平、合理、同工同酬和论功行赏的情形下人们的积极性才会提高，士气才会高昂。三是要充分发挥员工的特长，让员工对工作产生兴趣。员工对工作热爱、充满兴趣，士气就高，因此，团队的管理者应该根据员工的智力、能力、才能、兴趣以及技术特长来安排工作，把适当的人员安排在适当的位置上。四是实行民主管理。团队内部的管理方式，特别是团队的管理层的领导方式对员工的积极性影响很大。管理层作风民主、广开言路、乐于接纳意见、办事公道、遇事能与大家商量、善于体谅和关怀下属，这时士气就会非常高昂。而独断专行、压抑成员想法和意见的管理者就会降低团队成员的士气。五是营造和谐的内部环境。团队内人际关系和谐、互相赞许、认同、信任、体谅，这时凝聚力就会很强。六是要进行良好的沟通。管理层

和下属之间、下属之间、同事之间的沟通如果受阻，就会使员工或团队成员出现不满的情绪。

（二）处理好团队内部的人际关系

良好的人际关系是团队运作的润滑剂。有人说："管理者事业的成功，15%由专业技术决定，85%与个人人际关系和处理技巧相关联。"

人际关系的主要特点就在于它具有明显的情绪体验色彩，是以自己的感情为基础来建立的。生活中，工作中，我们都会有这样的感觉，不同的人际关系带给人们的情感体验不一样，亲密的关系会使人愉快，而对抗的关系则会让人烦恼。

为了较好地改善人际关系，我们一是要理出与他人关系相对紧张的团队成员的名单。二是要具体分析与谁的关系最为紧张。三是从利人利己的观念出发，找出存在的障碍。四是对于个人可以解决的问题，要在自己的范围内设法解决，不能解决的，借助组织的力量，找准时机，寻求解决。

（三）增强凝聚力

凝聚力是指团队对成员的吸引力，成员对团队的向心力，以及团队成员之间的相互吸引。团队凝聚力的强弱对团队工作效率以及工作效果有着极其重要的影响，凝聚力不仅是团队存在和壮大发展的必要条件，而且对团队潜力的开发起着至关重要的作用，凝聚力的大小直接影响到团队的工作质量和其存、亡的必要性，所以在团队建设中要不断地增强凝聚力的，在增强团队凝聚力过程中需要抓住以下几个要点：

1. 增强员工士气和对企业的忠诚度和信心

首先环境对人的心理有着不可你估量的影响，这里的环境不仅仅是指自然的办公环境，还包括人为的"心理环境"。所以可以通过调整和改变环境来增强士气。

①自然环境建设：建议每一个公司的经理在营造办公环境时可以多向室内装饰师征讨意见，看看家具应如何摆设，何种家具可创造合适的公司形象和悦目环境，应用哪种地板或地毯，如何处理窗户。并且考虑墙纸或油漆的颜色是否理想，众所周知颜色搭配会影响心情，也可以通过像我们公司一样通过内部员工探讨征集意见。

②心理环境建设：首先要进行降低噪声，在这里噪声指的是一些不利于内部团结，不于利于员工进步的声音，比如在2008年、2009年全球经济面临着不景气现象的大环境下，诸多公司纷纷进行裁员降薪，身边的一些同事时不时发出"公司是不是要倒闭"，是不是要"变动"之类的传言，对于这种噪音，我们公司领导针对员工的疑虑举办了两场大型员工沟通，和不定期的BBS沟通会，对目前出现的现象进行一些有力的解释，成分达到安定人心的效果，大大提高了员工的信心和团队整体的精神士气。

2. 采取措施满足员工需求，使其不断受到激励，从而增强团队吸引力、提高绩效员工需求总体包括各种物质和精神需求，针对这两种需求可以采取下列措施：

（1）物质方面：如团队完成某个项目、达成目标时可以适当地给予上物质上的奖励，通过奖金或奖品的形式发放员工，这样可以使员工在一定利益的驱动下，发挥更多潜在能力和动力，从而不断的提高业绩，增强凝聚力。例如，我司针对会务团队专设了会务奖励基金以此来奖励每次为大型会议作出支持的会务组成员。其实人非草木，岂能无情？只要领导者用心地去体谅员工，为员工的利益着想，将心比心，员工也一定会以努力工作回报上司。领导们也一定要记住一点，企业与员工并不是对立的两面，而应该是并肩的战友，不是互利双赢，便是两败俱伤。

（2）精神方面：大部分公司调查显示大约85%的员工在入职的时候都是情绪高涨，但是在6个月后热情就会急剧下降，并在以后的工作中持续下降，原因显示基本上都是，工作时间久了过于乏味，内心没有接收到激励和认可，对此领导可以针对优秀个人事迹进行奖励以此来激发员工的积极性，同时不定期的采用了组织聚餐、团体比赛、运动会、节假日娱乐活动通过各种各样丰富多彩的业余活动的安排，以此来满足员工希望与人交往、沟通、增加热情的需要。让每一位员工都亲身感受到团队的温暖，同时达到很好的融洽整体团队气氛的目的；

3. 培养具有卓有成效的团队领导者

一个卓有成效的团队领导者通常扮演着三个重要角色，分别是典范、发起人和教练角色，以先将围绕这三个角色对于加强凝聚力建设方面加以论述：

（1）发起人角色——启动促进团队发展和取得绩效的行动与流程认真把握方向、设计旅程。作为一名团队领导人，首先，从一开始就要为自己的团队设计好前进的方向，并在此后的过程中不断对其加以调整和校正，只有如此，系统成员的"全力加速"才能保证不会偏离方向。其次，团队领导人要为自己的团队设计出通向目标的"最佳旅程"。团队活动中最重要的就是必须复制正确的程序，一个领导人要擅长观察、模仿、复制，在团队中实现100%复制，如果程序在任何一个环节上出现问题，整个团队就很容易产生"多米诺效应"，一排排倒下去，所以卓越领导者的发起人角色在团队的凝聚力建设上起到了先行者所不可替代的作用。

（2）典范角色——塑造期望团队执行的行为和实现的绩效以此达到快速旋转，中心带动。作为团队领袖，一定要有一种特有气势，一种以身作则的超级带动能力，用气势带动大家迅速行动。团队的成长依靠领袖的推动力，如果领导人缺乏一种气势，团队发展就会变得很缓慢。因此，要成为成功的团队领导人，首先就要对自己加以强化训练，从模仿其他成功的领袖开始，学着说、照着做、跟着走，从而满足绩效的提高，绩效的实现建立在一组相互关联的核心价值观和原则的基础上。核心价值观共有十一条：追求卓越管理；顾客导向的卓越；组织和个人的学习；重视员工和合作伙伴；快速反应和灵活性；关注未来；促进创新的管理；基于事实的管理；社会责任与公民义务；关注结果和创造价值；系统的观点。这些核心价值观反映了国际上最先进的经营管理理念和方法，也是许多世界级成功企业的经验总结，它贯穿于卓越领导者的各项要求之中和团队成员的理念和行为准则中。

（3）教练——行使作为顾问、导师和辅导者的职责，了解队员，制订方案。系统领导人不应该成为团队的"教练"，凡事严力严为，这样做表面上是对下属不放心，其实是对自己不自信。真正优秀的领导人应该让自己成为团队中的"教练"。

综上论述团队的凝聚力来自于团队成员自觉的内心动力，来自于共识的价值观，来自于卓有的团队领导者，同时也是团队精神的最高体现。相信在卓越的团队领导者的引领下，针对不同环境、不同需求采取措施，在加强团队凝聚力上定会起到很大成效，高团队凝聚力将会带来高团队绩效，同时高效的绩效也将会促进高效的凝聚力。

(四) 培养团队精神

世界著名的指挥家卡拉扬说："我只强调三个音，来使我的乐队变成团队。首先强调'起音'，起音不齐，乐曲就乱。第二是个人的'专业音'，不管是吹喇叭的还是打鼓的，要表现出自己在专业上认为是最好的、最高段的音。第三个音是'团队音'，当你打出自己的专业音之后，还要考虑到整体，是不是会成为干扰别人的音。"

我们不光仅仅只提倡"心往一处想，劲往一处使"的齐心协力精神，片面地认为只要这样就能够干成大事。事实上，光靠这一点是不够的。要想合作得好，尽快出成果、见成效，这个合作的团体还必须协调一致。所以，简单地把人员组织起来是不够的，还应使组织中的每个成员充分发挥自己的作用，提供其他成员不具备的特殊才能。

培养团队协作精神应从以下几个方面着手：

（1）培养团队协作精神，必须以营造积极向上、良好和谐的工作环境和人际关系为前提。

人性化的管理模式，积极宽松的工作环境，有助于员工的个人成长和团队建设，在相互交流中协调问题，在共同探讨中提高认识，把工作的主动性与前瞻性结合起来，把解决问题的针对性和实效性统一起来。这样不仅能够形成良好的工作氛围，也有利于提高工作效率。我们经常讲，能在一起共事是缘分，应该珍惜机缘，搞好团结。同事之间、上下级之间彼此间应该多一些理解和宽容。在日常工作中既要有团结协作的意识，也要有克己容人的处世态度，对他人一味地求全责备，就没有人能和你共事，让良好的人际关系渗透在日常工作和管理的每一个环节里，使人人都坦诚相见、彼此理解、相互信任，这样才能增强凝聚力。

（2）加强团队建设，必须建立畅通、和谐的沟通渠道和信息反馈平台。

建立健全以员工委员会为基础平台的诉求表达机制，为此公司应该通过多种方式不断拓宽和畅通沟通渠道。构建和谐企业，打造一流企业团队，必然要求不同的利益诉求都能有充分表达的渠道和充分有效的反映，从而促进在各方面利益统筹协调、各种问题妥善处理的基础上形成推动企业各项工作前进的合力。在对一些问题的认识上，能够容忍不同的观点，不同的意见和诉求。信息资源的共享和情报的及时反馈与回应，有助于不同意见、不同观点在最终认识上达成一致和共识，有利于发现问题、解决问题，在实际工作中求大同存小异，也有利于个人互补性格和团队更好配合意识的形成。

这就要求我们必须广开言路，集思广益，增加信息共享，这样才能更加深入了解自己企业团队的能力，发展潜质，发展愿景，了解自己个体可以达到什么样的程度和位置，个人可以从哪些方面去发展。发挥各自的才能特长和优势，只要每个人尽自己的力气，就可以让企业团队更加优秀，让企业团队更好发展。

（3）开展丰富多彩的集体活动和学习培训工作，以增强团队整体能力素质的提高。

培训学习的目的是要将形成的整体学习力，转化为企业团队意识和集体智慧，在实践中不断增长凝聚力和工作能力。共同学习能够在成员之间实现信息和资源共享；在学习中直接交流、讨论，可以加大信息交流量，拓展每个成员思维的深度与广度，同时也有利于培养团结互助的协作精神。

学习是一个合作性的学习过程。个人的学习成果和能力只是一个方面，而企业团队的集体智慧要高于个人智慧，团队的成就要高于个人能力的总和，团队拥有整体合作、协调作战的行动能力。团队的集体凝聚力和有效转化的工作能力才更是团队学习所追求的。参加集体活动，可以增强我们的团结协作意识，进而产生协同效应。在遇到困难的时候就能集体想办法、出主意，是保持企业团队锐气的必要条件。"能用众力，则无敌于天下矣；能用众智，则无畏于圣人矣"，它能促使我们在学习上更努力、工作上更用心、作风上更顽强，从而加快前进的步伐。

（4）领导的率先垂范以及中高层管理人员的上行下效，对于团队建设的推动作用。

团结，是一个领导班子的凝聚力和战斗力的象征，是一个领导班子良好的整体形象的标志。"兵熊熊一个，将熊熊一窝"，只有落后的领导，没有落后的员工。榜样的力量是无穷的，中高层的表率作用胜于耳提面命式的说教。领导班子的团结和统一，中高层、各级管理层的齐心协力，有利于推动公司工作作风的良性发展，有利于核心力量和中坚力量的形成，有利于带领全体员工步调一致的完成各项工作，因此各级管理人员进一步提高领导艺术，大事有原则，小事显风格。原则、感情与共同的利益和目标，是维系一个企业团队的纽带，少了那一条都不行。放弃原则，迁就个别，虽然满足了个别人的利益需要，但却起到误导作用，由此必然导致人心涣散，从而失去了凝聚力。

总而言之，企业在激烈的市场竞争中要想占领一席之地，必须发扬团队精神。作为企业的一员，让我们身体力行、义无反顾的践行团结协作，投身到团结协作的行动之中去，我们将不惜代价捍卫团结协作的硕果，更要为团结协作精神高唱赞歌！因为团结协作精神是企业团队生存的动力和灵魂，我们都是一只翅膀的天使，只有互相拥抱才能展翅高翔！

参 考 文 献

[1] 刘晓峰. 现代工业企业管理 [M]. 北京：机械工业出版社，2007.
[2] 宁凌，唐楚生. 现代企业管理 [M]. 北京：机械工业出版社，2011.
[3] 俞鸿斌，等. 现代制造企业质量管理与实务 [M]. 北京：清华大学出版社，2009.
[4] 胡文兴. 汽车行业 ISO/TS16949：2009 [M]. 深圳：海天出版社，2010.
[5] 蒋安全. 汽车生产与质量管理 [M]. 成都：西南交通大学出版社，2014.
[6] 陈秀华，等. 汽车制造质量管理 [M]. 北京：机械工业出版社，2015.
[7] 唐娟，等. 汽车制造安全管理 [M]. 北京：机械工业出版社，2015.
[8] 林伯泉. 安全学原理 [M]. 北京：煤炭工业出版社，2002.
[9] 腾宝红. 工厂安全标准化管理操作规程 [M]. 北京：中国标准出版社，2004.
[10] 陈婷. 汽车生产现场管理 [M]. 北京：机械工业出版社，2013.
[11] 李兴山. 现代管理学原理 [M]. 北京：中国财经经济出版社，2005.
[12] 赵晶媛. 技术创新管理 [M]. 北京：机械工业出版社，2010.
[13] 周华明，等. 技术管理与知识管理 [M]. 江苏：苏州大学出版社，2004.
[14] 今井正明. 现场改善 [M]. 华经，译. 北京：机械工业出版社，2010.
[15] 李飞龙. 如何当好班组长 [M]. 北京：北京大学出版社，2003.
[16] 余世雄. 有效沟通 [M]. 2版. 北京：北京联合出版公司，2012.